아모스의 영성

아모스의 영성

지은이 | 차준희
초판 발행 | 2025. 7. 28
등록번호 | 제1988-000080호
등록된 곳 | 서울특별시 용산구 서빙고로 65길 38
발행처 | 사단법인 두란노서원
영업부 | 2078-3333   FAX | 080-749-3705
출판부 | 2078-3331

책값은 뒤표지에 있습니다.
ISBN 978-89-531-5143-7 03230

독자의 의견을 기다립니다.
tpress@duranno.com   www.duranno.com

ⓒ 이 출판물은 저작권법에 의해 보호를 받는 저작물이므로
무단 전재와 무단 복제, 무단 사용을 할 수 없습니다.

* 이 저서는 2024년도 한세대학교 교내학술연구비 지원에 의하여 연구되었음.
  This work was supported by the Hansei University Research Fund of 2024.

두란노서원은 바울 사도가 3차 전도여행 때 에베소에서 성령 받은 제자들을 따로 세워 하나님의 말씀으로 양육하던 장소입니다. 사도행전 19장 8-20절의 정신에 따라 첫째 목회자를 돕는 사역과 평신도를 훈련시키는 사역, 둘째 세계선교(TIM)와 문서선교(단행본·잡지)사역, 셋째 예수문화 및 경배와 찬양 사역, 그리고 가정·상담 사역 등을 감당하고 있습니다. 1980년 12월 22일에 창립된 두란노서원은 주님 오실 때까지 이 사역들을 계속할 것입니다.

아모스의 영성

차준희
지음

공의를 망각한 시대에
포효하시는 하나님

두란노

목차

추천사 6

머리말 12

아모스서 바로 읽기 16

1 으르렁거리시는 하나님 25
　암 1:1-2:3

2 누르는 자를 누르시는 하나님 45
　암 2:4-16

3 많이 맡긴 자에게 많이 요구하시는 하나님 66
　암 3:1-15

4 약자를 외면하는 예배와 예배자를 조롱하시는 하나님 86
　암 4:1-13

5 예배보다 일상을 더 주목하시는 하나님 107
　암 5:1-17

6 공동체 의식의 영성을 기뻐하시는 하나님 128
　암 5:18-27

7	이웃의 상처와 아픔에 무관심한 자를 벌하시는 하나님 암 6:1-14	147
8	언약의 다림줄로 삶의 견고함을 측정하시는 하나님 암 7:1-9	167
9	우리의 시선을 주목하시는 하나님 암 7:10-17	184
10	믿는 자의 숨겨진 탐욕을 꿰뚫어보시는 하나님 암 8:1-14	204
11	아무것도 하지 않는 죄인을 체질하며 골라내시는 하나님 암 9:1-10	226
12	늘 또 다른 길을 마련해 주시는 하나님 암 9:11-15	247

주	264
참고문헌	280

추천사

이 책은 오래된 예언자의 거친 외침을 빌려 오늘의 교회와 성도를 흔들어 깨웁니다. 평안과 번영의 이름으로 포장된 종교적 허위와 위선의 시대에, 하나님의 음성은 다시 아모스를 통해 들려옵니다. "정의를 물같이, 공의를 마르지 않는 강같이 흐르게 하라"는 말씀은 그저 과거의 외침이 아니라, 지금 이 땅을 향한 하나님의 탄식이자 분노입니다.

저자는 학자의 눈으로 본문을 깊이 파고들되, 목회자의 심장으로 그 말씀을 오늘의 교회 안에 밀어 넣습니다. 책에는 아모스가 서 있던 자리, 그 치열한 현실과 하나님의 고통이 절절히 살아 있습니다. 성경 본문을 향한 진지한 탐구, 설교 현장에서의 검증, 그리고 오늘의 교회를 향한 애정이 삼중주처럼 어우러져 있습니다.

이 책은 단순한 해설서가 아닙니다. 예언자와 함께 울고, 하나님과 함께 분노하고, 끝내 하나님의 회복을 희망하게 만드는 성서적 묵상입니다. 교회가 길을 잃은 시대에, 아모스가 다시 길을 묻습니다. 이 책이 그 물음에 귀 기울이게 만드는 하나님의 도구가 되기를 바랍니다.

김관성 낮은담침례교회 담임목사

한국교회, 특별히 지금 정치·사회적, 종교적·도덕적으로 격랑의 시기를 지나고 있는 이 전환기에, 꼭 들어야 할 하나님의 말씀이 있다면 나는 주저 없이 구약의 예언서, 그중에서도 아모스서라고 말하고 싶습니다. 아모스서는 하나님 나라의 기초인 정의와 공의를 힘 있게 선포하고, 그로 인해 다가올 종말론적 샬롬의 나라를 소망하게 하는 강력한 메시지를 담고 있기 때문입니다.

그렇다면 누가 예언자 아모스의 그 정열과 열정을 오늘 우리의 피부와 마음에까지 생생히 전해 줄 수 있을까요? 차준희 박사는 바로 이 사명을 능히 감당해낸 분입니다. 그는 풍부한 학문적 전문성과 온유한 목회자의 영성, 그리고 현실을 냉철하게 바라보는 겸손한 지성을 겸비한, 우리 시대의 걸출한 구약 전도자입니다.

저자는 아모스의 메시지가 단지 주전 8세기의 북이스라엘과 남유다를 향한 말씀이 아님을 분명히 밝힙니다. 그는 성경을, 변해 가는 세상 속에서도 변하지 않는 하나님의 말씀으로 받아들이는 하나님의 백성 전체를 향한 전복적 메시지로 읽어 냅니다. 특히 저자의 해석 방향은 철저히 하나님 중심적입니다.

책 안에 담긴 12편의 글은, 마치 열두 지파와 열두 제자, 곧 교회 공동체 전체에게 하나님이 어떤 분이신지를 알려 주는 장문의 격정적 편지처럼 읽힙니다. 모든 장의 제목이 "~하시는 하나님"으로 시작되는 것도 의미심장합니다. 우리가 믿는 하나님이 누구이시며, 어떤 뜻을 품고 계시며, 우리가 그 앞에서 어떻게 살아야 하는지를 이 책은 매우 선명하게 드러내고 가르쳐 줍니다.

차 박사는 역사적·문학적·신학적으로 깊이 있는 정통적 해석을 따르면서도, 아모스서 본문을 오늘 우리 삶에 살아 역사하시는 하나님의 말씀으로 읽어 냅니다. 그는 하나님의 말씀은 좌우에 날 선 검과 같아 사람의 속을 꿰뚫고 혼과 영, 관절과 골수를 찔러 쪼개며, 마음속 생각과 뜻을 드러내는 것이라(히 4:12)는 신념을 지닌, 목사이자 학자입니다.

독자들은 아모스가 먼저 만난 하나님을 오늘 한반도에서 다시 만나고 싶어 하는 저자의 간절한 소망과 깊은 영성에 큰 감동을 받게 될 것입니다. 하나님에 대한 신앙을 더욱 깊게 하고, 아모스서라는 어려운 본문을 간결하면서도 쉽게 풀어내는 저자의 탁월한 필력이 돋보입니다. 그 덕분에 이 책은 독자에게 뛰어난 가독성과 함께 깊은 통찰을 선사합니다.

이 책은 마치 마에스트로의 손끝에서 정련된 진품 아모스 해설서와도 같습니다. 탐험하듯이 이 책을 읽고, 곱씹고, 묵상한다면, 한국교회의 신앙 생태계는 분명 큰 변화를 경험하게 될 것입니다. 목회자와 설교자, 신학생은 물론, 진지하게 성경을 공부하려는 일반 성도에게도 진심으로 추천합니다.

류호준 前 백석대학교 신학대학원장, 구약학 은퇴교수

저자는 내가 아는 학자 중에 믿고 내 교회 강단을 맡길 수 있는 몇 안 되는 설교가다. 그는 말도 되고 글도 된다. 학교도 알고 세상도 알고 교회도 안다. 그에게는 '불타는 논리'가 있다. 학자의 냉철함과 설교자의 열정과 전도자의 애달픔이 있다. 나는 여태 아모스서를 설교하지 못했다. 내 삶이 그 메시지를 감당하지 못해서다. 잘 아는 것을 풀어놓는 일이야 어렵지 않지만, 나한테 적용할 수 없는 메시지를 담는 일은 여간해서는 잘 안 된다. 내가 이 책을 먼저 읽으면서 확인하고 싶었던 것이 있다. 스스로에게 불편한가? 이 시대의 교회를 긁는 메시지를 원음 그대로 담았는가? 태평성대를 구가하는 시대가 아니라 백척간두의 위기에 빠진 한국교회를 향해 경종을 울릴 만한 위험한 책인가? 돌 맞을 만한 메시지를 서슴지 않고, 그러나 지혜롭게 전했는가? 저자의 천성이야 어디 가겠는가마는, 다행히도 오금 저리게 하는 아모스의 포효가 고스란히 살아 있다. 학자적 태도를 견지하면서도 현장 설교를 듣는 것 같은 생생함을 담았다. 저자는 이 책에 발목 잡힐 것 같다. 아모스의 영성이 아니라 차준희의 영성이 되도록 스스로 요구하는 책이 되었으니 큰일 났다. 큰일을 내는 책이 되길 바란다.

박대영 광주소명교회 책임목사, 〈묵상과 설교〉 책임 편집

헌정사

아모스서를 두 번에 걸쳐(2016년과 2022년)
주일 강단에서 설교할 수 있도록 배려해 주시고
부족한 저를 지속적으로 격려하고 응원해 주시는
수원 율전교회의 이우철 담임목사님과 박영선 사모님
그리고 성도님들께 보은하며 감사하는 마음으로 이 책을 드립니다.

머리말

이 책의 초기 원고는 2016년 1월부터 12월까지 매달 한 번씩 12회, 수원의 율전교회(이우철 목사 시무) 주일 오전 예배에서 설교되었고, 2022년 한 해 동안 같은 교회에서 한 번 더 설교하면서, 그간에 출간된 아모스 주석서와 관련 전문 서적을 통하여 그 내용을 다시 수정하고 업데이트하여 더 풍성해질 수 있었다. 이 원고를 바탕으로 〈목회와 신학〉에 12회 연재(2023년 12월-2024년 11월)하면서 전체를 다시 한 번 조감하고 대폭 개정하고 심화할 기회를 갖게 되었다. 월간지의 특성과 지면의 제약에 따라 제한된 분량에 다 담지 못하여 생략된 내용을 이 기회에 되살리고, 내용을 더 보강하고 갈무리하여 이 책이 드디어 완성된 것이다.

성경은 역사적 해석, 문학적 해석, 정경적 해석을 거치면서 오늘의 독자들을 만난다. 아모스서는 주전 8세기 중엽(주전 760년경)에

북이스라엘에서 활동한 최초의 문서 예언자 아모스의 선포를 모은 책이다. 주전 8세기의 역사적 맥락에서 본문을 분석하고, 예언서의 문학적 양식을 분류하고 그 개별 양식의 특징을 고려하여 문학적으로 검토해, 아모스서라는 최종 정경의 맥락에서 오늘의 한국교회를 향한 아모스의 말과 심정을 재현해 보려고 했다. 대략 2,800년 전, 아모스가 만난 하나님은 어떤 하나님이셨고, 오늘 우리에게는 어떤 하나님으로 다가오실까? 아모스가 먼저 만난 하나님을 오늘의 한반도에서 다시 만나 본다.

이 책은 교회에서 청중과 교감하고, 목회자와 신학생이라는 독자들과 호흡을 같이하며 그들의 반응을 민감하게 감지하고 반영한 글이다. 청중과 독자의 반응을 가슴에 새기며 현장의 임상을 거치고 탄생한 책이라 내게도 의미 있는 작품이다. 아모스의 마음이 제대로 파악되고 한국교회 성도들에게 적절하고 합당하게 전달되었으면 하는 바람을 조심스럽게 가져 본다.

사실 이 책은 접근하기도 부담스럽고 이해하기는 더 어려운 예언서 아모스서를, 전문가의 손을 잡고 본문의 일차적인 의도를 충실히 묵상하기를 원하는 일반 독자들과, 최초의 문서 예언 아모스서를 가벼운 마음으로 연구하고 정리하기를 원하는 신학생들과, 아모스서를 가지고 설교 및 성경 공부를 하기 원하는 목회자 동역자분들을 위한 성서학자의 애정과 정성이 담긴 선물이다. 이를 눈치채는 분이 한 분이라도 생긴다면 큰 보람이 될 것 같다. 우리나라에서 아모스서 묵상과 연구와 설교에 빼놓을 수 없는 길잡이가 되기를 조심스럽게 소망해 본다.

율전교회 담임목사이신 이우철 목사님과 박영선 사모님과 성도님들께 이 책을 헌정하고 싶다. 이우철 목사님은 내가 교수로 부임한 두 번째 해인 1995년에 한세대학교 신학대학원에 입학을 했다. 이우철 원우님은 학부에서 경영학을 전공하고, 대기업의 유능한 사원으로 승승장구하던 중 하나님의 부르심을 받아 안정된 자리를 뒤로하고 목회자의 길로 들어선 분이다. 이우철 전도사님은 신대원 졸업과 동시에 1997년 11월 1일 율전교회를 창립하고, 이후 교회당도 건축했고(2010년 11월) 지금까지 오직 한 교회만을 섬기다 정년을 몇 년 앞두고 있다. 이우철 목사님은 교인 양육반을 직접 인도하고, 교인 한 사람 한 사람을 늘 가슴에 품고 있으며, 열방을 향한 선교 사역에 혼신의 힘을 다하고 있다. 무엇보다 교인들의 전폭적인 사랑과 존경을 한 몸에 받으며 즐겁게 사역하고 있다. 하지만 특히 존경하는 것은 창립자만이 누릴 수 있는 모든 권리를 극구 사양하고, 교회만을 위해서 본인의 진퇴와 미래를 맡기려는 그의 모습이다. "교회와 교인이 최우선이고 본인은 나중"이라는 고백에서 훌륭한 제자를 둔 선생의 보람을 뜨겁게 느껴 본다.

2006년부터 매달 한 번씩 고정적으로 율전교회에서 말씀을 전하는 즐겁고 고된 사역을 지금까지 즐기고 있다. 학생 시절에는 내가 과제를 내주고 성적을 주었던 관계인데, 지금은 갑을관계가 바뀐 것 같다. 이우철 목사님이 나에게 다음 한 해의 설교 본문을 정중하게 과제로 정해 준다. 학생 때 받은 스트레스를 은근히 되돌려 주는 것 같다. 매달 새로운 본문과 씨름하며 한 편의 설교를 작성하는 작업이 만만치는 않지만, 이러한 압박이 성서학자에게 설교자로서의 목회자의 정체성을 상기시켜 주는 청량제가 된다. 이 책도 율전교회의 이러한 설교에서 비롯된 것이다. 한 살 적은 선생을 늘 스승으로 공손하게 대접해 주는 인격과 성품과 헤세드에도 늘 마음으로 존경을 갖고 고개를 숙이게 된다. 20년째 매달 한 번씩 만나는 율전교회 담임목사님과 사모님, 이종승 장로님과 사공신 장로님, 그리고 어느덧 가족이 된 율진교회 성도님들의 격려와 응원에 보답하는 마음으로 이렇게나마 작은 작품을 헌정하고 싶다.

1년에 걸쳐 매달 원고를 작성할 기회를 주신 〈목회와 신학〉 편집부와 부족한 사람의 글을 소중하게 생각해 주고 출간을 제안해 주신 두란노서원 출판부에도 깊이 감사를 표하고 싶다. 키만큼의 책을 출간해야 하는 숙명에 따른, 고단한 저술 작업에 기꺼이 함께해 준 영원한 조교 홍태민 전도사에게도 감사를 전한다.

2025년 6월 14일
한세대학교 신학과 연구실에서
구약전도사 차준희

아모스서 바로 읽기

▌ 아모스의 시대

아모스는 북이스라엘의 왕 여로보암 2세(주전 787-747년)의 통치 기간에 활동했다(암 1:1). 아마도 아모스는 여로보암 2세의 전성기인 주전 760년경 등장한 것으로 보인다.[1] 그러나 이 시기는 예언자가 분노할 정도로 극심하게 사회적 불의가 판치고 있었다.[2] 최근의 고고학적 유물들은 이 당시의 사회경제적인 불평등의 모습을 실증해 주고 있다. 특정 엘리트층과 일반 주민들의 삶의 방식의 차이를 보여 주는 유물이 발굴되기도 했다. 정교한 무덤과 장례 관습은 사회적 계급을 분명하게 드러낸다.[3]

북왕국과 남왕국이 분열된 이후 두 왕국은 각각 체계를 잡아 가면서 점차 중앙화와 도시화의 길로 접어들었다. 또한 개별 지역들이 서로 밀접하게 연결된 시장이 형성되고, 농업과 상업의 혼합 경제 체계로 발전하게 되었다. 게다가 주전 8세기 중반에는 두 왕국의 인구도 증가하게 되었다.[4]

이 당시 북이스라엘과 남유다는 고대 강국의 영향권에서 벗어나 자유롭고 평화로운 상태를 누릴 수 있었다. 전통적인 고대 강국에 속한 이집트는 무기력한 시기를 보내고 있었다. 국경을 맞대고 있던 강대국 아람의 다메섹은 아시리아에 의하여 패망했다. 당시 메소포타미아의 강국 아시리아는 내정의 문제와 신바빌로니아의 부상에 발목을 잡혀 이스라엘과 유다까지 넘볼 여유가 없었다.

이러한 국제 정세에 힘입어 당시 북왕국은 경제적으로나 정치적으로 한창 번영을 구가했다(왕하 14:23-29). 국제무역은 육로와 해상에서 활발했고(암 6:13), 포도주와 곡식을 팔아 부자가 된 부유한 계층이 생겨나게 되었다(암 8:4-6). 급기야 사치스러운 여름 별장과 겨울 별장이 등장하기에 이르렀다(암 3:15). 이러한 고가의 집들은 수입품인 상아 용품으로 장식되기도 했다(암 6:4). 이로 인해 이스라엘은 내부적으로는 계층 간에 위화감이 조성되었고, 결국 빈익빈 부익부 현상이 뚜렷하게 발생하게 되었다(암 2:6-7). 당시 이스라엘은 외부적으로는 부강하며 태평성대의 상태로 보였을지 모르지만, 내부적으로는 사회적 불의와 도덕적 타락이 만연해 가고 있었다. 국가적 풍요로움이 일부 고위층(고위 관료들, 종교 지도자들 등)과 부유층(특정 무역 상인들, 지방 유지들 등)에게만 집중되었고,[5] 가난하고 힘없는 자들에게는 거의 차단되었다.[6]

여로보암 2세 시대의 북왕국 이스라엘은 대부분 소작농 농경 체제를 이루고 있었다. 관료 정치와 상류 계층이 성장하는 평화로운 시기가 찾아왔다. 관료 정치는 세금으로 유지되어야 했고, 대부분 농업에 종사했던 주민들은 작황이 좋지 않거나 심지어 가뭄이나 병충해로 수확이 아예 없을 때에도 무조건 세금을 내야 했다. 백성은 그 세금을 내기 위하여 빚을 질 수밖에 없었고, 이자가 지나친 경우도 많았다. 제때 빚을 갚지 못하면 가족들은 땅을 팔고 날품팔이(일용직)로 일해야 했고, 어떤 이들은 빚 때문에 자신을 팔아서 일정 기간 종(채무노예)이 되기도 했다.[7] 당시의 관료적 압력(세금, 부채, 정기적인 노동 부과 혹은 강제 노역 등), 정치적 결정(전쟁), 자연적 재난 등은 대부분의 농민들에게 심각한 재해를 가져다주곤 했다.[8]

또한 주전 8세기 중반 무렵 땅의 용도가 변경되었다. 이전에는 가족들이 생계를 위한 필요한 양식을 얻고자 작은 땅을 소유하고 있었다. 일종의 자급자족의 경제 규모였다고 할 수 있다. 그러나 이 시기에 작은 땅들은 대규모 농지로 전환되어 부유한 이들이 사용하는 포도주나 기름 같은 사치품을 생산하게 되었다. 북왕국의 수도 사마리아에서는 수입되는 상아와 도자기, 또 사치품을 교역하기 위해 수출되는 잉여 포도주와 기름이 발굴되었다. 이러한 고고학적 발굴 작업을 통해, 특정 지역에서 비교적 작은 규모의 여러 집이 훨씬 더 큰 주거 단지로 대체되었음도 드러났다. 이러한 양극화가 아모스의 격분을 불러일으켰다. 아모스는 이런 일을 저지른 이들을 신랄하게 고발했다.[9]

인간 아모스

아모스는 구약 예언의 역사에서 가장 중요한 인물이다. 이스라엘에서 최초로 이 예언자의 말들이 체제적으로 수집되었고 책의 형태로 전승되었다.[10] 이 때문에 아모스를 "최초의 문서 예언자"라고 한다.

아모스는 남유다의 드고아 출신이다(암 1:1). 그러나 그가 예언자로서 활동한 곳은 북왕국 이스라엘이며, 특히 북왕국의 수도 사마리아(암 3:9-15, 6:1-7)와 벧엘에서 사역했다(암 7:10-17). 아마도 벧엘에서 제사장 아마샤에게 추방된 사건이 그의 마지막 예언 활동이었을 것으로 보인다. 남유다 드고아 사람인 아모스는 급작스럽게 북왕국의 사마리아와 벧엘로 파견되어 하나님의 메시지를 전달한 것이다(암 7:15).

아모스는 본래 어떤 직업을 갖고 있었을까? 아모스라는 인물에 대한 정보는 아모스서에서 단 두 구절에서만 언급된다.

> 유다 왕 웃시야의 시대 곧 이스라엘 왕 요아스의 아들 여로보암의 시대 지진 전 이년에 드고아 **목자**(נֹקֵד 노케드) 중 아모스가 이스라엘에 대하여 이상으로 받은 말씀이라(암 1:1).

> 아모스가 아마샤에게 대답하여 이르되 나는 선지자가 아니며 선지자의 아들도 아니라 나는 목자요 **뽕나무를 재배하는 자**로서(암 7:14).

아모스 1장 1절에서 언급된 "목자"(נֹקֵד 노케드)는 구약성경 전체에서 오직 두 번만 나온다. 이곳에서 한 번 쓰였고, 열왕기하 3장 4절에서 또 한 번 나온다.

> 모압 왕 메사는 **양을 치는 자**(נֹקֵד 노케드)라 새끼 양 십만 마리의 털과 숫양 십만 마리의 털을 이스라엘 왕에게 바치더니(왕하 3:4).

"노케드"는 주인의 목축을 돌보는 고용된 목동이 아니라, 모압 왕 메사와 같은 대규모의 가축 소유자를 가리킨다.[11]

아모스 7장 14절은 예언자에 관한 추가 정보를 또 하나 제공한다. 아모스는 "뽕나무를 재배하는 자"이다. 뽕나무는 드고아 같은 고지대에서는 자라지 않는다. 이 나무는 좀 더 따듯한 기후와 요단 계곡에 위치한 여리고 같은 낮은 지형(눅 19:1, 4)이나 지중해 해안에 위치한 서쪽 지역의 낮은 평지에서 성장한다(왕상 10:27; 대상 27:28). 아모스는 드고아가 아닌 다른 지역에서도 땅을 소유하고 있거나 뽕나무 재배지를 임대했을 것이다.[12] 아모스는 상당한 재력을 갖춘 자였던 것으로 보인다.

이외에도 아모스서의 문학적 기술은 아모스가 능변가였으며 종교 전통과 언어도 접한 식자층에 속한 자임을 보여 준다.[13] 그는 주변 나라들에 대해서도 해박한 지식을 가지고 있었으며(암 1:3-2:5), 교사들의 말투(암 6:12), 제사장들의 말투(암 4:4-5), 애곡 전문 여성의 말투(암 5:2)도 자유자재로 활용했다.[14]

정리하면, 아모스는 대규모의 가축들과 토지를 소유한 그 지역의 유지에 속한 사람으로 교육 수준도 대단한 지식인이었을 것이다. 아모스는 남유다에서 상당한 지주에 속한 사람으로 편안한 인생을 보장받은 자였으나, 하나님의 강권에 붙잡혀서 북이스라엘에서 예언자로 활동한 사람이다.[15]

> 사자가 부르짖은즉
> 누가 두려워하지 아니하겠느냐
> **주 여호와께서 말씀하신즉**
> **누가 예언하지 아니하겠느냐**(암 3:8).

> 양 떼를 따를 때에 여호와께서 나를 데려다가 여호와께서 내게 이르시기를
> 가서 **내 백성 이스라엘에게 예언하라** 하셨나니(암 7:15).

▰ 아모스서의 중심 메시지

아모스서의 중심 메시지를 세 가지로 정리해 보자.

우주적인 공의의 하나님(암 1:3-2:3)

아모스 1장 3절에서 2장 3절은 이방 민족에 대한 신탁을 내용으로 하고 있다. 이 신탁들은, 야웨는 한 국가에 한정된 민족 신이나 국가 신이 아니며, 모든 열방을 통치하는 우주적인 하나님이심을

보여 준다. 하나님의 통치권은 특정 지역이나 민족과 나라로 국한될 수 없다. 하나님은 야웨 신앙의 유무를 떠나서 하나님의 공의가 왜곡되는 곳에서 그 왜곡을 바로잡는 공의와 심판의 하나님으로 역사하신다.[16]

공동체 의식의 영성(암 5:24)

아모스서의 핵심 구절은 아모스 5장 24절이라 할 수 있다.

> 오직 **정의**(מִשְׁפָּט 미쉬파트)를 물같이,
> **공의**(צְדָקָה 체다카)를 마르지 않는 강같이 흐르게 할지어다(암 5:24).

아모스의 핵심 용어인 정의(justice)와 공의(righteousness)는 한 단어로 말하면 '공동체 의식'(Zusammengehörigkeitsgefühl)이라 할 수 있다. 예배를 통하여 하나님의 임재를 경험한 사람은 이웃을 형제로 인식하게 된다. 즉 다른 사람들과 '연대 의식'(solidarity) 혹은 '공동체 의식'(community spirit)을 갖게 된다. 하나님 앞에 바로 선 사람은 이웃을 자신의 형제로 여기는 공동체 의식을 갖게 된다는 것이다. 이웃 사랑 없는 예배는 하나님 없는 예배이다. 야웨 신앙의 핵심은 예배 의식 자체보다는 공동체 의식을 실천하는 삶에 있다.[17]

최초의 종말 선포(암 8:2)

아모스서의 또 하나의 핵심 구절은 아모스 8장 2절이다.

그가 말씀하시되 아모스야 네가 무엇을 보느냐 내가 이르되 여름 과일 한 광주리니이다 하매 여호와께서 내게 이르시되 내 백성 이스라엘의 **끝**(קֵץ 케츠)이 이르렀은즉 내가 다시는 그를 용서하지 아니하리니 (암 8:2).

여기서 "끝"(קֵץ 케츠)은 '종말'을 뜻한다. 아모스는 역사상 종말을 선포한 첫 번째 사람이다. 아모스는 이스라엘의 죽음을 선포한다(암 5:2). 이 죽음에는 제한도 없고 남은 자도 없었다(암 9:1-4). 신학적으로 보면 이는 지금까지의 구원의 역사와 선택의 역사가 끝장났음을 의미한다. 그들은 야웨로부터 선물 받은 땅에서 추방된다(암 7:11, 17). 선택받은 자들도 심판을 면할 수 없다(암 3:2). 출애굽의 백성은 다른 민족에 비해 더 이상 특별한 존재가 아니었다(암 9:7).[18] 당신의 백성을 향한 하나님의 종말 선포는 이전에는 결코 선포된 적이 없는 전혀 새로운 종말 선포이다.

▌ 아모스서의 전체 구조

1:1	표제: 아모스의 직업, 출신, 시기
1:2	아모스서의 중심 메시지
1:3-2:3	이방 민족에 대한 신탁
1:3-5	다메섹의 죄악과 처벌
1:6-8	가사의 죄악과 처벌

	1:9-10	두로의 죄악과 처벌
	1:11-12	에돔의 죄악과 처벌
	1:13-15	암몬의 죄악과 처벌
	2:1-3	모압의 죄악과 처벌
2:4-16	유다와 이스라엘에 대한 신탁	
	2:4-5	유다의 죄악과 처벌
	2:6-16	이스라엘의 죄악과 처벌
3:1-6:14	이스라엘에 대한 신탁	
	3:1-8	심판 선포와 논쟁의 말
	3:9-4:3	사마리아의 죄악과 처벌
	4:4-13	이스라엘의 죄악과 처벌
	5:1-27	애가, 이스라엘의 죄악과 처벌
	6:1-14	시온과 사마리아 지도자들의 죄악과 처벌
7:1-9:4	다섯 가지 환상, 아모스와 아마샤의 대결, 개별 신탁들	
	7:1-3	첫째 환상: 메뚜기 환상
	7:4-6	둘째 환상: 불 환상
	7:7-9	셋째 환상: 다림줄 환상
	7:10-17	아모스와 아마샤의 대결
	8:1-3	넷째 환상: 여름 실과 환상
	8:4-14	개별적인 신탁들
	9:1-4	다섯째 환상: 제단 파괴 환상
9:5-10	야웨 찬양시와 심판 선고	
9:11-15	구원의 말	

1

으르렁거리시는 하나님

- 암 1:1-2:3

아모스는 주전 8세기(760년경)에 활동한 최초의 문서예언자이다. 문서예언자란 자신의 예언이 나중에 책으로 묶여서 정경으로 받아들여진 예언자를 말한다. 아모스서는 지금으로부터 2,800여 년 전에 선포된 메시지이지만, 오늘날 한국교회와 그리스도인들에게 선포한 말씀같이 적실하게 들려온다. 새로운 방향을 찾아야 할 중요한 시기에 놓인 한국교회가 아모스 예언자의 메시지를 겸허한 마음으로 경청해서 아모스의 하나님을 새롭게 만나는 기회가 되기를 바란다. 아모스 1장 1절부터 2장 3절까지는 아모스가 주변의 이방 나라에 대하여 잘못을 고발하고 이에 따른 심판을 선포하는 '이방 신탁'(The Oracle against the Nations)이다.

아모스 1장 1절-2장 3절의 구조

1:1-2	표제와 아모스서의 중심 메시지
1:3-5	다메섹의 죄악과 처벌: 잔인한 행위
1:6-8	가사의 죄악과 처벌: 비인간적 처사
1:9-10	두로의 죄악과 처벌: 조약 위반과 비인간적 처사
1:11-12	에돔의 죄악과 처벌: 긍휼 없는 잔인성
1:13-15	암몬의 죄악과 처벌: 비인간적인 야만 행위
2:1-3	모압의 죄악과 처벌: 인간을 존중하지 않는 야만스러운 행위

표제와 아모스서의 중심 메시지(암 1:1-2)

¹ 유다 왕 웃시야의 시대 곧 이스라엘 왕 요아스의 아들 여로보암의 시대 지진 전 이년에 드고아 목자 중 아모스가 이스라엘에 대하여 이상으로 받은 말씀이라 ² 그가 이르되
여호와께서 시온에서부터 부르짖으시며
예루살렘에서부터 소리를 내시리니
목자의 초장이 마르고 갈멜산 꼭대기가 마르리로다(암 1:1-2).

1절은 예언자 아모스의 신분, 출신 지역 그리고 활동한 시대를 알려 주고 있다. 아모스는 이스라엘의 왕 여로보암 때 북왕국 이스라엘에서 활동한다. 아마도 주전 760년경에 등장한 것으로 추정된다. 이 시대는 이스라엘과 유다 모두에게 평온과 평화와 번영의 시기였다. 여로보암은 이스라엘의 국경을 솔로몬의 시대에 확정된 국경까지 회복했다.[1]

아모스는 드고아 출신이다. 드고아는 유다 지역에 속한 땅이다. 그렇다면 아모스는 남유다 출신이다. 남쪽 사람이 북쪽에 와서 예언자 활동을 한 것이다. 아모스는 1절에 "드고아 목자"로 소개된다. 여기서 "목자"로 번역된 히브리어 "노케드"(נֹקֵד)는 구약성경에서 단 두 번만 나온다. 이 단어는 수만의 양 떼를 치는 모압 왕 메사에게도 똑같이 사용된다.

> 모압 왕 메사는 **양을 치는 자**(נֹקֵד)라 새끼 양 십만 마리의 털과 숫양 십만 마리의 털을 이스라엘 왕에게 바치더니(왕하 3:4).

여기서 "목자"(נֹקֵד)는 남의 양 몇 마리를 돌보는 '목동'이 아니고 상당한 규모의 양을 치는 '목장주'(owner and manager of flocks and herds)에 해당된다.[2] 아모스는 고용된 목동이나 목자가 아니고 많은 가축을 소유한 자였다. 아모스 7장 14절에 의하면 "아모스는 뽕나무를 재배하는 자"이다. 이러한 일은 아모스가 원예 사업에도 관여했음을 보여 준다. 아무튼 아모스는 상당한 재력을 가진 일반 평신도였으며, 일상의 직업을 가지고 열심히 일하다가 하나님의 부르심으로 갑자기 예언자로 활동한 사람이다.

또한 아모스가 드고아 출신이라는 점도 눈여겨보아야 한다. 드고아는 지혜로운 여인이 있는 곳으로 알려진 곳이다(삼하 14:2). 드고아는 민간 지혜로 유명한 곳이다. "한 사람을 시골에서 이끌어 낼 수는 있지만, 그 사람 속에서 시골을 끄집어내지는 못한다"는 말이 있다. 따라서 아모스의 메시지에서는 그가 살았던 조그마한 시골 마을의 분위기를 지배하는 민간 지혜의 영향이 발견된다.[3] 당시 지혜는 학문을 가리킨다. 고대 이스라엘에서 학문을 접하는 것은 소수의 사람에게만 주어진 특권이다. 아모스는 학문을 접한 식자층으로 보인다. 아모스를 무식한 농부쯤으로 간주하는 것은 잘못된 생각이다.

경제적으로도 안정되고 지식인에 속한 평신도 아모스가 남쪽 고향을 등지고 북쪽 외지에 와서 반기지도 않는 예언자 활동을 한 것이다. 즉 남유다 사람이 북이스라엘에서 와서 예언 활동을 한 것이다. 당시 북왕국에는 하나님의 뜻을 정확히 간파하는 깨어 있는 종교 지도자가 없었기에 남왕국의 평신도 아모스가 나선다. 이는 "하나님의 긴급 조치"로 볼 수 있다. 하나님이 급하신 나머지 일반 평신도를 들어서, 그것도 남왕국의 사람을 북왕국의 종교 지도자로 쓰신 것이다.

2절은 하나님에 관한 아주 다른 경험을 전달한다. 2절에서 "부르짖으시며"라는 표현을 쓰며 사자가 으르렁거리는 것을 묘사한다. 아모스에게 하나님은 으르렁거리는 사자와 같고(암 3:8), 하나님의 목소리는 황폐함을 가져다준다. 2절은 북왕국("갈멜산 꼭대기")

의 황폐화와 사막화를 말한다. 갈멜산은 울창한 숲을 지닌 지역으로, 당시 바산, 레바논, 사론과 더불어 가장 비옥한 지역으로 유명했다(암 4:1; 사 33:9; 35:2; 나 1:4).[4] 그 비옥한 갈멜산 꼭대기가 말라붙어 버리는 심판을 받을 것을 묘사한다. 시온에서의 야웨는 당신의 백성에게 가차 없이 심판을 내리신다.

오늘날 교회의 설교와 가르침은 위로와 안전을 보증해 주는 하나님상(像)을 선호하는 경향이 있다. 예를 들면, '양 떼를 돌보는 목자'(시 23편), '자녀를 양육하는 자애로운 어머니'(시 131:2), '자녀를 하염없이 기다리는 아버지'(눅 15장) 등이 우리가 선호하는 하나님상이다.[5]

그러나 이와는 다르게 아모스서에서 만나는 하나님은 '사자같이 으르렁거리는, 경고하시는 하나님'이시다. 우리는 좋으신 하나님만 생각해서는 안 된다. 하나님은 본래 좋으신 분이시다. 그러나 늘 좋으신 것은 아니다. 본질과 현상은 구분되어야 한다. 부모는 자녀에게 본질상 좋은 존재이다. 그런데 때때로 자녀를 책망하고 훈계한다. 그래서 때로는 안 좋아 보이시는 하나님도 놓쳐서는 안 된다. 자녀의 잘못된 행위를 무조건 받아 주기만 하면 자녀는 버릇없고 결국 삐뚤어지고 잘못된 길로 가게 된다. 잘못되었을 경우에는 책망을 아끼지 말아야 한다. 잘못하면 그에 상응하는 책망을 들어야 한다. 그런 책망은 사랑의 매이기 때문에 보약이다. 책망의 매도 잘만 맞으면, 달게 맞으면 보약이 된다(잠 3:11-12). 하나님은 때로 매를 드시는 하나님이시다. 당신의 백성을 책망하시고 심판하시기 위해 으르렁거리는 하나님이시다.

▮ 다메섹의 죄악과 처벌: 잔인한 행위 (암 1:3-5)

> ³ 여호와께서 이와 같이 말씀하시되
> 다메섹의 서너 가지 죄로 말미암아
> 내가 그 벌을 돌이키지 아니하리니
> 이는 그들이 철 타작기로 타작하듯
> 길르앗을 압박했음이라
> ⁴ 내가 하사엘의 집에 불을 보내리니
> 벤하닷의 궁궐들을 사르리라
> ⁵ 내가 다메섹의 빗장을 꺾으며
> 아웬 골짜기에서 그 주민들을 끊으며
> 벧에덴에서 규 잡은 자를 끊으리니
> 아람 백성이 사로잡혀 기르에 이르리라
> 여호와께서 말씀하셨느니라 (암 1:3-5).

첫 번째 고발 대상은 "다메섹"이고(3절), 두 번째 고발 대상은 "가사"이다(6절). 다메섹은 아람(시리아)의 수도였다. 가사는 블레셋에 속한 도시였다. 아람과 블레셋 두 나라는 오랫동안 이스라엘의 원수였다. 세 번째는 "두로"이고(9절), 네 번째는 "에돔"이다(11절). 다섯 번째는 "암몬"이고(13절), 여섯 번째는 "모압"이다(2:1).

여기서 에돔과 암몬과 모압 세 나라는 이스라엘과 친족 관계인 나라이다. 에돔 족속은 야곱의 형인 에서의 후손들이다(창 36:1). 암몬과 모압은 똑같이 그들의 이름을 가진 민족의 조상들로서, 아브라함의 조카 롯의 아들들이었다.

> ³⁶ 롯의 두 딸이 아버지로 말미암아 임신하고 ³⁷ 큰딸은 아들을 낳아 이름을 **모압**이라 했으니 오늘날 **모압의 조상**이요 ³⁸ 작은딸도 아들을 낳아 이름을 **벤암미**라 했으니 오늘날 **암몬 자손의 조상**이었더라(창 19:36-38).

다른 나라에 대한 심판 시리즈인 아모스 1-2장은 전통적인 원수 나라들(아람과 블레셋)에서 시작하여, 화친 관계의 국가(두로)와 친족 국가들(에돔, 암몬, 모압)을 거쳐 이스라엘과 가장 가깝게 관련된 나라(유다)로 점차 옮겨 간다.⁶ 즉 이방 나라 3개국(아람, 블레셋, 두로[페니키아]), 친척뻘 되는 나라 3개국(에돔, 암몬, 모압), 자매 나라 2개국(유다, 이스라엘) 순으로 나열된다. 여섯 나라에 관한 심판 메시지 안에 담긴 구체적인 고발은 하나같이 '전쟁 중에 저지른 범죄'와 관련되어 있다.

3절에 시작하여 반복해서 사용되는 "서너 가지 죄"라는 점층적인 표현은 점점 더 많은 죄를 범하고 있음을 암시한다.⁷ 또한 "내가 그 벌을 돌이키지 아니하리니"라는 표현은 불의를 더 이상 용납할 수 없다는 하나님의 결단과 단호한 의지를 표명한다. "철 타작기"는 나무로 만든 평편한 널빤지 위에 송곳같이 날카로운 칼들을 달아 놓은 기구이다. 이 기구를 가축에게 달아매면 가축이 타작기를 끌고, 펼쳐 놓은 곡식 단들 위로 지나가 곡식의 줄기로부터 곡식들을 철저하게 훑어 내었다. "철 타작기로 타작하듯 길르앗을 압박하였음이라"라는 은유적인 표현은 길르앗 부족을 향한 아람 군대의 잔인하고도 가혹한 찬탈 행위를 가리키는 것으로 보인다.⁸

4절의 "하사엘과 벤하닷"은 아람의 왕을 가리킨다. 이스라엘에 속한 길르앗 사람을 가혹하게 다룬 것으로 인하여 아람은 심판을 선고받는다. 5절에서 "다메섹의 빗장"은 다메섹의 성문 빗장을 가리킨다. 고대 사회에서는 한 국가의 힘이 성문에 달려 있었다. 따라서 성문의 빗장을 부서뜨린다는 것은 최후의 보호막이 무너지고 도시 전체가 함락된다는 뜻이다.[9] "기르"는 동부 메소포타미아에 있는 아람 나라의 발상지였다(암 9:7). 이것은 마치 이집트가 이스라엘의 발상지였던 것과 같다. "기르에 이르리라"라는 표현은 이스라엘이 노예로 억류되었던 이집트로 되돌아가는 것(Eisodus: 환애굽)과 같이, 아람도 기르에서 압제당하는 상황으로 되돌아가는 것(환기르)을 말한다.[10] 아람 사람들은 그들의 원래 상태로 되돌아갈 것이다. 그들의 역사는 원점으로 되돌아간다. 하나님은 이 백성의 역사를 원점으로 되돌리고 지금까지의 역사에 종지부를 찍으신다. 실제로 주전 732년에 아람 국가는 아시리아에 의해 종말을 고하게 된다.

여기서 중요한 것은 다른 나라의 역사 배후에 야웨 하나님이 계시다는 사실이다. 야웨 하나님은 자신을 모르는 다른 나라에서도 하나님이 세우신 질서를 훼손하는 모든 사람을 가만히 두고만 보시지는 않는다. 이 세상의 역사는 눈에 보이는 인간이 아니라 그 배후에 계시는 하나님에 의해서 좌우된다.[11]

▰ 가사의 죄악과 처벌: 비인간적 처사 (암 1:6-8)

> 6 여호와께서 이와 같이 말씀하시되
> 가사의 서너 가지 죄로 말미암아
> 내가 그 벌을 돌이키지 아니하리니
> 이는 그들이 모든 사로잡은 자를 끌어 에돔에 넘겼음이라
> 7 내가 가사 성에 불을 보내리니
> 그 궁궐들을 사르리라
> 8 내가 또 아스돗에서 그 주민들과
> 아스글론에서 규를 잡은 자를 끊고
> 또 손을 돌이켜 에그론을 치리니
> 블레셋의 남아 있는 자가 멸망하리라
> 주 여호와께서 말씀하셨느니라(암 1:6-8).

가사는 블레셋의 다섯 도시 동맹국가(Pentapolis)에 속한다. 블레셋은 여기서 언급된 가사, 아스돗, 아스글론, 에그론이라는 네 도시국가와 여기에 빠진 가드를 포함하여 총 다섯 국가가 연합하여 이루어진 나라이다. 따라서 6절에 나오는 가사에 대한 책망은 8절에 나오는 블레셋에 대한 심판으로 자연스럽게 이어진다.

6절에서 강제로 끌려간 노예들은 에돔 사람들에게 팔려 갔다. 에돔 사람들은 그 노예들을 광산업, 배에 짐을 싣는 일 그리고 농업을 포함하여 그들 자신의 상업적 이익을 위해 사용했으며, 그 노예들을 어디론가 되팔아 버리기도 했다.[12] 여기서 '넘겼다'라는 동사는 대체로 생명을 위협받는 도주자인 피난민을 잡아서 넘겨

주는 것을 의미한다. 그런데 도주자를 넘기는 것은 율법이 금하고 있다.

> 종이 그의 주인을 피하여 **네게로 도망하거든 너는 그의 주인에게 돌려주지 말고**(신 23:15).

오바댜서에서도 에돔 사람이 예루살렘 피난민을 원수 바빌론에게 넘겨주는 것을 지목하고 있다.[13]

> 네거리에 서서 그 도망하는 자를 막지 않을 것이며
> 고난의 날에 **그 남은 자를 원수에게 넘기지 않을 것이니라**(옵 1:14).

6절에 의하면 가사 사람들은 사로잡은 "모든" 사람들을 노예로 팔아넘겼다. 물론 전쟁의 포로가 승전국의 노예가 되는 것은 고대 사회에서 일반적인 관행이었다. 그렇다고 전쟁 포로를 노예로 매매하는 것이 정당한 것은 아니다. 특수한 전쟁의 상황이라 할지라도 잘못된 것은 잘못된 것이다. 이 점에서 아모스는 현대 제네바 협정(Geneva Convention)의 아버지라 할 수 있다.[14]

7-8절에서 가사만 심판의 대상이 되는 것이 아니고, 가사와 함께 엮여 있는 아스돗, 아스글론, 에그론이 모두 심판의 타깃이 된다. 하나님은 여기서 단순히 이스라엘을 편들기 위하여 블레셋 사람을 심판하시는 것이 아니다. 블레셋이 자행한 인간의 존엄성 훼손을 벌하시는 것이다. 하나님은 천부적인 인간의 존엄성을 중요

하게 여기신다. 모든 인간은 하나님의 형상으로 지음 받은 고귀한 존재이기 때문이다.

두로의 죄악과 처벌: 조약 위반과 비인간적 처사 (암 1:9-10)

> 9 여호와께서 이와 같이 말씀하시되
> 두로의 서너 가지 죄로 말미암아
> 내가 그 벌을 돌이키지 아니하리니
> 이는 그들이 그 형제의 계약을 기억하지 아니하고
> 모든 사로잡은 자를 에돔에 넘겼음이라
> 10 내가 두로성에 불을 보내리니
> 그 궁궐들을 사르리라 (암 1:9-10).

9절의 내용은 두로가 노예무역에 가담한 것을 구약에서 처음으로 언급하고 있다. 이 노예무역은 인간성을 빼앗는 사업이었기 때문에, 두로는 악명이 높아지게 되었다.[15]

> [두로와 시돈과 블레셋은] 또 **유다 자손과 예루살렘 자손들을**
> **헬라 족속에게 팔아서**
> 그들의 영토에서 멀리 떠나게 했음이니라 (욜 3:6; 참조. 겔 27:13).

두로도 블레셋(가사)과 마찬가지로 포로 된 모든 자를 에돔에 매도한다. 그런데 두로는 원래 이스라엘과는 원수 관계였던 블레셋과는 다르게, 한동안 이스라엘과 화친을 맺은 관계였다. 두로가 무시해 버린 "형제의 계약"은 페니키아 사람들(두로)과 이스라엘 사람들 사이에 존재했던 협력 관계, 특별히 다윗(삼하 5:11), 솔로몬(왕상 5:1, 11) 그리고 아합(왕상 16:31)과 관련된 내용을 언급하는 것이다.[16] 여기서 국가 간의 "형제의 계약"은 정치적 화친 동맹을 의미한다.

10절에서는 형제의 화친을 헌신짝처럼 팽개친 두로에게도 하나님의 심판이 예고된다. 지구상의 한구석에서 일어나는 민족과 민족 간의 분쟁과 다툼도, 그리고 그들 간에 이루어지는 조약과 약속들도 하나님의 눈을 벗어날 수는 없다. 그들이 궁궐이나 밀실에서 정해 놓은 정책이나 조약이라 할지라도 하나님의 시야에서 숨길 수는 없다. 비록 그들이 야웨 하나님을 알지 못한다 할지라도, 하나님은 인류 역사 속에 현존하시면서 그들의 일거수일투족을 면밀히 관찰하시는 역사의 주인이시다.[17]

▌ 에돔의 죄악과 처벌: 긍휼 없는 잔인성(암 1:11-12)

> [11] 여호와께서 이와 같이 말씀하시되
> 에돔의 서너 가지 죄로 말미암아
> 내가 그 벌을 돌이키지 아니하리니
> 이는 그가 칼로 그의 형제를 쫓아가며
> 긍휼을 버리며

> 항상 맹렬히 화를 내며
> 분을 끝없이 품었음이라
> 12 내가 데만에 불을 보내리니
> 보스라의 궁궐들을 사르리라 (암 1:11-12).

에돔은 잘 아는 바와 같이 에서의 후예로 야곱의 후손인 이스라엘과는 피를 나눈 쌍둥이 형제 나라였다. 그러나 11절에 언급된 에돔의 잔인성은 다음과 같은 번역에서도 잘 드러난다.

> 그것은 그가 칼로써 그의 형제를 추격했고,
> 그리고 그가 스스로의 자비심을 질식시켰으며,
> 자기 분노를 끝없이 간직했고,
> 또 그의 앙심을 영원토록 품었기 때문이다.[18]

에돔은 형제국의 도망자들을 쫓아가며 잡았고, 살려 달라는 애원을 무시하고, 자비와 긍휼을 구걸하는 약자들을 무참하게 살해했다.

12절에 언급된 바와 같이 이러한 에돔에게 하나님의 심판은 당연한 것이다. 인간에 대한 기본적인 사랑(인간애)을 상실하고, 인종 말살의 끔찍한 살생을 저지르는 나라나 국가나 민족 위에는 하나님의 심판이 임할 것이다. 그런데도 인류는 동료 인간을 향해 잔혹한 행위를 일삼았던 부끄러운 과거의 역사를 오늘의 현실에서도 되풀이하면서 모두가 고통 중에 신음을 하고 있다.

- 유대인 대학살(홀로코스트): 유대인이라는 인종적 이유 하나로 600만 명 이상의 인종을 말살하려 함
- 캄보디아의 히틀러인 폴 포트(Pol Pot): 200만 명의 무고한 양민을 잔인하게 학살
- 일본의 난징 대학살: 수십만 명의 중국인을 학살
- 1990년대 발칸 반도의 보스니아에서 발생한 인종 청소: 러시아 정교회 계통의 세르비아인들(이전 유고 연방)이 대부분 무슬림으로 구성된 보스니아인들을 향해 저지른 잔혹한 인종 학살[19]
- 십수 년 전의 극단적 이슬람 국가(IS)의 만행과 무차별 테러
- 지금도 지속되고 있는 미얀마의 군부 쿠데타 정권의 자국민을 향한 무차별 체포와 총격
- 하마스와 이스라엘 간의 상호 무차별 민간인 학살

이러한 집단의 잔인한 만행에 우리 하나님은 반드시 반응하실 것이다. 그 반응은 심판의 모습으로 나타날 것이다.

암몬의 죄악과 처벌: 비인간적인 야만 행위(암 1:13-15)

¹³ 여호와께서 이와 같이 말씀하시되
암몬 자손의 서너 가지 죄로 말미암아
내가 그 벌을 돌이키지 아니하리니
이는 그들이 자기 지경을 넓히고자 하여
길르앗의 아이 밴 여인의 배를 갈랐음이니라
¹⁴ 내가 랍바성에 불을 놓아

그 궁궐들을 사르되

전쟁의 날에 외침과

회오리바람의 날에 폭풍으로 할 것이며

[15] 그들의 왕은 그 지도자들과 함께 사로잡혀 가리라

여호와께서 말씀하셨느니라(암 1:13-15).

13절에 언급된 암몬 민족의 기원은 아브라함의 조카 롯에게서 비롯된다. 롯은 두 딸과 동침하여 모압과 암몬을 낳는다. 아무튼 암몬과 이스라엘은 친척뻘 되는 민족이다. 암몬은 그들의 영토를 확장하기 위하여 잔인한 살생을 마다하지 않았다. 그들은 아이를 밴 여인의 배를 칼로 갈랐다.[20]

14-15절은 암몬에게 임할 심판을 선포한다. 어미의 배에서 잉태되고 있는 생명에 대한 경외심조차 상실한 잔인함은 하나님의 단호한 심판을 피하지 못한다.[21] 고대에 영토 확장을 위하여 전쟁을 벌이는 일은 종종 있었다. 그러나 민족이나 부족 간의 전쟁에서도 불문율은 있었다. 전쟁에 참여한 전사자들 간의 살육은 어찌할 수 없는 현상이다. 그러나 적어도 비인간적인 살육, 즉 전쟁과 무관한, 그리고 아무런 힘이 없는 아이와 여인을 살육하는 일은 예나 지금이나 받아들일 수 없는 일이다. 전쟁의 직접적인 희생자는 여인과 어린이라는 사실은 오늘의 우리도 경험하는 안타까운 현실이다.[22]

암몬 민족은 잔인한 일들을 거침없이 행사했다. 하늘이 보고 있고, 땅이 경악하는 만행을 자행하면서까지 영토 확장에 혈안이 되어 있다면, 그 죄는 엄중하게 물어야 하지 않을까.

모압의 죄악과 처벌:
인간을 존중하지 않는 야만스러운 행위(암 2:1-3)

> ¹ 여호와께서 이와 같이 말씀하시되
> 모압의 서너 가지 죄로 말미암아
> 내가 그 벌을 돌이키지 아니하리니
> 이는 그가 에돔 왕의 뼈를 불살라 재를 만들었음이라
> ² 내가 모압에 불을 보내리니
> 그리욧 궁궐들을 사르리라
> 모압이 요란함과 외침과
> 나팔 소리 중에서 죽을 것이라
> ³ 내가 그중에서 재판장을 멸하며
> 지도자들을 그와 함께 죽이리라
> 여호와께서 말씀하시니라(암 2:1-3).

앞서 언급했다시피 모압은 롯이 그의 맏딸과의 근친상간을 통하여 낳은 자식이며 암몬은 롯이 둘째 딸과의 근친상간으로 낳은 자식이다. 그렇다면 모압과 암몬은 형제 민족이었다(창 19:36-38). 모압은 친척뻘 되는 에돔 왕의 뼈를 불살라 재를 만든다.

아모스 2장 1절에서 모압이 에돔 왕에게 행한, 적국의 왕의 무덤을 파헤쳐 그 뼈들을 불에 태워 재를 만드는 야만스러운 행위는 그 나라 전체에 대한 모욕이요 도전이다. 왕은 그 나라를 대표하는 주권자이기 때문이다.[23] 죽은 자를 불태워 재로 만든 것은 죽은 자에게 저질러진 범죄로 간주된다. 이를 통해 죽은 자는 무덤의 평온

을 강탈당한다.

아모스 2장 2-3절은 이에 대한 심판을 알린다. 아모스는 여기서 이스라엘과 무관한 주변 나라 사이에 이루어진 만행을 규탄한다. 아모스는 이스라엘에게 직접 저지르지 않은 범죄도 하나님이 심판하신다고 말하는 것이다. 이스라엘과 무관하게 발생하는 일에도 야웨 하나님은 관여하신다. 이는 모든 민족 간에도 통용되는 근본적인 하나님의 질서가 있음을 보여 준다.[24]

비록 죽은 원수의 시체일지라도, 고인에 대한 존경심을 말살하고 그 시체를 파헤쳐서 남은 뼈를 불태우는 만행은 결코 용서받지 못할 범죄이다. 인간의 인격은 죽은 뒤에도 그 시체와 더불어 존경받아야 한다. 인간이라면, 그가 이스라엘 사람이든 비이스라엘 사람이든, 기독교인이든 비기독교인이든 간에 생사를 초월하여 존중되어야 한다.[25]

정리하며

■ **야웨는 열방의 하나님이시다**

아모스가 제시하는 하나님은 단순히 유다와 이스라엘에만 속해 있는 '부족 신'이나 '민족 신'이 아니다. 특정한 나라'만' 돌보는 '국가 신'도 아니다. 야웨는 '열방의 하나님'이시다. 야웨 하나님은 유다와 이스라엘의 구원의 주이기 이전에, 전 우주를 창조하시고 유지하시는 우주의 창조주 하나님이시다. 인간의 역사를 주도하시는 역사의 주관자이시다. 세상의 모든 나라는 반드시 기억해야 한다. '하나님은 이스라엘뿐만 아니라 이방 열국에게도 그분의 주권을 행사하시는 분이시다'라는 점을.

여기에서 아모스는 인간의 역사는 인간 자신에 의해서 운영되거나 지배되지 않고, 역사의 배후에 서 계셔서 역사의 방향타를 쥐고 계시는 주권자 하나님에 의해 다스려진다는 것을 강력하게 증언하고 있다. 세상의 역사는 단순히 강대국 간의 정치적 협약이나 인간적 기획과 의도에 의해서 구성되거나 진행되지 않는다. 세상의 역사는 온 세상 만물을 창조하시고 지탱하시는 세계의 창조자 하나님에 의해서 움직여진다.[26] 우리 하나님 야웨는 열방의 하나님이시다.

■ **약자들에 대한 태도가 심판 기준이다: 희생자의 관점이 기준**

아모스가 지적하는 이방 나라들의 죄악은 모두 '약자들에 대한 억압'이었다. 다메섹은 길르앗의 힘없는 포로들을 철 타작기로 타작하듯 압박했다(암 1:3). 블레셋과 두로는 억류된 전쟁 포로들을 인신매매했다(암 1:6, 9). 에돔은 쫓기는 약자들을 추적하고 칼로 죽였다(암 1:11). 암몬은 힘없는 길르앗의 아이 밴 여인의 배를 갈랐다(암 1:13). 모압은 죽은 왕의 뼈를 불살라 버렸다(암 2:1). 이러한 만행들은 모두 포로인 약자에 대한 억압에서 비롯된 것이다. 아모스가 제시하는 심판 기준은 약자들에 대한 태도이다.[27] 아모스는 '희생자의 관점'(Opferperspektive)에서 사태를 판단한다.[28] 희생자의 관점이 기준이 된다.

이 땅을 창조하신 야웨 하나님은 당신의 창조 세계가 창조주의 의도에서 벗어나는 것을 원치 않으신다. 하나님의 형상으로 창조된 인간이 비인간적인 취급과 착취의 대상이 되는 것은 창조주 하나님에 대한 심각한 도전이다. 인간의 비인간적 취급은 창조 질서에 대한 훼손이며 도전이다. 특히 약한 자들에 대한 무시와 학대는 그를 지으신 창조주 하나님을 무시하는 것이다.

가난한 사람을 학대하는 자는
그를 지으신 이를 멸시하는 자요
궁핍한 사람을 불쌍히 여기는 자는
주를 공경하는 자니라(잠 14:31).

인간의 기본적인 인권은 하나님의 형상으로 지음 받은 인간으로서 마땅히 존중되어야 한다. 인권은 창조 질서의 근본적인 핵심이기 때문에 인간사의 모든 영역에 기초로서 깔려 있어야 한다. 신앙, 종교, 윤리, 정치, 교육, 사회, 문화, 국제 관계 등 모든 영역에서 인간의 기본적인 인권은 최고의 가치로 최우선적으로 고려되어야 한다. 인권의 척도는 약자의 권리가 보호되는 정도로 측정된다.

우리가 일하는 직장과 가정, 교회, 그리고 우리가 늘 만나는 사람들과의 관계에서 특히 약자의 인권과 권리를 존중하는 삶을 살아야 한다. 우리도 갑질하고 사는 것은 아닌지, 늘 '갑질 자가 체크'가 필요하다. 만사 희생자의 관점이 기준이다. 갑질하는 순간 나를 향해 으르렁거리시는 하나님을 대면하게 될 것이다. 약자가 억눌리는 현실 속에서 우리 하나님은 지금도 사자와 같이 으르렁거리신다. 하나님은 불의와 악에 대하여 늘 사자와 같이 으르렁거리고 계신다. 무엇보다 우리의 삶의 현장에서 만나는 하급자들과 약자들을 존중하고 살리는 삶이 되어야 한다.

하나님은 '내가 필요로 하는 사람'보다 '나를 필요로 하는 사람'에게 먼저 다가가서 손을 내미는 예수의 제자가 되어 주기를 바라신다. 요나가 가고 싶은 곳은 다시스였다. 그러나 요나를 필요로 하는 곳은 니느웨였다. 하나님은 요나에게 다시스가 아니라 니느웨로 가라 하셨다. 하나님의 사람은 '내가 필요로 하는 곳'보다 '나를 필요로 하는 곳'을 우선적으로 가야 한다.

지금도 사자처럼 '으르렁거리시는 하나님'의 안타까운 포효가 들리지 않는가? 세상의 악에 대하여 으르렁거리시는 하나님은 우리로 하여금 늘 악을 멀리할 것을 경고하시며, 동시에 우리도 세상의 악에 대하여 하나님과 한편이 되어 함께 으르렁거리기를 원하신다.

2

누르는 자를
누르시는 하나님

- 암 2:4-16

아모스는 주변의 이방 나라에 대하여 고발하고 심판을 선포한다 (암 1:3-2:3). 아모스는 이러한 이방 신탁에 이어서 유다(암 2:4-5)와 이스라엘(암 2:6-16)의 잘못을 고발하고, 이에 따른 심판을 선고한다. 아모스 1-2장은 주변 일곱 나라(다메섹, 가사, 두로, 에돔, 암몬, 모압, 유다)에 대하여 각기 2-3절씩을 할애하는 반면, 이스라엘에 대하여는 무려 11절이나 언급한다. 이는 주변 나라들의 죄악보다 이스라엘의 죄악이 더 심각함을 강조한다. 여기에서 아모스의 핵심

타깃은 이스라엘이다.

▰ 아모스 2장 4-16절의 구조

2:4-5	유다의 죄악과 처벌	
2:6-16	이스라엘의 죄악과 처벌	
	2:6-8	이스라엘의 죄악
	2:9-12	하나님의 은총의 역사(역사 회고)
	2:13-16	이스라엘이 받을 처벌

▰ 유다의 죄악과 처벌(암 2:4-5)

4 여호와께서 이와 같이 말씀하시되
유다의 서너 가지 죄로 말미암아
내가 그 벌을 돌이키지 아니하리니
이는 그들이 여호와의 율법을 멸시하며
그 율례를 지키지 아니하고
그의 조상들이 따라가던 거짓 것에 미혹되었음이라
5 내가 유다에 불을 보내리니
예루살렘의 궁궐들을 사르리라(암 2:4-5).

4절에 의하면, 유다는 하나님의 계명을 생활 태도의 지침으로 삼고 있으면서도, 야웨의 계명에 불순종하고 냉담하게 경시하는 죄를 저질렀다. 또 불충하게 하나님을 배반하고 우상을 숭배하던 조상들의 이교 정신에 빠져들었기 때문에 마땅히 받아야 할 심판을 당할 것임을 경고한다(5절).[1]

유다는 야웨의 율법을 지니고 있는 민족이다(신 4:8; 렘 8:8). 그러나 그들은 하나님의 율법을 멸시하고 저버렸다. 유다는 하나님의 말씀을 소유하고 있고, 잘 알고, 때로는 전하기도 하지만, 자신의 삶을 그 하나님의 말씀에 맞추어 살려고 애쓰지 않으며, 말씀과 무관하게 살았다. 시편의 시인은 이러한 하나님의 백성을 "악인"이라고 부른다(시 50:16). 하나님의 백성이라 할지라도 하나님의 말씀을 머리로만 알고, 몸으로 잊어버리면, 악인이다. 결국 '하나님을 잊어버린' 사람이 된다(시 50:22).

▰ 이스라엘의 죄악과 처벌(암 2:6-16)

이스라엘의 죄악(암 2:6-8)

> 6 여호와께서 이와 같이 말씀하시되
> 이스라엘의 서너 가지 죄로 말미암아
> 내가 그 벌을 돌이키지 아니하리니
> 이는 그들이 은을 받고 의인을 팔며
> 신 한 켤레를 받고 가난한 자를 팔며

> ⁷ 힘없는 자의 머리를 티끌 먼지 속에 발로 밟고
> 연약한 자의 길을 굽게 하며
> 아버지와 아들이 한 젊은 여인에게 다녀서 내 거룩한 이름을 더럽히며
> ⁸ 모든 제단 옆에서 전당 잡은 옷 위에 누우며
> 그들의 신전에서 벌금으로 얻은 포도주를 마심이니라(암 2:6-8).

이스라엘의 죄악은 여기서 네 가지이다. 첫째, 의인과 가난한 자들을 인신매매한 것(6b절), 둘째, 힘없고 연약한 자들을 압제한 것(7a절), 셋째, 힘없는 여인을 성적으로 유린한 것(7b절), 넷째, 가난한 채무자들을 착취한 것(8절)이다. 하나님의 백성인 이스라엘은 가난한 사람들과 의지할 데 없는 사람들을 돕는 것이 하나님의 뜻임을 잘 알고 있다. 하지만 그들은 실제 현실에서 그것을 진지하게 받아들이지 않는다. 그들은 제단과 신전에 참여하는 제의적인 경건과 일상의 사회적 불의 사이에서 나타나는 괴리를 전혀 느끼지 못한다.[2] 신앙과 생활이 분리된 것이다. 예배와 삶이 일치하지 않은 것이다. 예배와 삶이 이혼한 상태이다.

6절에서 아모스는 '인신매매'를 말한다. 힘 있는 사람들은 "은을 받고 의인을 판"다. 여기서 "의인"(צַדִּיק 차디크)는 일반적으로 "의인"(義人)으로 번역된다. 그러나 이 문맥에서는 법정적인 의미로 쓰였다(암 5:12).[3] 따라서 여기서의 의인은 '정직한 사람', '무고한 사람'(innocent)을 가리킨다.[4] 한 농부가 더 이상 자유로운 평민으로 존재하지 못하게 되었다고 볼 수 있다. 이것은 빚 때문에 종으로 전락하는 것을 말한다. 가난하게 된 농부나 그 가족이 빚을 갚을 수

없게 된 경우에 자신이나 자식이 팔려 가야만 했던 것을 말한다.[5]

> 선지자의 제자들의 아내 중의 한 여인이 엘리사에게 부르짖어 이르되 당신의 종 나의 남편이 이미 죽었는데 당신의 종이 여호와를 경외한 줄은 당신이 아시는 바니이다 이제 **빚 준 사람이 와서 나의 두 아이를 데려가 그의 종을 삼고자 하나이다** 하니 (왕하 4:1).

채무로 인한 노예로 전락하는 것이다. 이를 '채무 노예'(debt-slavery)라고 한다.[6]

빚을 갚지 못한 사람이 빚을 준 사람의 종이 되는 채무 노예 제도는 본디 가난하게 된 농부가 스스로 다시 일어날 수 있게 하려는 복지 정책의 일환이었다.[7] 채무 상태에서 한시적으로 종이 되어, 이를 통해 빚을 갚고, 이후 자유의 몸이 되도록 하는 복지 정책이었다. 이러한 의도는 종을 대우하는 신명기 법에도 담겨 있다(신 15:12-18). 그러나 돈으로 파산하게 된 동족을 회생할 수 있도록 마련된 복지 제도가 현실에서는 무시되거나 곡해되고, 오히려 채무자의 회생을 불가능하게 만들었다. 제도의 선한 취지는 사라지고, 인간의 욕망으로 악하게 변질된 것이다. 예나 지금이나 제도보다 사람이 문제이고, 제도보다 사람이 중요하다. 아무튼 돈 때문에 인간이 팔린다. 돈이 인간의 가치보다 우선이다. 사람이 물건 취급 받는 사회, 돈이라면 무슨 행위든지 다 할 수 있는 금전만능주의 사회, 물질을 신처럼 생각하고 인간의 배(腹)를 하나님으로 섬기는 사회에 하나님의 심판의 시계추는 점점 그 속도를 높여 갈 수밖에

없다.[8]

"신 한 켤레"는 매우 적은 양의 빚진 돈을 가리는 관용어이다. "신 한 켤레를 받고 가난한 자를 팔며"라는 표현은 기본적인 생존을 위하여 최소한의 도움이 필요한 선량한 시민들이 이스라엘의 세력가들에 의해 무정하게 취급받고 있음을 보여 준다. 어쨌든 한 가지 분명한 것은 억울한 일을 당하여도 아무런 힘이 없어서 정당한 법적 보호를 받지 못한 채 억눌려 살고 있던 사람들이 당시 너무나 많았다는 사실이다.[9]

7절은 인간에 대한 폭력성을 가리킨다. "힘없는 자의 머리를 티끌 먼지 속에 발로 밟"는 일도 발생한다. 예속된 자는 인간 이하로 취급을 받기 쉽다. 고대 근동의 한 그림에 의하면, 메소포타미아의 왕이 원수를 짓밟는 장면이 나온다. 이 장면은 '대적에 대한 모욕'을 상징적으로 보여 준다. 가난은 사람을 불편하게 만들기는 해도, 그렇다고 반드시 비참하게 만들지는 않는다. 없는 사람을 비참하게 만드는 것은 가진 자들의 무시와 멸시이다.[10] 갑의 모욕적인 갑질이 무고한 을의 삶을 비참하게 만드는 것이다.

또한 "연약한 자의 길을 굽게 하며"는 법정에서 뇌물을 써서 법적 보호를 무력화시키는 것을 뜻한다.[11] 연약하고 억울한 사람이 유일하게 도움을 받을 수 있는 최후의 보루가 법에 호소하는 것이다. 그러나 뇌물이 판을 치는 곳에서는 정의가 실종되고, 공의가 증발하고, 공동체는 파멸로 치닫게 된다.

> 너희의 허물이 많고
> 죄악이 무거움을 내가 아노라
> 너희는 의인을 학대하며
> **뇌물을 받고 성문에서 가난한 자를 억울하게 하는 자로다**(암 5:12; 참조. 사 10:2).

권력자들은 하나님의 연약한 백성들을 말할 수 없을 정도로 비참하게 만들었다. 가엾은 사람들은 계속 빼앗기고 비인간적인 취급을 받았다. 그리고 최후로 호소할 곳도 차단된다.

이러한 답답한 현실은 오늘의 대한민국에서도 다르지 않다. 힘 있고 돈 있는 경제인들과 권력 있는 고위층들이 반사회적이고 엄중한 범죄를 저질러도, 가벼운 판결이나 불기소 처분을 받고, 기소 유예되거나 집행 유예로 풀려나고, 만에 하나 감옥에 갇히더라도 돈을 주고 보석으로 풀려나서 맘대로 활개 치고 다닌다. 그들의 공통점은 죄의식이 별로 없다는 것이다. 반면에 힘없고 배경도 없고 돈 없는 자들은 중대 범죄가 아님에도 과하게 형을 받고 억울한 옥살이를 당하곤 한다. '유전무죄 무전유죄'가 부정할 수 없는 영원한 진실이 되어 버린 것이다. 알고 보면 법과 관련된 변호사, 판사, 검사의 부정과 부패는 동서고금을 통틀어 역사가 매우 깊다. 검찰과 법원을 올바로 세우는 일은 오래되고 영원한 숙제이다.

"아버지와 아들이 한 젊은 여인에게 다녀서"라는 표현은 아버지가 자신의 부인을 두고 다른 젊은 여성에게 성적 만족을 얻기 위하여 정기적으로 관계를 할 뿐만 아니라, 그 아들도 '동일 여성'과 성적 관계를 갖는다는 것을 말한다. 여기서 "젊은 여인"(נַעֲרָה 나아라)은 노예가 아니라 가정부로 일하는 '하녀'를 가리키는 것으로 보인다 (삼상 25:42; 에 4:4, 16). 따라서 이 죄목은 힘이 없고 저항할 수 없는 처지에 있는 연약한 자를 성적으로 착취하고 학대하는 파렴치한 행위이다.[12] 또한 힘없는 한 여인을 대상으로 혼외정사를 즐기는 부자지간의 행태로 볼 때, 그들의 가정이 정상적일 수는 없을 것이다. 그 아버지에 그 아들이다. 아무튼 여기서의 초점은 약자에 대한 강자의 성적 착취와 횡포이다.

아모스는 성적 타락을 단순히 인간 사회에서 일어나는 불행으로만 간주하지 않는다. 단순히 윤리 도덕적 현상이 아니라 매우 종교적 성격을 지니고 있다. 이스라엘의 성적 타락은 그들이 경배하고 예배하는 하나님을 부인하는 행동이라는 것이다("내 거룩한 이름을 더럽히며").[13]

적어도 성적인 범죄는 신앙인이 범해서는 절대로 안 되는 악한 범죄이다. 우리는 이 점을 간과해서는 안 된다. 성적 타락은 하나님을 더럽히는 부정한 일이다(고전 6:18-20). 사람의 몸을 돈 주고 즐기는 매춘 행위도 단순히 은밀한 혼외정사와 같은 한 개인의 불륜 차원이 아니라, 근본적으로 하나님의 명예와 위엄을 더럽히는 신성모독에 해당된다. 매춘과 같은 성적 타락은 성을 사고팔 수 있는 물건으로 전락시킬 뿐만 아니라, 결혼의 신성함과 가정의 성스러움을 파괴함으로써 하나님의 창조 질서의 근본을 무너뜨리는 행위이다. 오늘날 성(性)을 더 이상 성(聖)스럽게 생각하지 않거나, 아니면 결혼 이외의 상황에서 다른 사람과 성적 관계를 맺는 것을 대수롭지 않은 사적인 일로 치부해 버리는 풍조가 만연되고 있다는 점은 말세의 징조이다.[14] 우리나라가 인구 대비 매춘부 비율이 세계 1, 2위인 사실은 여간 수치스러운 일이 아니다. 우리 기독교인들은 성의 순수성을 지켜 내는 일에 세상과 타협하지 말아야 한다.

8절에서 "전당 잡은 옷"이란 외투를 가리킨다. 외투란 가난한 자가 추위로부터 자기 자신을 보호하는 생존권에 속한 물건이다. 이러한 전당 잡은 외투는 빚이 환수되지 않아도 해 지기 전에는 반드시 돌려주어야 한다.

> **[26] 네가 만일 이웃의 옷을 전당 잡거든 해가 지기 전에 그에게 돌려보내라** [27] 그것이 유일한 옷이라 그것이 그의 알몸을 가릴 옷인즉 그가 무엇을 입고 자겠느냐 그가 내게 부르짖으면 내가 들으리니 나는 자비로운 자임이니라(출 22:26-27).

아모스 시대의 특권층 이스라엘 사람들은 가장 기본적인 이 의무마저 매몰차게 내팽개쳤다. 그뿐만 아니라 그들은 담보로 받은 가난한 자들의 재산("벌금으로 얻은 포도주")을 종교적 목적에까지 사용했다. 즉 그들은 가난한 자들의 보호자이신 하나님을 섬기는 데에도 부정한 방법을 이용한다. 이 특권층 사람들은 담보로 몰수한 가난한 자들의 외투를 신전 바닥에 깔아 놓고, 착취한 음식을 제사할 때 먹고 마시는 데 사용한다. 이런 일들이 "모든 제단"에서 발생한다. 모든 제단이 권력이 있고 돈 있는 사람들로 인해 사로잡혔음을 보여 준다. 모든 예배 처소가 힘 있는 사람들이 자신을 과시하는 장소로 타락하고 말았다.

그들은 이러한 식의 제사를 야웨 하나님께 드려도 괜찮다고 생각했을까? 아모스는 "그들의 신전에서"라는 표현을 사용함으로써, 실상 이스라엘 사람들은 자기들의 구미에 맞게 신을 조작하여 섬긴다고 꼬집고 있다(참조. 암 4:4-5). 사실상 작은 자나 빚을 갚지 못하는 가난한 자들에게 불의를 행사하여 얻은 제물로는 신앙의 공로를 쌓을 수는 없다.[15] 여기서 "벌금으로 얻은 포도주"는 백성에게서 취한 부당한 세금으로 산 포도주이거나, 세금을 내지 못한다고 대신 빼앗은 포도주일 것이다(느 5:11).[16] 하나님의 전에서 불의로 빼앗은 것들이 버젓이 사용되고 있다. 이곳의 제사장들도 이를 방조하거나 허용하고 그들의 떡고물을 은근히 챙기는 자들이라고 하면 지나친 상상일까?[17]

"제단"과 "신전"은 가장 거룩하고 가장 고상한 곳이어야 하는데, 거기에도 탐욕과 향락과 권력이 있을 뿐이다. 본래 제단은 죄를 범한 사람들에게 '자비'가 허락된 곳이다. 그러나 그곳에는 돈을 벌겠다고, 가난한 형제들을 추위 속에 밤을 새우게 만드는 '무자비'가 숨어 있었다. '자비의 자리'가 가난한 자의 상황과 형편에 대하여 무심하고 냉정한 채, 자신의 무자비를 철저하게 감추고 있는 자들에게 점령되었다. 용서받은 죄인들의 낮아짐과 용서로 인한 기쁨이 있어야 할 자리에, 자신의 죄를 자백하고 용서를 구해야 할 자리에, 착취한 재물과 제물로 인한 자기만족만 있을 뿐이었다.[18] 예배의 자리마저도 죄의 악취로 가득하게 되었다.

하나님의 은총의 역사(암 2:9-12)

> 9 내가 아모리 사람을 그들 앞에서 멸했나니
> 그 키는 백향목 높이와 같고
> 강하기는 상수리나무 같으나
> 내가 그 위의 열매와
> 그 아래의 뿌리를 진멸했느니라
> 10 내가 너희를 애굽 땅에서 이끌어 내어
> 사십 년 동안 광야에서 인도하고
> 아모리 사람의 땅을 너희가 차지하게 했고
> 11 또 너희 아들 중에서 선지자를,
> 너희 청년 중에서 나실인을 일으켰나니
> 이스라엘 자손들아 과연 그렇지 아니하냐
> 이는 여호와의 말씀이니라
> 12 그러나 너희가 나실 사람으로 포도주를 마시게 하며
> 또 선지자에게 명령하여 예언하지 말라 했느니라(암 2:9-12).

이 단락(9-12절)은 이스라엘의 과거 역사를 되돌아보는 '역사 회고'를 담고 있다. 이러한 역사 회고는 이스라엘이 하나님의 은혜와 구원을 경험했던 축복된 자손이자 민족이었음을 기억나게 함으로써, 그들이 현재 저지르고 있는 죄악들이 얼마나 중한지를 보여 준다. 동시에 그들이 하나님의 마음을 얼마나 고통스럽게, 그리고 분노하게 만들고 있는지도 알려 주고 있다.[19] 이를 통하여 이스라엘에 내려질 심판이 정당함을 만천하에 드러낸다.

9절에서는 지나간 역사를 회고한다. 가나안 땅에 살고 있던 아모리 족속은 매우 잘 훈련된 군사들을 보유하고 있었으며, 무서운 마병들을 소유하고 있었다. 그들의 체구는 마치 상수리나무나 백향목처럼 장대하고 강했다. 그들은 사막을 종횡무진으로 달리면서 그들의 용맹성과 잔혹성을 만천하에 알린 민족이었다.[20] "그 키는 백향목 높이와 같고 강하기는 상수리나무 같으나"라는 표현에서 '크기'와 '힘'이 강조된다. 그들은 키가 크고 강력한 힘을 가진 민족이었다. 그러나 야웨 하나님은 이스라엘이 보는 앞에서 이들을 진멸하셨다. 그것도 '아래의 뿌리부터 위의 열매까지' 철저히 진멸하셨다. "그 위의 열매와 그 아래의 뿌리"라는 표현은 메리즘 용법(merism: 양극단을 언급하여 전체를 표현하는 총칭 용법)으로 전체를 가리킨다.[21] 야웨 하나님은 잔혹하고 강력한 아모리 사람 전체를 무력화시키셨다. 야웨께서 직접 참전하여 싸워 주셨다. 사실 전쟁의 승패는 창과 칼의 많고 적음에 달려 있지 않다. 전쟁은 오직 야웨 하나님께 속한 것이다!

> 또 여호와의 구원하심이 칼과 창에 있지 아니함을 이 무리에게 알게 하리라 **전쟁은 여호와께 속한 것인즉** 그가 너희를 우리 손에 넘기시리라(삼상 17:47; 참조. 대하 20:15).

10절은 '출애굽 사건'("애굽 땅에서 이끌어 내어")과 '광야 인도'("사십 년 동안 광야에서 인도하고")와 '가나안 땅 정착'("아모리 사람의 땅을 너희가 차지하게 했고")에 대하여 언급한다. 야웨 하나님은 이스라엘 백성을 애굽의 압제에서 구출해 주시고(출애굽 전승), 오합지졸인 이스라엘 백성을 광야에서 40년 동안 만나와 메추라기로 먹이시고 입히시며 인도해 주셨다(광야 인도 전승). 그러고는 급기야 가나안 땅을 선물로 안겨 주셨다(가나안 땅 정착 전승). 아모스는 '광야 40년'이라는 표현을 처음 쓴 사람이다. 이전에는 광야 여행의 기간이 언급된 적이 없다.[22]

하나님은 무력으로 멸하려 들던 아모리 민족으로부터 연약한 민족 이스라엘을 구원하셨다. 약자를 압제하고 잔인하게 대우하는 민족을 향하여, 하나님은 약자의 편이 되어 강자를 물리치신 것이다. 그런데 그렇게 구원받고 인도된 이스라엘이 이제는 자신들 가운데 있는 가난한 자들, 힘이 없는 자들, 선량한 양민들, 연약한 과부들과 고아들을 압제하고 착취하는 당사자가 되었다. 이 얼마나 어처구니없는 역설인가? 이제는 피해자가 가해자로 변했다. 이스라엘은 자신들의 비참한 환경에서 보호자가 되시고, 그들을 대신하여 싸워 주신 하나님의 은혜를 망각했다. 어찌 그들이 하나님의 진노의 잔을 피할 수 있겠는가?[23]

오늘날 이스라엘과 팔레스타인의 갈등도 이와 같은 차원에서 볼 수 있다. 강한 힘으로 약한 팔레스타인을 특정 장소에 가두고 압제하는 현대 이스라엘의 정책이 지속되는 한, 약자의 편이 되어 주시는 하나님의 눈물이 그치지 않을 것이며, 결국 하나님의 진노가 현대의 강소 국가인 이스라엘을 향할 수도 있을 것이다.

11-12절에서도 지나간 역사를 회고한다. 선지자(예언자)는 각 시대를 향한 하나님의 뜻을 깨닫고 이를 전하는 사람이다(삼상 12:23).

나실인들은 하나님의 백성 가운데서 구별된 하나님의 사람이었고, 하나님의 뜻을 수행하는 데 열심이었던 자들이었다. 나실인들은 구별의 표시로 머리를 깎지 않을 것과 자기 부인(否認)의 표시로 포도주를 입에 대지 않을 것, 순결의 표시로 죽은 것을 피할 것을 서원했다(민 6:1-21). 구약은 나실인으로서 단지 두 사람, 즉 삼손(삿 13:5, 7; 16:17)과 사무엘(삼상 1:11)만을 언급하고 있다.[24]

예언자와 나실인은 하나님이 이스라엘 역사 속에서 행하심을 미리 간파하고 증언하도록 선물로 허락하신 선각자들이다. 하나님은 이들을 통하여 당신의 백성들의 삶 속에 참여하시기를 원하신다(11절). 12절에 따르면, 하나님의 선물로 주어진 하나님의 선각자들이 백성의 반대와 저항에 부딪힌다. 이스라엘은 나실인에게 포도주를 마시게 하여 모욕을 주고, 예언자에게는 예언하지 말라고 강요한다. 이스라엘은 하나님의 뜻을 전하고 보여 주는 예언자와 나실인의 입을 틀어막는다. 이는 하나님의 입을 막아 버린 격이다. 약자의 아픔에 민감하신 하나님의 마음이 이미 강자의 위치에 있는 그들에게는 부담이 된 것이다. '약자의 희생'을 당연시하는 그들은 '약자의 권리'를 우선적으로 챙기시는 하나님이 귀찮은 것이다.

오늘의 한국교회도 점진적으로 약자층과 서민층에서 벗어나 중산층 중심의 교회로 넘어가고 있는 것 같다. 그러다 보니 약자층과 서민층의 아픔을 공감하기보다는 중산층과 상류층의 눈치를 살피는 교회가 되어 버린 것은 아닌지 마음이 안타까울 때가 종종 있다. 하나님은 사실 약자층, 서민층, 중산층, 상류층 모두의 하나님이시다. 그러나 약자의 생존권과 강자의 재산권이 부딪힐 때, 우리 하나님은 생존권에 손을 들어 주시는 분이시다.

> ²⁶ 네가 만일 이웃의 옷을 전당 잡거든 해가 지기 전에 그에게 돌려보내라 ²⁷ 그것이 유일한 옷이라 그것이 그의 알몸을 가릴 옷인즉 그가 무엇을 입고 자겠느냐 **그가 내게 부르짖으면 내가 들으리니 나는 자비로운 자임이니라**(출 22:26-27).

채무자의 생존권과 채권자의 재산권이 충돌할 때 오늘의 우리도 하나님의 뜻을 받들어 생존권을 더 존중해야 한다.

이스라엘이 받을 처벌(암 2:13-16)

> ¹³ 보라 곡식 단을 가득히 실은 수레가
> 흙을 누름같이 내가 너희를 누르리니
> ¹⁴ 빨리 달음박질하는 자도 도망할 수 없으며
> 강한 자도 자기 힘을 낼 수 없으며
> 용사도 자기 목숨을 구할 수 없으며
> ¹⁵ 활을 가진 자도 설 수 없으며
> 발이 빠른 자도 피할 수 없으며
> 말 타는 자도 자기 목숨을 구할 수 없고
> ¹⁶ 용사 가운데 그 마음이 굳센 자도
> 그날에는 벌거벗고 도망하리라
> 여호와의 말씀이니라(암 2:13-16).

13절은 지진과 관련된다. 짐을 가득 실은 수레가 그 바퀴로 부드러운 지면을 눌러 쪼개는 것처럼, 하나님이 지진으로 땅을 가르신다는 뜻이다.[25] 이와 같이 하나님은 지진을 통하여 이스라엘을 심판하실 것이다. 하나님이 누르시어 땅이 갈라지고 솟아오를 때 그 누구도 피할 수 없을 것이다.[26] "내가 너희를 누르리니"는 한때는 그들을 '위해' 일어서셨던 야웨께서 이제는 그들을 '대항하여' 일어서시겠다는 말씀이다. 여기서 "내가"(אָנֹכִי 아노키)가 강조되고 있다. 한때는 '이스라엘을 대신'하여 싸우신 하나님이 이제는 '이스라엘을 대적'하여 이스라엘을 치신다. 또한 "누르다"라는 동사가 분사형을 취하고 있다. 하나님의 누르심은 한 번으로 끝나는 것이 아니다. 눌림이 지속적이듯이 하나님의 누르심도 지속적이다.

14-16절에서는 심판의 상황을 구체적으로 묘사한다. 이스라엘의 용사들이 무력화되고 도주하느라고 정신이 없다. 여기서 나열된 (1) "빨리 달음박질하는 자", (2) "강한 자", (3) "용사", (4) "활을 가진 자", (5) "발이 빠른 자", (6) "말 타는 자", (7) "마음이 굳센 자"들은 특히 힘과 능력과 재주가 뛰어난 자들이다. 또한 이를 강조하기 위하여 숫자 일곱이 사용되었다.[27] 이와 더불어 이는 '국가의 모든 군인을 총망라'하는 것이다.[28] 이 가운데 보병 부대("용사"), 화살 부대("활을 가진 자"), 특공 부대("발이 빠른 자"), 기마 부대("말 타는 자") 등 핵심 부대들도 이미 사기를 잃은 패잔병들이 되어서 후퇴하는데도 지리멸렬하다.[29] 하나님이 이들을 누르시면 그 어떤 힘과 능력과 재주로도 모면할 수 없다. 이스라엘에 대한 처벌은 다른 민족들보다 훨씬 더 강도가 세다. 그 이유는 야웨께서 이제 더 이상 간접적

으로 '불'을 보내시지 않고, 직접 '개입'하여 일을 처리하시기 때문이다("내가 너희를 누르리니").

아모리 사람들의 힘이 놀라울 정도로 막강함에도 불구하고 야웨의 뜻에 대항할 수 없었던 것처럼, 이스라엘 사람들의 경우에도 하나님의 심판에 대항하여 싸울 수 없다. 신속함과 힘과 용기, 이 모든 것은 헛되다![30] 하나님 앞에서는 그 어떤 것도 헛되다. 이 단락은 이스라엘의 완전한 파국을 예고한다. 이스라엘은 하나님의 처벌로부터 도망갈 수 없다(암 9:1-4). 그 누구도 도망할 수 없다. 이는 이스라엘의 구원 없는 끝장을 말한다.[31] 다른 사람을 억압하고 억누르던 사람들은 이제 하나님께 억누름을 받을 것이다. 하나님은 남을 억누르는 사람을 직접 억누르실 것이다.

정리하며

■ **이방인은 언약이 아니라 양심으로 판단된다**

아모스가 지적하는 이방 나라들의 죄악은 종교적인 죄들이 아니었다. 즉 이방 나라들은 하나님과 언약 관계가 수립된 특수한 관계 안에서 규정된 언약들을 파기한 것이 아니었다. 이방 나라들의 죄악은 보편적인 인간 역사나 국가 간의 관계 안에서 발생하는 '일반적인 범죄들'이었다.[32] 그들의 범죄 행위는 정상적이고 상식적인 인간 사회의 일반 규범에 비추어 보아 받아들일 수 없는 것들이다.

우리는 하나님과 언약 관계에 있지 않는 비기독교인과 타 종교인이 우리 하나님과 예수 그리스도를 믿지 않는다고 무조건 정죄해서는 안 된다. 이들은 하나님과의 '직접적인 관계'가 아닌 '간접적인 관계' 안에서 평가되어야 한다. 하나님과 언약 관계("나는 너의 하나님이고 너는 나의 백성이다")가 형성된 기독교인들은 '성경'이라는 언약이 판단의 기준이 된다. 그러나 언약 백성이 아닌 비신자와 타 종교인은 보편적인 '인간의 양심'이 기준이 된다.

> [14] 율법 없는 이방인이 본성으로 율법의 일을 행할 때에는 이 사람은 율법이 없어도 자기가 자기에게 율법이 되나니 [15] **이런 이들은 그 양심이 증거가 되어** 그 생각들이 서로 혹은 고발하며 혹은 변명하여 그 마음에 새긴 율법의 행위를 나타내느니라(롬 2:14-15).

따라서 예수를 안 믿는 사람들을 예수를 안 믿는다는 이유 하나로 정죄해서는 안 된다. 예를 들어, 예수 안 믿는 사람을 모두 지옥 갈 사람으로 속단하고 정죄해서는 안 된다. 또한 법당에 들어가 불상을 파괴하고 난동을 부려서는 더더욱 절대로 안 된다. "예수천당 불신지옥"이라는 캐치프레이즈도 일반인들에게 호감보다는 불쾌감을 주기 쉽다. 그런 면에서 이런 식의 선교 행위는 오히려 반(反)선교적이 될 수도 있다. '무례한 전도'는 안 하느니만 못하다. 좀 더 예의 바른 전도와 선교가 요청된다.

> 그는 외치지 아니하며
> 목소리를 높이지 아니하며
> **그 소리를 거리에 들리게 하지 아니하며**(사 42:2).

진리는 소리가 커서 힘이 있는 것이 아니다. 그 자체가 진리이기에 힘이 있는 것이다.[33] 예수를 믿는 사람들에게 우선 "당신이나 예수를 잘 믿으시라"고 말해 본다. 남을 우리가 믿는 기준으로만 판단해서는 안 된다. 우리와 남의 기준은 다를 수 있다. 우리의 기준을 남에게 강요해서도 안 된다. 내 기준으로 남을 판단하고 정죄하지 말아야 한다.

■ 약자를 누르면 하나님께 눌릴 것이다

이스라엘 주변 나라들을 겨냥하고 있는 일곱 개의 메시지(암 1:3-2:5)는 하나님이 '국제 무대'에서 발생하는 일들에 관심을 가지신 분임을 보여 준다. 그런데 이스라엘을 겨냥하고 있는 메시지(암 2:6-16)에서 우리는 이 동일한 하나님이 가난한 자들에게 법적인 도움을 주지 않는다거나, 젊은 여인을 성적으로 학대한다거나, 사회적인 약자들의 존엄성을 보호하는 '일상의 일'에도 관심을 가지신 분임을 알 수 있다.

처음 여섯 개의 메시지(암 1:3-2:3)가 '국제 정치'에 대한 하나님의 관심을 보여 준다면, 이스라엘을 향한 메시지는 '약한 자들 개개인'에 대한 하나님의 관심을 보여 준다.[34] 이스라엘 주변의 이방 국가들은 '전쟁 시' 발생한 반인륜적인 죄악으로 인하여 책망을 받고 처벌을 받는다. 그러나 이스라엘은 전쟁 시가 아니라 '평화 시'에 일어난 일들로 인하여 벌을 받는다.

이방 국가들은 '자국민'이 아닌 '타 국민'을 향한 만행으로 벌을 받는다. 그러나 이스라엘은 '자국민'에게 행한 죄악으로 벌을 받는다. 특히 이스라엘의 죄악은 강자가 약자를 돌보지 않고 착취하는 것에서 비롯된다. 돈이 좀 있는 자들은 돈 없는 자들이 빚을 지고, 그 빚을 상환하지 못하자 기다렸다는 듯이 그들의 가족을 채무 노예로 전락시키고, 더 큰 이익을 위하여 채무 노예를 다른 이에게 팔아넘기기도 한다. 권세자들은 힘없는 자들을 무시하고 괄시하고 모욕을 준다. 힘 있는 자들에 의해서 힘없는 사람들의 인격 살해가 마구 자행된다.

억울함을 풀어 주어야 하는 재판관도 돈이 안 되는 약자들에게는 관심조차 없다. 돈이 없는 약자들은 돈에 매수된 법정에서 아무런 보호를 받지 못한다. 온통 사회가 성적으로도 타락했다. 집에 매인 힘없는 여자 하인 한 명을 아버지와 아들이 상습적으로 돌아가면서 성적으로 유린한다. 가난한 자들의 담보를 돌려주지도 않고 그것을 예배 때 사용하는 뻔뻔한 예배자들도 있다. 이를 방치하고 뒤로 이익을 챙기는 제사장들도 없지 않다.

세상은 말할 것도 없고, 가정에서도 그리고 교회에서도 약자들은 철저히 외면당한다. 그러나 약자가 외면당하는 자리에 하나님이 서실 자리는 없다. 약자를 외면하면 하나님을 적으로 만드는 것이다. 하나님은 약자를 외면하고 누르는 자에게 말씀하신다. "내가 너희를 누르리니"(암 2:13).

약자와 가난한 자를 무시하거나 하찮게 여기는 것은 하나님을 무시하고 하찮게 여기는 것이다. 우리 하나님은 약자와 자신을 동일시하신다(잠 14:31, 17:5, 19:17). 우리 하나님은 "고아의 아버지"(시 68:5)이시기도 하다. 약자에게 한 것은 곧 하나님께 한 것이 된다. 이는 예수님의 말씀에서도 강조되고 있다(마 25:40). 남을 누르는 자는 하나님께 눌릴 것이다. 약자를 누르는 자는 하나님께 눌릴 것이다. 하나님은 남, 특히 약한 자를 누르는 자를 반드시 누르시는 분이다. "내가 너희를 누르리니." 하나님께 눌려 보고 싶은가? 우리는 가정과 교회와 직장에서 우리 주변의 사람들을 누르고 사는 것은 아닌가?

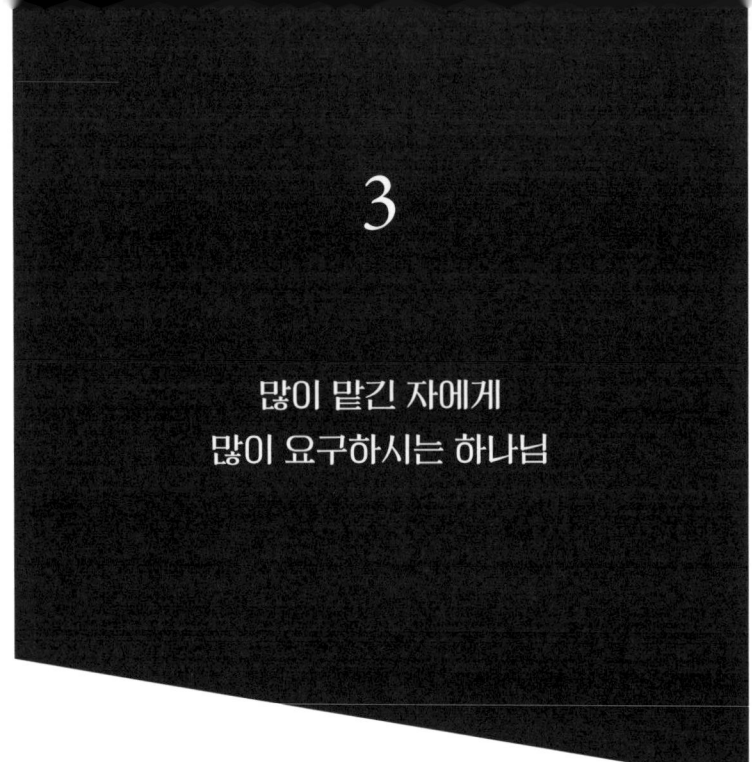

3

많이 맡긴 자에게
많이 요구하시는 하나님

- 암 3:1-15

아모스는 하나님의 선택을 특권으로만 여기며 의무를 망각한 이스라엘 백성을 꾸짖으며 포문을 연다(암 3:1-2). 남쪽 사람인 아모스는 자신이 북쪽에 와서 심판을 예고한 일에 대하여 공개적으로 대드는 북이스라엘 사람들에게 예언의 정당성을 제시함으로 맞선다(암 3:3-8). 아모스는 북이스라엘의 수도인 사마리아의 죄악을 지적하고(암 3:9-12), 벧엘의 제단과 사치스러운 저택에 대한 심판을 선포함으로 이스라엘의 멸망을 예고한다(암 3:13-15).

아모스 3장 1-15절의 구조

3:1-2	하나님의 선택과 택함받은 자의 의무
3:3-8	예언의 정당성: 아모스, 당신이 뭔데?
3:9-12	포학과 겁탈을 쌓은 자들의 종말
3:13-15	제단과 저택의 멸망

하나님의 선택과 택함받은 자의 의무(암 3:1-2)

> ¹ 이스라엘 자손들아
> 여호와께서 너희에 대하여 이르시는 이 말씀을 들으라
> 애굽 땅에서 인도하여 올리신 모든 족속에 대하여 이르시기를
> ² 내가 땅의 모든 족속 가운데 너희만을 알았나니
> 그러므로 내가 너희 모든 죄악을 너희에게 보응하리라 하셨나니(암 3:1-2).

1절에 의하면, 아모스는 북이스라엘 백성에게 하나님의 말씀을 대언한다("이스라엘 자손들아"). 아모스는 무엇보다도 하나님이 기적적인 개입으로 그들을 해방시키신 출애굽 사건을 언급한다. 이스라엘 백성은 하나님의 은혜로 출애굽의 은혜를 입은 민족이다.

아모스는 2절에서 하나님이 땅의 모든 족속 가운데 이스라엘만을 아셨다는 점을 부각시킨다. 히브리어 원어에서 이 구절의 첫 단어는 "오직 너희를"이다. 이 배열을 통하여 하나님이 이스라엘만 아셨다는 사실을 두드러지게 강조한다.[1] "땅의 모든 족속 가운데"

에서 "가운데"로 번역된 전치사 "민"(מִן)은 '분리'의 뜻이 있다. 여기서는 단순히 많은 것들 중의 한 '부분'을 뜻하기보다는 '~중에서 떼어 내어', '~중에서 구별하여'를 뜻한다.² 이스라엘 민족은 많은 민족 가운데 한 민족이 아니라, 많은 민족 중에서 특별히 '떼어 내어' 구별된 민족이라는 것이다.

여기서 "안다"(יָדַע 야다)의 번역인 "알았나니"는 단순한 인식의 차원이 아니다. '하나님이 안다'라는 말씀은 '선택'을 의미한다. 이 구절은 아마도 이스라엘이 자랑스럽게 여기고 확신 있게 외쳐 온 구호였을 것이다. "하나님은 모든 민족 가운데서 오직 우리만을 아신다!"³

여기서 "보응하리라"라는 단어는 히브리어 동사 "파카드"(פָּקַד)의 번역이다. 파카드는 '감독하다', '조사하다', '방문하다', '벌하다'의 뜻으로 사용된다. 하나님은 선택한 백성을 감독하고, 살피고, 그 결과에 따라 방문하셔서 벌하신다. 하나님은 이집트에서 선택된 백성들의 고통을 내려다보셨다. 그리고 억압하는 이집트를 벌하셨다. 그 하나님이 지금도 압제받는 자의 형편을 내려다보신다. 그러나 이제는 이집트같이 되어 버린 이스라엘을 벌하신다.⁴

이스라엘은 하나님의 선택을, 선택받은 자들의 영원한 '자기 안전'과 '특별한 권리'로 잘못 이해했다. 이스라엘은 '타 민족의 모범'이 되라는 하나님의 위임을 인식하지 못하고, 오히려 죄와 가까이 지낸 것이다.⁵ 그래서 하나님은 뜻밖에도 선택된 백성들에게 심판을 말씀하신다.

당시 이스라엘 백성들은 하나님의 선민이라는 '특권 의식'에 깊이 빠져 있었다. 이스라엘은 선민사상에 빠진 나머지 오만을 감추지 못했다. 아모스는 이러한 오만에 일격을 가한다. 야웨 하나님은 이스라엘을 선택하셨기 때문에 눈감아 주시는 것이 아니라, 그 선택에 대한 합당한 삶을 요구할 권리를 가지고 계신다.

또한 선택은 주권을 가지신 하나님의 자유로운 행위의 결과이다. 이스라엘은 선택을 통해서 하나님의 '특별한 용서'를 요구할 아무런 권리도 없다. 오히려 하나님은 선택을 통해서 이스라엘의 '특별한 순종'을 요구하신다.[6] 선택이란 '특권'을 동반하지만, 거기서 머물지 않는다. 동시에 '의무'와 '책임'도 요구한다. 하나님의 선택은 악을 행하는 이스라엘에게 언제든지 평안이 보장된다는 말이 아니다. 선택이란 무슨 짓을 해도 괜찮다는 보장이 아니다. 어떤 죄도 덮어 주겠다는 만행의 백지수표가 아니다. 선민은 '만민을 위한 하나님의 도구'일 때만 그 존재의 의미를 갖는다.

결국 여기서 하나님의 방문은 '구원'의 의미가 아니다. 이스라엘의 부패와 죄악을 모조리 심판하고 '처벌'하시기 위한 방문이다. 즉 여기서의 하나님의 방문은 심판과 처벌을 집행하시기 위한 것이다.

하나님은 "의(צְדָקָה 체다카)와 공도(מִשְׁפָּט 미쉬파트)를 행하고 살라"(창 18:19)고 이스라엘 백성을 의와 공의가 없는 이집트에서 인도하셨다. 그런데 이스라엘은 어처구니없게도 구원받은 자신들의 공동체를 다시 의와 공의가 없는 이집트로 만들고 말았다. 하나님이 선물로 나누어 주신 땅을 폭력의 장으로 만들고, 젖과 꿀이 흐르는 땅을 피와 눈물이 흐르는 땅으로 변질시켰다. 백성들은 예전에는 이집트에서 이방인들에게 고통과 압제를 받았지만, 이제는 약속의 땅에서 자기 동족에게서 학대를 받게 되었다.[7] 참으로 어처구니없고, 기가 막힌 상태가 된 것이다.

하나님의 은혜와 선택에 겸손함으로 순종하기를 거부하고, 온갖 방법으로 자기 백성을 착취하면서도 "택한 백성인 이스라엘이 어찌 심판을 받겠느냐" 하며 자만하고 있다. 이런 지경에 이르자 남쪽 사람 아모스는 담대하게도 북쪽 사람들에게 하나님의 심판을 대언한다.

▰ 예언의 정당성: 아모스, 당신이 뭔데? (암 3:3-8)

[3] 두 사람이 뜻이 같지 않은데
어찌 동행하겠으며
[4] 사자가 움킨 것이 없는데
어찌 수풀에서 부르짖겠으며
젊은 사자가 잡은 것이 없는데
어찌 굴에서 소리를 내겠느냐
[5] 덫을 땅에 놓지 않았는데
새가 어찌 거기 치이겠으며
잡힌 것이 없는데
덫이 어찌 땅에서 튀겠느냐
[6] 성읍에서 나팔이 울리는데
백성이 어찌 두려워하지 아니하겠으며

여호와의 행하심이 없는데 재앙이 어찌 성읍에 임하겠느냐
7 주 여호와께서는 자기의 비밀을 그 종 선지자들에게 보이지 아니하
시고는 결코 행하심이 없으시리라
8 사자가 부르짖은즉
누가 두려워하지 아니하겠느냐
주 여호와께서 말씀하신즉
누가 예언하지 아니하겠느냐(암 3:3-8).

   이 단락은 우리에게 이러한 심판의 말들을 하나님의 말씀이라고 지껄이는 "너는 대체 누구냐?" 그리고 "너는 무슨 권리로 이같이 말하느냐?" 하고 아모스에게 대드는 이스라엘 사람의 항의에 대한 아모스의 대답이다.

   남왕국의 예언자 아모스는 북왕국의 청중에게 '일곱 개의 수사학적인 질문들'을 연달아 쏘아 댄다. 우리는 아모스가 질문을 한 개씩 던질 때마다 잠시 숨을 돌리면서 "그렇다"(Yes)라는 답변을 기다리는 모습을 상상할 수 있을 것이다. 이 일곱 개의 질문들이 던져진 다음에 이 짧은 설교는 8절에서 정점에 도달한다.[8]

   (1) 3절의 "두 사람이 뜻이 같지 않은데 어찌 동행하겠으며"는 "두 사람이 함께 여행을 떠난다면 사전에 약속을 하지 않았겠는가?"라는 아모스의 질문이다. 청중인 이스라엘의 대답은 당연히 "그렇다"이다. 당연히 사전에 같이 동행하기로 약속을 했으니, 같이 여행을 떠난다는 것이다.

   (2) 4a절의 "사자가 움킨 것이 없는데 어찌 수풀에서 부르짖겠으

며"는 "사자가 먹이를 확보하지 않고 어찌 수풀에서 으르렁거리겠는가?"라는 아모스의 질문이다. 사자는 먹이를 취하기 전에는 조용히 주시하고 있다가, 먹이를 손에 넣고 나서는 포효한다.⁹ 청중인 이스라엘의 대답은 당연히 "그렇다"이다. 당연히 사자가 사냥감을 획득했기 때문에 보란 듯이 부르짖는다는 점을 말한다.

(3) 4b절은 "젊은 사자가 잡은 것이 없는데 어찌 굴에서 소리를 내겠느냐?"는 아모스의 질문이다. 청중인 이스라엘의 대답은 당연히 "그렇다"이다. 당연히 젊은 사자도 사냥감을 확보했기 때문에 동굴에서 포효한다는 것이다.

(4) 5a절은 "덫을 땅에 놓지 않았는데 새가 어찌 거기 치이겠느냐?"는 아모스의 질문이다. 청중인 이스라엘의 대답은 당연히 "그렇다"이다. 당연히 덫에 걸린 새는 누군가가 감추어 놓은 덫에 걸린 것이다.

(5) 5b절은 "잡힌 것이 없는데 덫이 어찌 땅에서 튀겠느냐?"는 아모스의 질문이다. 청중인 이스라엘의 대답은 당연히 "그렇다"이다. 당연히 덫은 무엇인가를 잡았을 때 튄다는 것이다.

(6) 6a절은 "성읍에서 나팔이 울리는데 백성이 어찌 두려워하지 아니하겠느냐?"는 아모스의 질문이다. 청중인 이스라엘의 대답은 당연히 "그렇다"이다. 당연히 성읍에서 경고의 나팔 소리가 울리면 백성들이 두려워한다는 것이다.

(7) 6b절은 "여호와의 행하심이 없는데 재앙이 어찌 성읍에 임하겠느냐?"는 아모스의 질문이다. 청중인 이스라엘의 대답은 당연히 "그렇다"이다. 당연히 역사의 주인이신 하나님이 허락하시지 않고

서는 재앙이 임하지 않는다는 것이다.

여기서 언급된 일곱 가지 경우는 하나의 사건이 반드시 원인을 가지고 있듯이, 모든 사건은 자동적으로 일정한 결과를 유발한다는 뜻이다. 우리 격언에 "아니 땐 굴뚝에 연기 날 리가 없다"는 말이 있다. 아모스는 이 격언을 "아니 땐 굴뚝에 연기 날 리가 있겠느냐?"라는 질문 양식으로 전하고 있다.

7절에서 아모스는 자신이 예언자로서 하나님의 뜻을 누구보다도 먼저 통고받고 있음을 드러낸다. 이 점은 소돔을 심판할 때 하나님이 아브라함에게 미리 알려 주신 것과 비슷하다.

> 16 그 사람들이 거기서 일어나서 소돔으로 향하고 아브라함은 그들을 전송하러 함께 나가니라 17 여호와께서 이르시되 **내가 하려는 것을 아브라함에게 숨기겠느냐**(창 18:16-17).

아모스는 드디어 8절에서 자신이 하고 싶은 말을 꺼낸다. 아모스는 자기가 주님에게서 부름을 받았으며, 그 주님을 위하여 말하지 않을 수 없다고 확신한다. 아모스는 자신이 하나님 앞에 서 있는 것을 마치 으르렁거리는 사자 앞에 서 있는 것처럼 느낀다. 다른 예언자와 사도도 역시 스스로가 하나님의 말씀을 전하지 않을 수 없는 상황에 대해서 언급한다. 즉 예레미야와 바울도 이러한 하나님의 강제성을 체험했다.

> 내가 다시는 여호와를 선포하지 아니하며
> 그의 이름으로 말하지 아니하리라 하면
> **나의 마음이 불붙는 것 같아서 골수에 사무치니
> 답답하여 견딜 수 없나이다**(렘 20:9).

> 내가 복음을 전할지라도 자랑할 것이 없음은 내가 부득불 할 일임이라 **만일 복음을 전하지 아니하면 내게 화가 있을 것이로다**(고전 9:16).

아모스는 남왕국 사람인 자신이 목숨을 걸고 북왕국 이스라엘에 개입하게 된 동기를 말하고 있다. 이는 하나님의 강제에 의한 것이다. 이러한 예언자직은 아모스도 피할 수 없는 의무였다.

예언자는 하나님의 말씀보다 우월한 자가 아니다. 아모스는 야웨가 말씀하신 것을 고지할 뿐이다. 아모스는 자신이 '구원의 메신저'가 되어야 할지, 아니면 '재앙의 메신저'가 되어야 할지 스스로 결정할 수 없다. 아모스는 그의 주(主)이신 하나님의 명령을 따를 뿐이다.[10] 북왕국의 청중은 남왕국 사람 아모스가 전한 북왕국의 멸망 예언을 거부할 수 없었다. "아모스, 네가 뭔데 이런 심판을 예언하는가?"라는 반문에 아모스는 "나도 어쩔 수 없이 전할 수밖에 없다"고 응답한 것이다.

▮ 포학과 겁탈을 쌓은 자들의 종말(암 3:9-12)

> 9 아스돗의 궁궐들과 애굽 땅의 궁궐들에 선포하여 이르기를
> 너희는 사마리아 산들에 모여
> 그 성중에서 얼마나 큰 요란함과
> 학대함이 있나 보라 하라
> 10 자기 궁궐에서 포학과 겁탈을 쌓는 자들이
> 바른 일 행할 줄을 모르느니라
> 여호와의 말씀이니라
> 11 그러므로 주 여호와께서 이와 같이 말씀하시되
> 이 땅 사면에 대적이 있어
> 네 힘을 쇠하게 하며
> 네 궁궐을 약탈하리라
> 12 여호와께서 이와 같이 말씀하시되
> 목자가 사자 입에서 양의 두 다리나 귀 조각을 건져 냄과 같이
> 사마리아에서 침상 모서리에나 걸상의 방석에 앉은
> 이스라엘 자손도 건져 냄을 입으리라(암 3:9-12).

9절에서 아모스는 하나님의 명령을 따라 아스돗과 이집트의 지도자들을 초대하여 사마리아의 상황을 직접 보라고 요청한다. 여기서 아스돗은 "이웃 민족의 대표"이고, 이집트는 "강대국의 대표"이다.[11] 아마도 당시 사마리아 사람들은 유다 사람 아모스의 메시지가 너무 편파적이고, 과격하고, 부정적이고, 잘못된 내용이라고 생각했을 것이다. 그래서 아모스는 자신이 대변한 하나님의 심판

선고가 진실하다는 사실을 제삼자를 불러 객관적으로 재확인하고 싶었을 것이다.

블레셋의 아스돗과 이집트가 이스라엘의 부정(不正)을 입증하는 증인들로 소환된다. 증인으로 두 집단이 소환된 이유는 사형 죄에 해당될 경우 두 명이 최소한으로 필요한 증인 수이기 때문이다(민 35:30; 신 17:6).[12] 그런데 놀랍게도 당시 이스라엘을 압박하던, 이스라엘 못지않게 부정한 이 두 나라보다 오히려 사마리아 사람들이 더 많은 부정과 비리를 저지르고 있다. 어처구니없는 아이러니가 아닐 수 없다.

두 나라의 지도자들이 본 것은 사마리아의 "큰 요란함과 학대함"뿐이었다. 즉 그들의 눈에 비친 것은 '사마리아의 호화로운 건물들'과 '백성들의 처참한 삶'뿐이었다. 이웃 나라인 아스돗과 이집트의 권력자들의 눈에도 사마리아의 악은 도를 넘었다. 아스돗과 이집트에서도 지도층들이 모든 권력과 특권을 틀어쥐고 자신을 위해 마음껏 휘두르고 있었다. 그러나 그런 나라에서 온 이방 지도자들이 보기에도 사마리아는 자신들보다 더욱 심했다. 사마리아에서 더 심한 무법천지와 참혹한 억압이 목격된다.[13]

이방인 목격자들은 사마리아의 큰 요란함과 학대함을 보았다. 사마리아는 왜곡된 재판 행위, 억울하게 집행되는 공권력, 턱없이 높은 이자, 불공정한 상거래, 백성을 거지와 노예로 만드는 세상이었다. 소수의 지도자들은 자신들의 삶이 샬롬의 상태라고 생각했을 것이다. 그러나 다수의 백성들은 샬롬이 없는 삶을 살아야만 했다.[14]

10절에 따르면, 사마리아 사람들이 자신의 궁궐 같은 창고에 쌓은 것은 재화가 아니라, "포학과 겁탈"이었다. 즉 그들은 창고 안에 재물을 쌓듯이 폭력과 약탈 행위를 쌓고 있다는 것이다.[15] 일반적으로 "포학"(הָמָס 하마스)은 공격과 피 흘림을 통한 '사람에 대한 폭력'을 의미하고(삿 9:24; 렘 51:35, 46), "겁탈"(שֹׁד 쇼드)은 주로 '재산에 대한 폭력'과 관련된다(호 10:14; 잠 24:15). 즉 포학과 겁탈은 사람들과 그들의 재산에 대한 능욕과 학대의 모든 범위를 포함한다.[16] 포학과 겁탈은 쌍을 이루어 인명과 재산에 대해 저지르는 범죄, 즉 폭행(포학)과 강도질(겁탈)이다. 그래서 "포학과 겁탈"은 "정의와 공의"와 정반대로 대조된다(겔 45:9). 여기서 부(富)는 축적 자체가 문제가 아니라, 포학과 겁탈이라는 축적의 방법 및 과정이 문제가 된다.[17]

11절에 따르면, 권력으로 남의 것을 약탈하여 집 안을 가득 채운 사람들은 결국에는 주변의 더 힘이 센 적들에 의해 몽땅 털리게 된다. 물질과 명예와 권력은 사람을 지속적으로 지켜 주지 못한다. 심판하시는 날에 그것들은 오히려 독이 되어 그 소유자들을 파멸시킬 것이다.[18]

12절은 뜻밖의 내용을 전하고 있다. 12절은 아모스와 반대자들의 논쟁을 요약한 것이다.[19] 이스라엘 백성이 통상적으로 생각하는 하나님은 늘 옆에 계시는 분이시면서 변치 않으시고 무조건 돕는 좋은 분이시지, 냉정한 심판자는 아니었다. 아모스는 이러한 이스라엘의 잘못된 구원 의식을 하나님의 위임을 받아 공개적으로 조롱하고 있다. 이스라엘이 입버릇처럼 말하는 구원은 사자가 먹다 남은 두 다리나 귀 조각에 지나지 않는다는 것이다. 이스라엘의 운명은 사자의 먹이가 된 양과 같이 하나님의 처벌을 벗어날 수 없다. 이 구절은 '구원받은 남은 자'가 아니라 '심판의 불가피성'을 말하고 있다. 이 구절은 고대 이스라엘의 목동법을 알면 좀 더 쉽게 이해가 된다.

> [10] 사람이 나귀나 소나 양이나 다른 짐승을 이웃에게 맡겨 지키게 했다가 **죽거나 상하거나 끌려가도 본 사람이 없으면** [11] 두 사람 사이에 맡은 자가 이웃의 것에 손을 대지 아니했다고 여호와께 맹세할 것이요 그 임자는 그대로 믿을 것이며 **그 사람은 배상하지 아니하려니와** [12] 만일 자기에게서 **도둑맞았으면** 그 임자에게 **배상할 것이며** [13] 만일 **찢겼으면** 그것을 가져다가 **증언할 것이요 그 찢긴 것에 대하여 배상하지 아니할지니라**(출 22:10-13).

찢기고 남은 짐승의 흔적은 구원을 받은 남은 부분이 아니라, '재앙의 흔적'만을 보여 줄 뿐이다. 하나님이 심판하실 때 이스라엘 안에서 과연 살아남을 자가 있을까? 어림도 없는 이야기이다. 모든 이스라엘 사람은 사자의 먹이가 되어 몰살당할 것이다. 또한 맹수가 먹다가 남겨 놓은 뼈다귀가 될 것이다. 이 뼈다귀는 사자가 남겨 놓은 양의 다리 두 개나 귀 한 조각처럼, 이스라엘이 멸종했다는 증거물이 될 것이다.[20]

12절은 얼핏 보면 사마리아의 구원을 선포하는 것처럼 보이지만 실상은 처절한 멸망을 선포한다. 입가에서 피가 흘러내리는 사자, 그 입속에 남아 있는 부서진 뼛조각, 먹지 않고 뱉어 버린 털 붙은 껍질들, 모두 비참한 죽음의 모습이다. 이것이 사마리아의 운명이다.[21] 구원을 입에 달고 살았던 이스라엘 자손에게 이런 구원이나 받으라고 아모스는 조롱한다.

제단과 저택의 멸망(암 3:13-15)

> [13] 주 여호와 만군의 하나님의 말씀이니라
> 너희는 듣고 야곱의 족속에게 증언하라
> [14] 내가 이스라엘의 모든 죄를 보응하는 날에
> 벧엘의 제단들을 벌하여
> 그 제단의 뿔들을 꺾어 땅에 떨어뜨리고
> [15] 겨울 궁과 여름 궁을 치리니
> 상아 궁들이 파괴되며
> 큰 궁들이 무너지리라
> 여호와의 말씀이니라(암 3:13-15).

아모스는 13절에서 사마리아 대신 "야곱의 족속"이라고 언급한다. "야곱의 족속"이라는 언급은 이스라엘의 정체성을 말하는 표현구이다. 이스라엘은 단순히 주전 8세기의 한 나라가 아니다. 야웨로부터 족장들을 통해 특별한 은혜를 받았으며, 출애굽과 언약을 통해 하나님의 친백성이 된 나라이다(출 19:5-6). 따라서 "야곱의 족속"이란 표현은 하나님이 이스라엘을 선택하고 보호하고 복 주신다는 이스라엘의 자기 정체성이자 자기 이해이다. 그런데 이러한 특별한 은혜를 입은 "야곱의 족속"이 재판정으로 끌려 나온다.[22] 어처구니없는 일이 벌어진 것이다.

14절에 따르면, 야곱의 모든 죄는 북이스라엘의 중앙 성소인 벧엘과 깊은 관련이 있다. 벧엘은 '야곱의 성소'였으며(창 28:19), 여로보암 이후 북왕국의 '국가 성소'였다(왕상 12:29). 벧엘은 종교적 중심지였다. 벧엘은 아모스 시대에 사마리아에 거하는 지배 계층의 성소였다. 이스라엘의 문제는 바로 벧엘의 타락에 있었다. 한 사회에 죄악이 가득하다면, 그것은 '하나님의 집'(בֵּית־אֵל 베이트-엘, 벧엘)의 책임이다.[23] 성소는 한 사회의 지성소 사명을 감당하고 있다.

여기서 하나님이 "보응하는(פָּקַד 파카드) 날"은 하나님이 '심방하시는 날'이다. 그런데 이 방문은 '위로의 방문'이 아니라 '처벌의 방문'이다(2절). 제단의 네 귀퉁이에 박아 놓은 뿔은 제단에서도 가장 고귀하고 거룩한 부분으로 간주되어 왔다. 아무리 큰 죄를 범한 중죄인이라 할지라도 이 제단의 뿔을 잡고 있으면 체포할 수 없다. 율법이 이를 금하고 있기 때문이다(참조. 출 21:12-14, 왕상 1:50, 2:28). 제단은 도피와 속죄의 장소였다. 그런데 제단의 뿔이 땅에 던져짐은 제단과 성전 자체에 대한 모독으로 간주된다. 이를 통하여 벧엘 성소는 법의 힘도 멈출 수 있는 은신처의 구실을 더는 못하게 된다. 이제부터는 어느 누구도 은신처를 갖지 못하게 되었으며, 다가오는 심판을 모면할 수 없게 된다.[24]

15절에 의하면 "하나님의 집"(벧엘) 다음의 심판 대상은 '사람의 집'이다. 15절의 모든 "궁"들은 히브리어 '베이트'(בַּיִת 집)의 번역이다. 하나님의 집이 권력자들의 집과 밀접하게 연결되어 있음이 드러난다.[25] '여름에 거하는 궁'과 '겨울에 거하는 궁'이 따로 있는 것으로 보아 이들은 큰 부자임에 틀림없다(렘 36:22). "상아 궁"은 내부를 상아로 장식한 호화스러운 집을 뜻한다(왕상 22:39). 상아는 이스라엘에서는 구할 수 없고 수입한 것이다. 상아는 내부의 벽, 침대, 가구들을 장식하는 데 사용되었다. 또한 "큰 궁"은 히브리어로 "많은 집들"(בָּתִּים רַבִּים 바팀 라빔), 즉 많은 집들로 이루어진 건축물인 '저택'을 말한다.[26] 포학과 겁탈로 지어진 저택들이 하나님의 심판의 표적이 되는 것은 당연하다.

저택 안에서 벌어지는 각종 향연과 파티는 〈춘향전〉의 암행어사 이몽룡이 지방의 탐관오리인 변사또를 향해 던진 구절을 떠올리게 한다.[27]

> 금 술잔에 담긴 아름다운 술은 천인의 피요.
> 옥쟁반에 담긴 극상품 고기는 만백성의 기름이로다.
> 향연장의 촛물이 녹아내릴 적에 백성들의 눈물도 역시 흘러내리고
> 가무단의 노래 소리 드높을 때, 백성들의 원한 역시 높구나!

정리하며

■ **탐욕에 물든 '성소'를 치시는 하나님**

이 장 본문에서 하나님이 심방하시는 곳, 정확하게 말하면 하나님이 심판하시는 곳은 성소(14절)와 큰 집·저택(15절)이다. '벧엘 성소'는 윤리 없는 종교, 부귀영화를 지향하는 종교, 약자를 외면하고 탐욕과 착취로 이룩한 상류층의 친구가 된 종교를 뜻한다. '큰 집'은 억압과 착취와 거짓과 탐욕과 권력의 힘을 통하여 세운 호화스러운 삶이다. 하나님은 '윤리가 실종된 성소'와 '탐욕스러운 삶'을 동시에 심판하신다.[28]

본문이 말하는 하나님의 첫 번째 방문지는 하나님의 집, 이스라엘의 국가 성소가 있는 곳이다. 이스라엘이 재앙과 형벌을 당하게 되는 이유는 첫 번째 방문지인 하나님의 성소가 있는 벧엘에서 찾아야 한다. 제사장, 예언자, 소위 영적 지도자, 신학자, 목사, 장로, 권사, 집사들이 있는 곳이 아닌가? 매주 예배가 드려지고, 각종 대규모 집회와 총회들이 열리는 곳이 아닌가? 하나님의 이름을 팔면서, 제단의 뿔들을 부여잡고, "주여! 주여! 주여!" 외치는 자들이 있는 곳이 아닌가?[29]

그러나 이들의 심장 속에는 진정한 '하나님 경외'는 찾아보기 힘들고, 물질과 명예와 권력에 대한 '세속적인 탐욕'으로 가득 차 있는 것은 아닌가? 벧엘의 부패는 곧 이스라엘의 종말을 의미한다.

하나님을 자기 멋대로 이용하는 벧엘은 더 이상 '하나님의 집'이 아니다. 하나님은 말씀하신다. 이스라엘의 모든 죄에 대한 근본적인 책임 소재가 벧엘에 있다고. 한 사회의 모든 죄의 출발은 성소에 있다고. 우리 하나님은 이스라엘의 모든 죄 때문에 벧엘의 단들을 치실 것이다.[30] 우리 하나님은 탐욕에 사로잡힌 성소를 심판하신다.

■ 탐욕으로 지은 '저택'을 치시는 하나님

이른바 '종교 지도자들'의 부패와 탈선, 위선과 탐욕은 이스라엘 전체를 병들게 하고 재앙의 내리막길로 몰아갔다. 그런데 이들과 단짝을 이루었던 또 다른 부류의 사람들이 있었으니 바로 '부유층 인사들'이었다.[31] 이들이 있는 곳이 바로 하나님의 두 번째 방문지이다.

이들은 대부분 물질을 최고의 가치로 삼는 사람들이다. 이들은 정의롭지 못한 방법으로 부를 축적한다. 약하거나 가난한 자들, 힘없는 자들은 그들이 즐겨 찾는 표적이었다. 이들은 권력을 행사하든지, 아니면 약자들의 무지를 교묘히 악용하든지, 아니면 폭력으로 위협을 하든지, 온갖 수단과 방법을 가리지 않고 개인적 부를 축적하는 데에만 혈안이 되었던 자들이다.

'부의 사회적 환원'이라는 문구는 그들의 머릿속에 존재하지 않는다. 단지 생색을 내는 일에만 몇 푼의 물질을 공개적으로 내놓을 뿐이다. 사실 세금이라는 것은 부의 사회적 균등을 실현하는 하나의 방식이다. 고소득자에게는 세금이 많이 부과되고, 저소득자에게는 세금이 감면되거나 적게 부과됨으로 부의 양극화 현상이

완화된다. "억강부약 대동세상(抑强扶弱 大同世上)"이라는 말이 있듯이, 강한 자는 억제하고 약한 자를 도와주면서 모든 사람이 어울려 평등하게 살아가는 세상이 되어야 한다. 즉 강자의 욕망은 절제되고, 약자의 삶은 보듬어야 한다. 이러한 세상이 하나님 나라와 맥이 통하는 세상이다. 그러나 탐욕에 물든 자들의 재산은 피를 묻힌 포학의 수입들이었으며, 과부들의 원성과 고아들의 눈물이 함께 섞인 부이기도 했다. 여름 궁과 겨울 궁은 바로 약자들의 피와 눈물 위에 세워진 포악과 강포의 상징물들이었다.[32] 우리 하나님은 탐욕으로 지은 저택을 심판하신다.

■ **많이 맡긴 자에게 많이 요구하시는 하나님**

물론 하나님은 복과 명예와 지위를 주시는 분이다. 따라서 상류층 사람들이 다 악한 것은 아니다. 그러나 한 사회에 악이 넘쳐흐르고 있을 때, 신앙인들이 악인의 명단에 자주 오르락내리락할 때, 교회의 지도자와 교회가 불미스러운 일로 세상 사람들의 입에 자주 오르내릴 때, 교회의 모든 지도자들과 지도적 위치에 있는 교회들이 자신들을 반성하며 살피는 것이 참지혜이고 참신앙이 아닌가?[33]

삶의 근본적인 변화가 없고, 하나님의 율법에 따라 살려는 진지한 경건, 즉 '토라-경건'(시 1편)이 없는 이스라엘에는 내일에 대한 희망이 있을 수 없다. 오늘의 '토라-경건'이 필요하다. 악을 멀리하고, 토라 즉 율법을 가까이하는 삶이 우리의 진정한 삶이 되어야 한다.

우리가 믿는 하나님은 "내가 모든 족속 가운데 너희만을 알았나니, 웬만한 허물은 그냥 지나가겠다"고 말씀하신 적이 없다. 오히려 우리가 믿는 하나님은 "내가 모든 족속 가운데 너희만을 알았나니, 내가 너희 모든 죄악을 너희에게 보응하리라"고 말씀하신다. 우리를 '선택'하신 하나님은 우리에게 그에 상응하는 '책임'도 요구하신다. 우리 하나님은 많이 맡긴 자에게는 그만큼 많은 것을 찾으신다(눅 12:48). "한 사람을 선택함은 나머지를 거부함이 아니라, 궁극적으로 그들을 위한 선택인 것이다."[34] 따라서 하나님의 선택을 먼저 받은 선민(選民)은 만민(萬民)을 위하여 하나님의 도구로 사용될 때, 그 존재의 의미를 갖는 법이다. 우리 하나님은 많이 맡긴 자에게는 많은 것을 기대하시고 찾으신다. 그분이 맡겨 주신 것들로 만민을 기쁨으로 섬기는 삶이 되기를 바라신다.

4

약자를 외면하는 예배와 예배자를 조롱하시는 하나님

- 암 4:1-13

아모스는 타락한 상류층 뒤에서 그들을 부추기는 그들의 부인들에 대하여 고발하고 이에 따른 심판을 선포한다(암 4:1-3). 아모스는 북이스라엘의 예배가 하나님과 무관하고, 죄만 더하는 예배로 타락했음을 지적한다(암 4:4-5). 아모스는 지나간 재앙의 역사를 회고하면서 끝까지 회개를 거부하는 이스라엘에 대한 하나님의 심판이 불가피함을 입증한다(암 4:6-11). 결국 창조주 하나님의 강력한 마지막 심판 카드가 제시된다(암 4:12-13).

아모스 4장 1-13절의 구조

4:1-3	타락한 상류층 부인들에 대한 고발과 심판: 갈고리로 끌어가며
4:4-5	죄만 더하는 예배: 이것이 너희가 기뻐하는 바니라
4:6-11	끝까지 회개를 거부하는 이스라엘: 지독하고 고집스럽게 내게로 돌아오지 않는구나
4:12-13	심판 선포: 그렇다면 내가 누구인지 보여 주리라!

타락한 상류층 부인들에 대한 고발과 심판: 갈고리로 끌어가며(암 4:1-3)

¹ 사마리아의 산에 있는 바산의 암소들아
이 말을 들으라
너희는 힘없는 자를 학대하며
가난한 자를 압제하며
가장에게 이르기를
술을 가져다가 우리로 마시게 하라 하는도다
² 주 여호와께서 자기의 거룩함을 두고 맹세하시되
때가 너희에게 이를지라
사람이 갈고리로 너희를 끌어 가며
낚시로 너희의 남은 자들도 그리하리라
³ 너희가 성 무너진 데를 통하여
각기 앞으로 바로 나가서 하르몬에 던져지리라
여호와의 말씀이니라(암 4:1-3).

1-3절은 범죄 고발(1절)과 이에 따른 심판 선고(2-3절)로 이루어져 있다. 여기서 사마리아의 산에 있는 "바산의 암소들"은 북왕국의 수도인 사마리아에 사는 '상류층 귀부인'을 가리킨다. 바산 지역은 요단강 동편에 위치한 지역으로, 풍부한 삼림과 목초지로 유명했다. 특히 양질의 목축 산업으로 잘 알려진 곳이다(신 32:14; 시 22:12; 겔 39:18).[1]

당시 타락한 상류층 부인들은 남편의 지위와 권력을 이용하여 사치스럽게 살았다. 이들의 행동이 세 가지로 소개된다. 첫째, 그녀들은 힘없는 사람들을 학대한다. 둘째, 가난한 사람들을 압제한다. 셋째, 그녀의 남편들에게 술을 가져오라고 강요한다.

그녀들은 남편의 권력과 사회적 지위를 남용하여 사회의 악한 자들, 예를 들어 과부나 고아 혹은 나그네를 압제하거나 협박하여 부당한 재물을 축적한다. 한마디로 그들이 축적한 부(富)는 힘이 없고 약한 자들의 고통과 눈물 위에 세워진 것들이었다(참조. 사 3:16-4:1).[2] 이들은 탐욕스럽고 향락적인 삶을 산다. 상류층들은 백성의 곤고함은 아랑곳하지 않고, 오히려 그들을 억압하며 자신들은 술과 사치에 취해 살아간다.

남편에게 "술을 가져다가 우리로 마시게 하라"는 요구는 실질적으로 여인들이 남편을 좌우한다는 것을 보여 준다. 여기서 쓰인 "가져다가"라는 히브리어 동사 "하비아"(הָבִיאָה)는 동사 형태가 '강세 명령형'이다. 남편에게 강하게 명령하는 모습을 보여 준다. 남편들도 아내의 명령을 듣고 불의를 행한다. 또한 "가져다가"는 돈을 주고 정당하게 사 온 것이 아니라 강제로 빼앗은 것을 가리킨다. 아내의 쾌락을 위해 남편들이 가져오는 것은 뇌물로 받아 오는 것이거나 권력과 지위를 이용하여 강탈한 것이다. 타락한 사회에서 남편의 직업은 종종 부업일 뿐 또 다른 것을 얻기 위한 도구로 이용된다. 뇌물이 봉급을 능가한다. 그런 사회에서는 관리도, 재판관도, 종교인도 정상적인 수입 외에 많은 것을 얻어 직위에 걸맞지 않은 큰 부자가 된다. 그리고 그들의 성공은 아내를 기쁘게 한다.[3]

이들에게 심판이 내릴 수밖에 없다. 2-3절에서 이들에게 임할 심판이 선포된다. 2절의 "주 여호와께서 자신의 거룩함을 두고 맹세하시되"는 하나님이 반드시 행하실 것임을 강조한다. 마침내 그들을 심판할 날이 임할 것이다. 바산의 암소들은 하나도 남김없이 갈고리에 꿰인 고기처럼 끌려갈 것이다.

3절에 보면 이들은 "성 무너진 데를 통하여" 끌려간다. 이는 철저하게 파괴된 이스라엘의 성채들과 요새들을 묘사한 것이다. 이스라엘에 힘깨나 쓴다는 자들이 그토록 자랑하던 철벽같은 성벽들이 적군의 침공으로 철저히 무너져 내린다. 그리고 이들은 "하르몬"이라는 북쪽에 위치한 먼 곳으로 포로의 길을 떠나게 될 것이다. 이들은 가난하고 힘없는 자들을 자기 마음대로 억압하고 압제했기 때문이다.

우리는 자신들의 안녕과 안전을 보장해 줄 것이라고 믿었던 이스라엘의 요새들을 하나님이 철저히 깨뜨려 부수신다는 사실을 기억할 필요가 있다. 자신들이 세운 안전과 안보 안에서 자만하고 자족하는 사람에게는 하나님이 필요하지 않다. 그러나 기억해야 한다. 하나님은 우리가 세운 성채들과 요새들을 철저하게 부수실 것이다.⁴ 하나님이 대적하시면 누가 이를 막을 수 있단 말인가?

우리나라에도 종종 폭로되는 지도층 인사들의 부정부패, 권력의 오용, 남용 뒤에 남편들을 부추기는 부인들이 있는지도 모르겠다. 아내들이 겸손과 섬김과 검소함으로 살면서, 지도층 남편들을 도와주고, 권면하고, 잘못된 행동들을 감시한다면, 가정도, 사회도, 민족도, 국가도 샬롬을 이룰 것이다. 특히 그리스도인들은 압제와 학대가 아니라 섬김과 사랑을 베푸는 자가 되어야 한다. 세상의 쾌락과 미(美)가 아니라 영혼과 정신의 부요를 사모하는 사람이 되어야 한다. 그리스도인의 가정만이라도 아내는 남편을 절제시키고, 남편은 아내를 자제시키며 건전한 가정을 이루며 사회의 파수꾼의 역할을 감당하기를 바란다.⁵

▰ 죄만 더하는 예배: 이것이 너희가 기뻐하는 바니라 (암 4:4-5)

⁴ 너희는 벧엘에 가서 범죄하며
길갈에 가서 죄를 더하며
아침마다 너희 희생을,
삼일마다 너희 십일조를 드리며
⁵ 누룩 넣은 것을 불살라 수은제로 드리며
낙헌제를 소리내어 선포하려무나
이스라엘 자손들아
이것이 너희가 기뻐하는 바니라
주 여호와의 말씀이니라 (암 4:4-5).

이 단락은 종교와 예배에 대하여 가장 냉소적으로 비난하고 있는 본문이다. 4절의 "벧엘에 가서", "길갈에 가서"라는 표현은 히브리어로는 "벧엘에 오라, 길갈로 오라"는 말이다. 이러한 표현구는 제사장들이 순례자들에게 성소를 찾아와 제사를 드리기 위해 순례를 하라는 권고로서 사용되는 전문 용어이다.[6]

> 오라 우리가 굽혀 경배하며
> 우리를 지으신 여호와 앞에 무릎을 꿇자(시 95:6; 참조. 시 100:4).

예언자 아모스는 여기서 제사장의 역할을 하고 있다. 사실 북이스라엘에서 벧엘 성소와 길갈 성소는 예로부터 유서 깊은 성소였다. 벧엘은 이스라엘의 시조인 야곱이 하나님의 음성을 들은 곳이다.

> 또 본즉 여호와께서 그 위에 서서 이르시되 나는 여호와니 너의 조부 아브라함의 하나님이요 이삭의 하나님이라 **네가 누워 있는 땅**[벧엘]**을 내가 너와 네 자손에게 주리니**(창 28:13).

아모스 시대, 벧엘 성소는 더욱 위상이 높아져서 왕의 성소, 북왕국의 중앙 성소로 승격되었다.

> 다시는 **벧엘**에서 예언하지 말라
> 이는 **왕의 성소**요 **나라의 궁궐**임이니라(암 7:13).

벧엘 성소는 400년 이상 북왕국의 상황을 지배했다.[7]

길갈은 여호수아가 약속의 땅에서 처음으로 진을 친 곳이며, 또한 온 백성이 예배를 드린 곳이다(수 4:19-24).[8] 사무엘도 매년 벧엘과 길갈과 미스바를 방문했다.

> 해마다 **벧엘**과 **길갈**과 **미스바**로 순회하여 그 모든 곳에서 이스라엘을 다스렸고(삼상 7:16).

아무튼 벧엘 성소와 길갈 성소는 북왕국 최고의 제의 중심지였다. 그런데 아모스는 여기서 벧엘 성소와 길갈 성소에 가서 범죄하고, 죄를 더하라고 말하고 있다. 제사장이 하는 말을 흉내 내고 패러디하며 조롱하는 것이다. 아모스는 예배를 조롱하고 있다. 정확하게 말하면, 하나님이 이스라엘의 예배를 조롱하고 계신다. 여기서 문제 삼는 것은 예배의 실행이 아니라, 예배의 참여자이다.[9] 문제는 '예배'가 아니라 '예배자'이다.

아모스는 여기서 성소 순례 요구를 통하여, 세 가지를 조롱조로 고발한다.[10]

첫째, 예배자들의 '도덕적 결함'을 고발한다. 4a절의 "너희는 벧엘에 가서 범죄하며 길갈에 가서 죄를 더하며"는 예배 자체를 범죄로 간주하는 것이 아니고, 예배자들이 일상에서 범하는 도덕적 결함을 지적하는 말이다. 여기서 "범죄하며"(פָּשַׁע 파샤)라는 동사는 '다른 사람에 대한 불의한 행동'을 가리킨다(암 3:14, 5:12). 이는 '사회적 불의'를 말한다.[11]

벧엘 성소에서 사회적 불의를 행하라는 것은 성소에서 범죄 행위를 하라는 것이 아니라, 사회에서 범죄를 저지른 사람이 성소에 온다는 말이다. 이러한 도덕적 결함은 일상생활에서 자기 이익만 추구하는 자들이 성소에 들어오는 것을 의미한다. 성소에서의 예배자들이 일상에서는 예배자로서 살아가지 않는 것이다. 일상에서 예배자로서의 정체성을 인식하지 않고 사는 것이다. 이들은 일상에서는 예배자로서의 정체성은 고사하고, 하나님을 예배하는 자임을 전혀 인식하지 않고 세속적 가치에 휘둘려서 자기 이익에만 몰두한 나머지, 때로는 도덕적인 수준이 일반적인 평균을 밑도는 삶을 산다. 우리는 '주일의 하나님'만이 아니라, '월·화·수·목·금·토의 하나님'도 의식하며 살아야 한다.

　나는 '교수라는 정체성'을 갖고 있다. 교수로서 학자의 정체성에만 머물면 한결 편할 것 같다. 학자로서 주로 연구에만 집중하면 되기 때문이다. 하지만 교수는 학생들을 가르치는 '교육자로서의 정체성'도 지니고 있다. 학생을 내 자식같이 지도해야 하며, 때로는 학생을 희생물로 삼으려는 권력의 압력으로부터 제자들을 보호해야 한다. 보호의 목적으로 학생의 편에 설 때는 조직이 가할 불이익을 감수해야 된다. 더 나아가 '성직자라는 정체성'도 잊지 않으려고 노력한다. 서로 반목하고 싸우는 사람들 사이에서 중재하고 화해시키고, 상처받은 교수들과 직원 선생님들, 학생들을 위해 위로하고 기도해야 하는 책무가 있다. 학교라는 직장은 단순히 생계만을 위한 일터가 아니라, 하나님이 주신 소명과 사명을 실천하는 예배의 자리인 것이다. 우리 모두도 마찬가지이다. 일상은 소명과 사명을 실천하는 예배의 자리이다. 그곳에서 예배자로 살아가는 것이다.

따라서 교회만 예배의 자리가 아니라 우리가 매일 거하는 가정도 예배의 자리이다. 우리가 속한 일터도 예배의 자리이다. 우리가 있는 모든 곳에서 신실한 예배자로서 살아갔으면 한다.

둘째, 예배자들이 예배를 '자기만족을 위한 수단'으로 삼고 있음을 고발한다. 아모스는 4b절에서 "희생"과 "십일조"를 말하면서, "너희" 희생, "너희" 십일조라고 표현한다. 이는 그들의 희생제사와 십일조가 하나님과는 전혀 관계가 없다는 점을 강조한다. 하나님께 드린 희생제사와 십일조가 하나님과 무관하게 된 것은 그들의 삶이 그들의 제물을 무효화시켰기 때문이다. 온갖 악을 행하고 드리는 제물은 하나님이 받으실 수 없다.

> 여호와께서 말씀하시되
> **너희의 무수한 제물이 내게 무엇이 유익하뇨**
> 나는 숫양의 번제와 살진 짐승의 기름에 배불렀고
> **나는 수송아지나 어린양이나 숫염소의 피를 기뻐하지 아니하노라**
> (사 1:11).

아마 외형적으로 성소는 그 제물을 받을 수 있는지 모르지만, 사실상 하나님은 그러한 제물을 거부하신다. 하나님은 창세기 4장에서도 가인의 제물을 거부하셨다.

가인과 그의 제물은 받지 아니하신지라 가인이 몹시 분하여 안색이 변하니(창 4:5).

하나님은 "가인과 그의 제물"을 보셨다. 제물보다 가인을 먼저 보신다는 사실이 중요하다. 하나님은 가인의 삶을 주목하시고, 가인의 일상이 받을 만하지 못했기 때문에, 가인과 그의 제물을 물리치신 것이다. 하나님은 제물에 넘어가시는 분이 아니다. 늘 사람을 먼저 살피신다. 따라서 하나님은 갖다 바친다고 무조건 다 받으시지 않는다. 우리 하나님은 "그냥 드세요" 했다고, "알았어요" 하고 제물을 드시는 분이 아니시다.

> 11 산의 모든 새들도 내가 아는 것이며
> 들의 짐승도 내 것임이로다
> 12 내가 가령 주려도
> 네게 이르지 아니할 것은
> **세계와 거기에 충만한 것이 내 것임이로다**
> 13 **내가 수소의 고기를 먹으며**
> **염소의 피를 마시겠느냐**(시 50:11-13).

당시 이스라엘의 하나님을 예배함은 자기만족을 위한 수단이 되어 버렸다. 이들은 예배를 통하여 자신의 잘남을 과시하고 자축할 뿐이다. 이는 자기 영광의 추구일 뿐이다. 또한 이런 예배는 하나님께 도달되지도 않는다. 하나님과 어떤 교제와 사귐도 형성하지 못한다. 그저 자신만 신나서 헌물을 갖다 바칠 뿐이다. 예배와 헌물은 자기만족의 수단으로 전락되었다.

독일어로 예배는 고테스딘스트(Gottesdienst)이다. '하나님(Gott)을 섬긴다(dienst)'는 의미이다. 하나님을 섬겨야 하는 고테스딘스트(Gottesdienst)가 멘쉔딘스트(Menschendienst)가 되었다. 즉 예배가 '사람'(Menschen)을 '섬기는'(dienst) 의식이 되어 버렸다는 뜻이다. 우리의 예배는 하나님을 섬기는 것인가, 아니면 자기를 섬기는 것인가? 예배가 자기만족을 위한 수단이 되면, 그것은 하나님을 섬기는 것이 아니고 자신을 섬기는 것이다. 하나님 영광이 아니라 자기 영광을 추구하는 것이다. 예배가 자기만족을 위한 수단이 되어서는 안 된다. 예배가 수단이 아니라 목적이 되는 예배자가 되어야 한다.

셋째, 예배자들이 '예배를 받으시는 분의 의중을 무시'하는 점을 고발한다. 5절에서의 "수은제"(תוֹדָה 토다)는 다른 곳에서는 "감사제"(레 7:13)로 옮겨진다. 수은제는 은혜에 대한 보답으로 드리는 '감사의 제사'이다. 이런 감사의 제사는 누룩 넣은 빵과 함께 드려진다. "낙헌제"(נְדָבָה 네다바)는 기쁜 마음에서 '자원하여 드린 제사'를 의미한다(레 7:16).

이들이 드리는 제사 자체는 전혀 문제가 없다. 율법이, 제사법이 요구하는 올바른 제사이다. 이런 제사는 귀한 일이요, 반길 일이다. 그러나 여기서 "소리 내어 선포하려무나"라는 말은 제사와 헌물을 드리는 예배자의 속마음을 들춰 낸다. 이러한 행위는 공개적인 자리에서 많은 사람이 보는 앞에서 그들의 종교성에 박수해 주기를 바라는 과시적인 행위이다. 이는 자기중심적이고 자기를 자랑하는 행위를 강조한다.¹² 예배는 있으나 하나님의 영광은 없고, 예배자의 영광과 자기 자랑만 드러난다.

이들의 예배는 정작 예배를 받으시는 하나님이 기뻐하지 않으신다. 예배드리는 저들만 기뻐한다. 이들은 예배를 받으시는 야웨가 무엇을 기뻐하시는지에 대해서는 관심 없다. 여기서 "기뻐하는"으로 번역된 단어는 본래 "사랑하다"(אָהֵב 아하브)이다.

>이스라엘 자손들아
>이것이 너희가 **사랑하는**(אָהֵב 아하브) 바니라.

이들은 자신이 사랑하는 방식으로 하나님을 예배한다. 하나님이 무엇을 사랑하시는지는 관심 없다. 우리 하나님은 정의와 공의로 채워진 예배를 사랑하신다. 정의와 공의가 없는 예배는 미워하신다.

> ²¹ **내가 너희 절기들을 미워하여 멸시하며**
> **너희 성회들을 기뻐하지 아니하나니**
> ²² 너희가 내게 번제나 소제를 드릴지라도
> 내가 받지 아니할 것이요
> 너희의 살진 희생의 화목제도
> 내가 돌아보지 아니하리라
> ²³ 네 노랫소리를 내 앞에서 그칠지어다
> 네 비파 소리도 내가 듣지 아니하리라
> ²⁴ **오직 정의를 물같이,**

공의를 마르지 않는 강같이 흐르게 할지어다(암 5:21-24).

그러나 이들은 정작 예배를 받으시는 하나님의 의중을 살피지 않고 무시한다. 자기가 좋아하는 방식으로 예배를 드릴 뿐이다. 하지만 예배를 받으시는 하나님의 의중에 초점을 맞추는 예배가 참예배이다.

◢ 끝까지 회개를 거부하는 이스라엘: 지독하고 고집스럽게 내게로 돌아오지 않는구나(암 4:6-11)

> 6 또 내가 너희 모든 성읍에서 너희 이를 깨끗하게 하며
> 너희의 각 처소에서 양식이 떨어지게 했으나
> 너희가 내게로 돌아오지 아니했느니라
> 여호와의 말씀이니라
> 7 또 추수하기 석 달 전에 내가 너희에게 비를 멈추게 하여 어떤 성읍에는 내리고 어떤 성읍에는 내리지 않게 했더니 땅 한 부분은 비를 얻고 한 부분은 비를 얻지 못하여 말랐으매 8 두세 성읍 사람이 어떤 성읍으로 비틀거리며 물을 마시러 가서 만족하게 마시지 못했으나
> 너희가 내게로 돌아오지 아니했느니라
> 여호와의 말씀이니라
> 9 내가 곡식을 마르게 하는 재앙과
> 깜부기 재앙으로 너희를 쳤으며
> 팥중이로 너희의 많은 동산과 포도원과

무화과나무와 감람나무를 다 먹게 했으나

너희가 내게로 돌아오지 아니했느니라 여호와의 말씀이니라

¹⁰ 내가 너희 중에 전염병 보내기를

애굽에서 한 것처럼 했으며

칼로 너희 청년들을 죽였으며

너희 말들을 노략하게 하며

너희 진영의 악취로 코를 찌르게 했으나

너희가 내게로 돌아오지 아니했느니라

여호와의 말씀이니라

¹¹ 내가 너희 중의 성읍 무너뜨리기를

하나님인 내가 소돔과 고모라를 무너뜨림같이 했으므로

너희가 불붙는 가운데서 빼낸 나무 조각같이 되었으나

너희가 내게로 돌아오지 아니했느니라

여호와의 말씀이니라(암 4:6-11).

하나님은 가증스러운 예배자들이 진정으로 회개하기를 원하신다. 하나님은 여러 차례 재앙을 통하여 회개의 기회를 제공하셨지만 이스라엘은 번번이 고집스럽게도 이를 거절한다. "너희가 내게로 돌아오지 아니했느니라"라는 후렴구가 다섯 번이나 반복된다(암 4:6, 8, 9, 10, 11). 6-11절에서는 다섯 개의 재앙이 소개된다.

첫째 재앙은 '기아 재앙'이다(6절). "이를 깨끗하게 하며"는 아무 음식도 먹지 못하고 먹을 것이 없어서 이빨에 아무것도 닿지 않았다는 의미로, 그들이 생활하는 모든 곳에 먹을 양식이 없다는 의미이다. 하나님은 이를 통하여 이스라엘이 돌아오기를 바라셨다. 그

러나 그들은 하나님께 돌아오지 않았다.

둘째 재앙은 '가뭄 재앙'이다(7-8절). 추수가 석 달이나 남았고, 곡식이 자라기 위해 반드시 비가 충분히 필요하지만, 하나님은 비를 그치게 하셨다. 비가 내리는 곳도 있었지만, 그곳에서도 필요한 만큼의 물을 얻을 수는 없었다. 그러나 이스라엘은 하나님이 행하시는 일을 깨닫지 못하고 하나님께 돌아오지 않았다.

셋째 재앙은 '흉작 재앙'이다(9절). 하나님은 곡식이 마르고, 깜부기와 팥중이(메뚜기) 떼가 습격하여 수많은 동산과 포도원과 무화과나무와 감람나무의 열매를 다 먹어 치우게 하셨다. 그럼에도 이스라엘은 하나님께 돌아오지 않았다.

넷째 재앙은 '전염병 재앙'이다(10절). 전염병 재앙은 출애굽기에 나오는 이집트의 모든 가축 떼 위에 임한 재앙을 생각나게 한다. 여기서는 사람까지 포함하고 있다. 이 재앙으로 청년들은 살해되고, 말들이 노략되고, 군대 진영에 악취가 가득하게 된다. 그런데도 이스라엘 백성, 특히 이스라엘 지도자들은 돌아오지 않았다. 이스라엘 지도자들은 이집트의 바로보다 더 악한 사람들이다. 바로는 이스라엘 백성을 억압했지만, 이스라엘 지도자들은 자신들의 동족을 학대하고 압제했기 때문이다.[13]

다섯째 재앙은 '성읍 파괴 재앙'이다(11절). 하나님은 이스라엘의 성읍을 소돔과 고모라같이 무너뜨리셨다. 그로 인해 이스라엘 백성은 "불붙는 가운데서 빼낸 나무 조각같이" 되었다. 모든 것이 불타 버리고 나무 조각만 남았다는 점에서, 이 비유는 그야말로 남은 것 하나 없이 망해 버린 이스라엘의 모습을 보여 준다.[14] 그래도 이스라엘은 돌아오지 않았다.

이 단락의 다섯 재앙 이야기는 절이 더할수록 하나님의 징계의 도가 고조됨을 보여 준다. 그러나 여전히 이스라엘은 돌아오지 않는다. 이스라엘은 이집트의 바로보다 지독하고, 소돔과 고모라 사람들보다 덜하지 않은 사람들이다. 소돔과 고모라는 멸망하여 돌아갈 기회를 잃어버렸지만, 이스라엘은 대규모 파괴가 일어난 후 생존해서도 하나님께로 돌아오지 않았다.[15] 얼마나 매를 더 맞아야 돌아올까?

▌ 심판 선포: 그렇다면 내가 누구인지 보여 주리라!(암 4:12-13)

[12] 그러므로 이스라엘아 내가 이와 같이 네게 행하리라 내가 이것을 네게 행하리니 이스라엘아 네 하나님 만나기를 준비하라
[13] 보라 산들을 지으며
바람을 창조하며
자기 뜻을 사람에게 보이며
아침을 어둡게 하며
땅의 높은 데를 밟는 이는
그의 이름이 만군의 하나님 여호와시니라(암 4:12-13).

이제 남은 것은 창조하신 분의 능력을 직접 맛보는 것이다. 하나님은 기아로, 가뭄으로, 흉작으로, 전염병으로, 성읍 파괴로 이스라엘을 계속해서 회개시키려고 하셨지만, 이스라엘은 전혀 돌

이키지 않았다. 그들은 하나님을 찾지도 않았다. 그러자 하나님은 끝까지 자신을 외면하는 이스라엘을 만나러 '친히' 나서신다. "그러면 내가 누구인지 직접 보여 주겠다!"

간접적으로 고치려 했지만 번번이 효과를 보지 못하자, 이제 직접 심판의 매를 드신다. 그 매는 보통 매가 아니다. 창조주로서 힘과 권위를 가지신 분의 매이다. 기근과 역병과 전쟁의 매와는 비교가 되지 않는다. 이 만남은 책임 추궁을 위한 만남이다.[16] 12절의 "이스라엘아 네 하나님 만나기를 준비하라"는 말은 "단단히 각오하라, 단단히 준비하라"는 뜻이다.

13절에 따르면, 산들을 지으신 하나님은 산들을 무너뜨리실 것이며, 생명을 창조하신 하나님은 생명을 거두어 가실 것이며, 당신의 뜻을 보이며 교제를 허락하신 하나님은 이제 그 뜻을 거두시고 교제를 완전히 끊으실 것이다. 이제 창조의 빛은 꺼지고, 높은 곳(이스라엘의 지도자)은 하나님의 발아래 짓밟힐 것이다.[17]

정리하며

■ **오늘날 우리의 예배는 어떠한가**

이 장 본문에 의하면, 벧엘과 길갈에서 이루어지는 일은 희생제사와 십일조, 수은제와 낙헌제를 드리는 일이다. "아침마다" 제사를 드리며, "삼일마다" 십일조를 드린다는 것, 그리고 여기서 언급

된 여러 종류의 제사들은 이들이 참으로 정성스럽게 제사했음을 보여 준다.[18]

그러나 아모스는 이스라엘이 그토록 정성스럽게 드렸던 제사는 하나님께로 돌아오는 것과 전혀 무관한 행동이며 그들의 제사는 하나님의 명령과 무관한 종교 행위에 지나지 않음을 알려 준다. 흔히 마음이 없이 드린 제사가 문제라고 말하지만, 아모스는 여기서 마음을 담아 정성껏 드린 제사도 문제가 된다는 것을 보여 준다.[19] 과연 무엇이 문제인가?

아모스서에 등장하는 "희생"(זֶבַח 제바흐), "십일조"(מַעֲשֵׂר 마아세르), "수은제"(תּוֹדָה 토다), "낙헌제"(נְדָבָה 네다바)가 함께 등장하는 신명기의 또 다른 본문을 통해서 그 대답을 찾을 수 있다.

> [11] 너희는 너희의 하나님 여호와께서 자기 이름을 두시려고 택하실 그 곳으로 내가 명령하는 것을 모두 가지고 갈지니 곧 너희의 번제와 너희의 **희생**(זֶבַח 제바흐)과 너희의 **십일조**(מַעֲשֵׂר 마아세르)와 너희 손의 거제와 너희가 여호와께 서원하는 모든 아름다운 서원물을 가져가고 [12] **너희와 너희의 자녀와 노비와 함께 너희의 하나님 여호와 앞에서 즐거워할 것이요 네 성중에 있는 레위인과도 그리할지니** 레위인은 너희 중에 분깃이나 기업이 없음이니라(신 12:11-12).

> [17] 너는 곡식과 포도주와 기름의 **십일조**(מַעֲשֵׂר 마아세르)와 네 소와 양의 처음 난 것과 네 서원을 갚는 예물과 네 **낙헌 예물**(נְדָבָה 네다바)과 네 손의 거제물은 네 각 성에서 먹지 말고 [18] 오직 네 하나님 여호와께서 택하실 곳에서 네 하나님 여호와 앞에서 너는 **네 자녀와 노비와 성중에**

거주하는 레위인과 함께 그것을 먹고 또 네 손으로 수고한 모든 일로 말미암아 네 하나님 여호와 앞에서 즐거워하되 ¹⁹ 너는 삼가 네 땅에 거주하는 동안에 레위인을 저버리지 말지니라(신 12:17-19).

신명기 12장에 따르면, 이스라엘이 드리는 제사는 함께 살아가는 노비와 분깃 없는 가난한 레위인과 함께 나누어야 할 기쁨의 현장이다.²⁰ 희생과 십일조와 낙헌제는 제물을 드리는 자와 그 자녀와 노비와 가난한 레위인들이 함께 먹고 나누어야 하는 것이다.

또한 토지소산의 맏물과 십일조에 대한 명령도 이러한 나눔과 연관된다.

> ¹⁰ 여호와여 이제 내가 주께서 내게 주신 **토지소산의 맏물**을 가져왔나이다 하고 너는 그것을 네 하나님 여호와 앞에 두고 네 하나님 여호와 앞에 경배할 것이며 ¹¹ 네 하나님 여호와께서 너와 네 집에 주신 모든 복으로 말미암아 너는 **레위인과 너희 가운데에 거류하는 객과 함께 즐거워할지니라** ¹² 셋째 해 곧 **십일조**(מַעֲשֵׂר 마아세르)를 드리는 해에 네 모든 소산의 십일조(מַעֲשֵׂר 마아세르) 내기를 마친 후에 그것을 **레위인과 객과 고아와 과부에게 주어 네 성읍 안에서 먹고 배부르게 하라** ¹³ 그리할 때에 네 하나님 여호와 앞에 아뢰기를 내가 성물을 내 집에서 내어 **레위인과 객과 고아와 과부에게 주기를 주께서 내게 명령하신 명령대로 했사오니** 내가 주의 명령을 범하지도 아니했고 잊지도 아니했나이다 (신 26:10-13).

토지소산의 맏물과 십일조가 필요한 대상은 하나님이 아니라

함께 살아가는 레위인과 객과 고아와 과부와 같은 '가난한 이웃'이다. 그런데 이스라엘 백성은 희생제사와 십일조, 수은제, 낙헌제를 풍성하게 드리고, 자신에게 주어진 삶을 감사하지만, 주변에 있는 가난한 자와 힘없는 자에 대한 학대와 압제는 그치지 않는다.[21] 이것이 문제의 핵심이다.

여기서 아모스가 지적하는 예배의 문제가 보인다. 가난하고 힘없는 자에 대한 억압이 가까이에서 자행되는 현실을 외면하고, 마땅히 그들에게 돌아가야 할 각종 헌물들이 제대로 전달되지 않고, 예배의 장소에서만, 그것도 일부에게만 사용되고 소비되는 것이 문제이다. 약자를 돌보고, 그들에게 적절히 나누지 않는 예배는 그 자체로 무의미하며, 하나님과 아무런 연관이 없다는 것이다.

벧엘로 가고 길갈로 가라는 명령은 '진정한 명령'이라기보다는 '통렬한 풍자'이면서 '뼈아픈 조롱'이다. 사실은 벧엘 성소도 가지 말고, 길갈 성소도 가지 말라는 것이다. 성소를 찾는 일이 오히려 죄만 더하고, 거룩한 성소를 더럽히는 일이 된다는 것이다. 벧엘과 길갈은 이웃과의 나눔이 없는 제사, 가난하고 힘없는 자에 대한 학대와 억압을 외면하는 제사를 상징한다. 이런 제사는 우리 하나님과 무관한 제사이다. 우리 하나님은 약자를 외면하는 예배와 예배자를 조롱하신다.

오늘 우리의 예배는 어떠한가? 하나님의 조롱에서 벗어난 예배인가? 약자에 대한 긍휼함이 없는 예배, 약자에 대한 책임의식이 없는 예배는 하나님이 조롱하시는 예배이다. 자신의 의를 드러내고 자랑하는 예배자, 진정한 회개도 없고, 통렬한 자기반성도 없이 자신의 의를 과시하는 예배자는 하나님이 조롱하시는 예배자이다. 가정과 교회와 직장과 사회의 약자들을 늘 따뜻한 눈으로 바라보시는 하나님을 바라보자. 하지만 하나님을 바라보는 것에서 멈추지 말고, 그 하나님이 바라보시는 곳도 함께 바라보며, 하나님과 보조를 맞추는 진정한 예배와 예배자가 되기를 바란다.

5

예배보다 일상을
더 주목하시는 하나님

- 암 5:1-17

아모스는 이스라엘을 향하여 애가를 부른다(암 5:1-3). 이어서 이스라엘에게 성소를 찾지 말고 하나님을 찾으라고 권고한다(암 5:4-6). 아모스는 하나님이 아니라 성소만을 찾은 이들의 잘못된 행실을 고발한다(암 5:7-13). 아모스는 하나님을 찾는 것은 곧 선을 구하고 정의를 세우는 길임을 가르치며, 이런 삶을 살도록 한 번 더 권고한다(암 5:14-15). 아모스는 이런 권고가 좌절되면 도래할 심판을 선포한다(암 5:16-17).

아모스 5장 1-17절의 구조

5:1-3	애가: 처녀 이스라엘이 엎드러졌음이여
5:4-6	권고: 성소를 찾지 말고 하나님을 찾으라
5:7-13	고발: 정의와 공의를 던지는 자들
5:14-15	권고: 선을 구하고 정의를 세울지어다
5:16-17	심판 선포: 사람이 모든 광장에서 울겠고

애가: 처녀 이스라엘이 엎드러졌음이여 (암 5:1-3)

¹ 이스라엘 족속아
내가 너희에게 대하여 애가로 지은 이 말을 들으라
² 처녀 이스라엘이 엎드러졌음이여
다시 일어나지 못하리로다
자기 땅에 던지움이여 일으킬 자 없으리로다
³ 주 여호와께서 이와 같이 말씀하시되
이스라엘 중에서 천 명이 행군해 나가던 성읍에는 백 명만 남고
백 명이 행군해 나가던 성읍에는 열 명만 남으리라 하셨느니라 (암 5:1-3).

1절에서 아모스는 이스라엘 족속을 향하여 "애가"를 들려주려고 한다. 애가는 죽은 사람에 대한 애통함을 표현하는 노래이다. 아모스는 이스라엘이 경험하게 될 참담한 미래를 애가 형식을 통하여 선언하려고 한다.

2절의 "처녀 이스라엘"은 이스라엘 백성 가운데 있는 처녀만을 가리키는 말이 아니다. 히브리어에서 '민족'이나 '도시'는 여성형으로 표현된다. 예를 들어, "시온의 딸"은 "시온에 거하는 여성들"만이 아니라 "시온에 있는 모든 백성"을 가리키는 것이다. 또한 "예루살렘의 딸들아" 하면 "예루살렘에 사는 여성"만을 말하는 것이 아니라, "예루살렘에 사는 모든 사람"을 가리키는 것이다. 아모스는 "처녀 이스라엘"이라 말한다. 이는 비통하게도 젊은 나이에 일찍 세상을 떠난 것을 지칭한다. 예기치 못한 초상을 당한 것이다. 이스라엘 백성은 때 아닌 이른 장례식을 거행해야만 한다.

아모스는 '장송곡'을 부른다. 이스라엘 족속은 낯선 땅도 아니고 자신의 땅에서 쓰러졌다. 그렇게 한 번 쓰러지고 다시는 일어날 수 없었다. 게다가 그녀를 일으켜 세워 줄 사람이 아무도 없다. 이스라엘 백성 가운데 일부만 죽임 당한 것이 아니라 거의 모두가 상(喪)을 당한 것이다. 도시를 이렇게 비유하고 통곡의 노래를 부른 예가 아모스 이전에는 없었다. 아모스는 청중에게 그들이 처한 상황이 절망적임을 어두운 비유와 통곡의 노래라는 충격 요법으로 일깨워 주고 있다. 아모스는 이스라엘을 이미 죽은 자로 취급한다.[1]

3절에서는 군대에 관하여 언급한다. "천 명"과 "백 명"은 군대의 구성원을 말한다. 전쟁의 패배 이후 고향으로 돌아오는 군사는 10분의 1에 불과하다. 이러한 수치는 '희망의 남은 자'를 뜻하는 것이 아니다. 즉 전쟁에서 패배하더라도 전쟁터에서 살아서 돌아오는 자가 반드시 있다는 점을 말하는 것이 아니라 겨우 10분의 1만 남았다는 말이다. 이는 '철저한 패배'를 상징한다.[2]

▰ 권고: 성소를 찾지 말고 하나님을 찾으라 (암 5:4-6)

> ⁴ 여호와께서 이스라엘 족속에게 이와 같이 말씀하시기를
> 너희는 나를 찾으라
> 그리하면 살리라
> ⁵ 벧엘을 찾지 말며
> 길갈로 들어가지 말며
> 브엘세바로도 나아가지 말라
> 길갈은 반드시 사로잡히겠고
> 벧엘은 비참하게 될 것임이라 하셨나니
> ⁶ 너희는 여호와를 찾으라
> 그리하면 살리라
> 그렇지 않으면
> 그가 불같이 요셉의 집에 임하여 멸하시리니
> 벧엘에서 그 불들을 끌 자가 없으리라 (암 5:4-6).

4절에서 아모스는 이스라엘이 살길을 제시한다. 그 길은 다른 그 무엇도 아니다. 오직 하나님을 찾으면 살 것이다!

이어지는 5절에서 아모스는 세 번에 걸쳐서 이스라엘이 찾지 말아야 할 것을 제시한다. "벧엘"을 찾지 말라. "길갈"을 찾지 말라. "브엘세바"를 찾지 말라. 벧엘과 길갈은 북이스라엘의 대표적인 성소이다. 이스라엘 백성은 이 성소들에서 자신들의 안녕과 안전을 보장받을 수 있다고 생각했다. 유명한 성소를 찾기만 하면 불확실한 미래가 확실히 보장되고, 그곳에서 기도만 드리면 어려운 난

국을 타개할 수 있다고 굳게 믿고 있었다.

아마도 당시 종교 지도자들이 그렇게 믿도록 가르쳤을 것이다. 대중이 무지하거나 신중하지 못한 면도 있었겠지만, 어쩌면 그들의 욕망을 채우는 그러한 가르침을 스스로 반겼을지도 모른다. 신앙이 이제 우상 숭배가 되어 버린 것이다. 예배의 자리는 자기들이 원하는 "다양한 하나님들"을 만들어 놓고 숭배하는 "배도의 소굴"이 되어 버린 것이다.[3]

여기서 언급된 성소는 북왕국에 위치한 벧엘과 길갈, 그리고 남왕국에 위치한 브엘세바이다. 브엘세바는 유다 나라의 남쪽 끝부분에 위치한 곳이다. 브엘세바는 조상 아브라함, 이삭, 야곱과 관련된 곳으로서 복과 번성을 약속받은 장소이다. 비록 남쪽 유다 지역에 있긴 하지만, 북쪽 사람인 엘리야의 행로(왕상 19:3-4)와 사무엘의 아들들의 활동(삼상 8:2)에서 보듯이, 브엘세바는 북왕국 사람들의 전통적인 순례지 중에 하나였을 것이다.[4]

종교적인 열심이 특심한 사람들은 북이스라엘의 국경을 넘어서 남유다까지 내려가서 제단을 쌓았다. 그러므로 벧엘과 길갈, 브엘세바는 모두 이스라엘에 가득했던 제의와 제의를 향한 열심을 상징한다. 그러나 이렇게 성소를 찾아다니며 예배를 드리고 기도를 한다 해도 그들에게 무익하다. 왜냐하면 길갈은 사로잡혀 갈 것이고, 벧엘은 비참하게 될 것이기 때문이다.

6절에서 아모스는 말한다. 하나님의 백성이 찾아야 하는 곳은 성소가 아니라 "여호와" 하나님이다. 우리가 찾아야 할 곳은 성소가 아니라 하나님이다. 성소를 찾는 것이 곧 하나님을 찾는 것은 아니다. 그렇지 않으면 요셉의 집에 심판의 불이 임하고, 벧엘에서 그 불을 끌 자가 없을 것이다. "요셉의 집"은 북쪽 지파들, 즉 북이스라엘을 가리킨다.[5] 아모스는 당시 성소를 찾는 북이스라엘 사람들이 어떤 삶을 살았는지를 주목한다. 이러한 내용이 다음 단락에서 전개된다.

고발: 정의와 공의를 던지는 자들(암 5:7-13)

[7] 정의를 쓴 쑥으로 바꾸며

공의를 땅에 던지는 자들아

[8] 묘성과 삼성을 만드시며

사망의 그늘을 아침으로 바꾸시고

낮을 어두운 밤으로 바꾸시며

바닷물을 불러 지면에 쏟으시는 이를 찾으라

그의 이름은 여호와시니라

[9] 그가 강한 자에게 갑자기 패망이 이르게 하신즉

그 패망이 산성에 미치느니라

[10] 무리가 성문에서 책망하는 자를 미워하며

정직히 말하는 자를 싫어하는도다

[11] 너희가 힘없는 자를 밟고

그에게서 밀의 부당한 세를 거두었은즉

너희가 비록 다듬은 돌로 집을 건축했으나

거기 거주하지 못할 것이요 아름다운 포도원을 가꾸었으나

그 포도주를 마시지 못하리라

¹² 너희의 허물이 많고

죄악이 무거움을 내가 아노라

너희는 의인을 학대하며

뇌물을 받고 성문에서 가난한 자를 억울하게 하는 자로다

¹³ 그러므로 이런 때에 지혜자가 잠잠하나니

이는 악한 때임이니라⁽암 5:7-13⁾.

아모스는 유명한 성소를 열심히 찾아다니는 신앙인들의 삶을 들여다본다. 7절에 따르면, 당시 하나님의 백성이라는 신앙인들의 삶은 한마디로 말하면 "정의와 공의를 던지는 삶"이었다. "정의"(מִשְׁפָּט 미쉬파트)는 특히 재판으로 대표되는 '공평한 절차'를 나타내며, 법의 준수, 법정에서의 공정성, 사회 정의가 여기에 속한다. "공의"(צְדָקָה 체다카)는 인간관계에서 보여야 하는 적합한 태도이며, 인간 간의 '올바른 관계'를 나타낸다.⁶ 한마디로 "정의"는 '공평한 절차', "공의"는 '올바른 관계'를 나타낸다. 이러한 정의와 공의는 하나님이 온 세상을 다스리시는 기본 원칙이다.

¹ 여호와께서 다스리시나니

땅은 즐거워하며 허다한 섬은 기뻐할지어다

² 구름과 흑암이 그를 둘렀고

의(צֶדֶק 체데크)와 **공평**(מִשְׁפָּט 미쉬파트)이 그의 보좌의 기초로다⁽시 97:1-2⁾.

²³ 여호와께서 이와 같이 말씀하시되

지혜로운 자는 그의 지혜를 자랑하지 말라

용사는 그의 용맹을 자랑하지 말라

부자는 그의 부함을 자랑하지 말라

24 자랑하는 자는 이것으로 자랑할지니

곧 명철하여 나를 아는 것과

나 여호와는 **사랑**(חֶסֶד 헤세드)과 **정의**(מִשְׁפָּט 미쉬파트)와

공의(צְדָקָה 체다카)를

땅에 행하는 자인 줄 깨닫는 것이라

나는 이 일을 기뻐하노라

여호와의 말씀이니라(렘 9:23-24).

하나님을 열심히 믿고 따른다는 사람들이 정작 하나님을 모른다. 정의와 공의를 외면하면 하나님을 외면하는 것이다. 하나님을 누구보다 잘 안다고 자부하는 사람들이 사실 하나님을 잘 모른다. 하나님을 잘 안다는 사람들이 정의와 공의를 모른다. 이런 아이러니가 또 있단 말인가! 하나님에 대하여 제일 말을 많이 하는 사람이 사실 하나님을 잘 모른다. 이는 비극이다. 정의와 공의를 놓치면, 하나님을 놓치는 것이다.

아모스는 8-9절에서 이런 자들에게 하나님을 소개한다. 하나님은 "묘성과 삼성"을 만드신 분이시다. "묘성과 삼성"은 "하늘의 무수한 별"을 대표한다.[7] 하나님은 우주를 창조하기도 하시고, 뒤집기도 하신다. 사망의 그늘을 아침으로 뒤집으신다. 낮을 밤으로 어둡게 하신다. 또한 바다의 물을 불러 모아 지면에 엎기도 하신다. 그분이 바로 야웨 하나님이시다. 7절과 8절의 "바꾸다"라는 단

어는 히브리어 "하파크"(הָפַךְ)로 동일하다. 이 단어는 아모스 4장 11절에서도 사용된다.

> 내가 너희 중의 성읍 무너뜨리기를
> 하나님인 내가 소돔과 고모라를 **무너뜨림**(הָפַךְ 하파크)같이 했으므로
> 너희가 불붙는 가운데서 빼낸 나무 조각같이 되었으나
> 너희가 내게로 돌아오지 아니했느니라
> 여호와의 말씀이니라(암 4:11).

이스라엘은 정의를 쓴 쑥으로 "바꾸지만"(7절), 야웨 하나님은 그들을 아침으로 "바꾸시는" 분이시며(8절), 또한 소돔과 고모라를 "무너뜨리시는" 분이시다(암 4:11). 8절에서 야웨 하나님은 온 세상의 창조주이시며 주관자이심을 선언한다.

8절에서 창조주 하나님을 보여 주었다면, 9절에서는 창조주 하나님의 권능과 주관하심이 정의를 뒤집은 백성에게 어떤 의미인지 밝혀 주고 있다. 9절의 "강한 자"와 "산성"은 강하고 힘센 세력, 즉 권력과 힘을 가진 자들의 견고함을 상징한다. 하나님은 권력자들에게 패망을 안겨 주신다. 정의와 공의를 내던지는 자는 그들이 강력한 권력을 가진 자들이라 할지라도, 하나님의 강력한 심판을 면치 못할 것이다.

10-13절에서는 아모스 당시, 강한 자에 의해서 정의와 공의가 뒤집어진 이스라엘 사회의 현실을 고발한다. 10절의 "무리"는 본디 '그들'이라는 인칭대명사로서 7절에 나오는 "정의를 쓴 쑥으로

바꾸며 공의를 땅에 던지는 자들"을 가리킨다. 이들은 9절의 "강한 자"이기도 하다. 고대 이스라엘에서 "성문"은 법정이 열리는 장소였다. 고대 근동의 도시에서 성문 앞은 '회의 장소'일 뿐만 아니라, 외문과 내문 사이의 유일한 자유 공간이었다.[8]

여기서 "책망하는 자"는 장로로 이루어진 "재판관"을 가리키고, "정직히 말하는 자"는 무죄한 자를 옹호하는 "증인"을 말하는 것으로 보인다.[9] 당시에는 정직한 장로(원로) 가운데서 뽑은 재판관들이 법을 집행하는 기초가 되었다. 재판관은 정직한 증인의 말에 근거하여 판정을 내린다.

11절에서, 힘없는 자에 대한 불의한 행동, 즉 힘없는 자들에게서 불의하게 곡물을 강제로 탈취했음을 전한다. 이러한 행동을 한 자들에게 하나님의 심판이 내려진다. 그들에게는 일명 '헛수고의 저주'(futility curse)가 임한다.

>[14] 네가 먹어도 배부르지 못하고 항상 속이 빌 것이며
>네가 감추어도 보존되지 못하겠고
>보존된 것은 내가 칼에 붙일 것이며
>[15] 네가 씨를 뿌려도 추수하지 못할 것이며
>감람 열매를 밟아도 기름을 네 몸에 바르지 못할 것이며
>포도를 밟아도 술을 마시지 못하리라(미 6:14-15).

남들에게 몹쓸 짓을 한 사람들은 그런 짓으로 얻은 것들을 제대로 누리지 못한다.

> 너희가 비록 다듬은 돌로 집을 건축했으나
> 거기 거주하지 못할 것이요
> 아름다운 포도원을 가꾸었으나
> 그 포도주를 마시지 못하리라(암 5:11).

나름 열심히 사는 것 같은데 그에 따르는 합당한 결실이 없다면, 헛수고의 저주가 임한 것은 아닌지 돌아보는 것도 지혜이다. 하나님은 스스로 깨닫고 돌아오기를 기다리기도 하신다.

12절은 약자의 억울함을 풀어 주어야 하는 최후의 보루인 법정도 뇌물에 넘어간 것을 고발한다. 재판에서 부자와 힘 있는 자는 자신의 이익을 위해서 증인을 매수하여 사용한다. 부자와 힘 있는 자들의 뇌물은 그 재판의 판결에 영향을 준다. 법정에서 마땅히 무죄로 판결되어야 할 자들에게 유죄가 선고된다. 약자들은 힘과 영향력이 없는 관계로 패소한다.[10]

결국 죄가 없는 의인들도 학대를 당한다. 가난한 자는 법적인 보호를 받지 못한다. 예나 지금이나 유전무죄 무전유죄의 부패상이 여전한가 보다. 성문에서 열리는 법정도 약자들에게는 아무런 도움이 되지 못한다. 이미 그곳도 돈과 권력에 의해 심하게 썩었기 때문이다. 오늘의 우리나라 법정 현실도 정의가 올바로 실현되지 않는 경우가 종종 있어서 억울한 이들의 한이 쌓여만 가고 있다. 부패한 현직 검사들은 만천하에 범죄 행위가 드러나도 동료 검사들에 의해서 무혐의, 불기소 처리되어 죄가 덮인다. 영세한 소시민들은 소액의 범죄에도 몇 년의 실형이 언도되고, 수천 억에 달하는 경제 범죄를 저지른 재벌들은 집행 유예로 풀려나 뻔뻔하게 거리를 활보하고 다닌다.

13절에서 이러한 때를 가리켜 "지혜자가 잠잠하"는 때라 정의한다. 법정은 부패하여만 가고, 권력자들은 아무런 제약도 없이 불의한 부를 축적해 나가는 것을 보고 있던 당대의 분별력 있는 사람, 즉 지혜자들은 결국 입을 다물고 침묵할 뿐이다.[11]

지혜자가, 슬기로운 자들이, 분별력 있는 자들이 입을 굳게 닫을 정도로 그 시대는 "악한 때"였다. 지혜자들의 올바른 충고나 조언이 씨가 먹히지 않는다. 시대의 불의와 악을 들춰내고 지적하는 깨어 있는 자들은 시련과 환란은 물론이고 재앙을 겪기도 한다. 결국 지혜자들의 입은 스스로 재갈을 물거나 억지로 침묵을 강요당한다. 언로(言路)가 막힌 사회는 불행한 사회이다. 쓴소리를 억압하는 곳은 건강한 곳이 아니다. 지혜로운 자들의 의견이 자유롭게 개진되는 곳이 건강하고 미래가 있는 곳이다.

권고: 선을 구하고 정의를 세울지어다 (암 5:14-15)

[14] 너희는 살려면
선을 구하고
악을 구하지 말지어다
만군의 하나님 여호와께서 너희의 말과 같이 너희와 함께하시리라
[15] 너희는 악을 미워하고

선을 사랑하며

성문에서 정의를 세울지어다

만군의 하나님 여호와께서

혹시 요셉의 남은 자를 불쌍히 여기시리라(암 5:14-15).

이 단락은 하나님을 찾는 것이 무엇인지를 알려 준다. 즉 하나님의 사람들이 어떻게 살아야 하는지를 권고한다. 그런데 하나님이 가르치시는 것은 놀라울 정도로 평범하다. 하나님이 요구하시는 것은 매우 거룩하고 고상하며, 무거운 규율을 엄수하는 것이 아니다. 14절에 따르면, 그저 일상의 삶에서 "선을 구하고 악을 구하지" 않는 것이다. 15절에 의하면, "악을 미워하고 선을 사랑하"는 것이다. 즉 악을 피하고 선을 행하는 것이다. 한마디로 "행선피악"(行善避惡)이다. 하나님이 거절하시는 것이라면 절대적으로 배척하고(미워하다), 하나님이 인정하시는 것이면 전적으로 애착(사랑하다)을 가져야 한다.[12] 그리하면 이스라엘 백성이 입버릇처럼 말하듯이 "하나님이 함께하실 것이다."

여기서 "악"이란 앞선 절에서 고발된 것들을 가리킨다. 즉 악이란 "의인(무고한 자)을 학대하며", "뇌물을 받고", "가난한 자를 억울하게 하는" 것이다(암 5:12). 그렇다면 "선"이란 무엇인가? 선이란 마땅히 이러한 악의 현실을 바로잡는 일이다.[13] 그래서 15절에서는 "성문에서 정의(מִשְׁפָּט 미쉬파트)를 세울지어다"라고 권고한다. 정의를 실현하는 삶은 선을 찾고 선을 사랑하는 것이다. 이 점은 구약의 예언자들의 공통적인 가르침이다.

선행을 배우며 **정의(מִשְׁפָּט 미쉬파트)를 구하며**

학대받는 자를 도와주며

고아를 위하여 신원하며

과부를 위하여 변호하라 하셨느니라(사 1:17).

선을 추구하고 악을 미워하는 삶을 살게 되면, 하나님이 그런 사람들에게만 "혹시"(15절) 구원을 제공하실지도 모른다. 랍비 아미(Ami)는 성경에서 하나님의 "혹시"라는 단어를 읽었을 때 눈물을 흘렸다고 한다.[14] 여기서 "혹시"는 암울한 심판의 선언 속에서 '한 줄기 희망의 광선'을 드리운다.

또한 15절의 "혹시"는 하나님의 절대주권을 표현한다. 다시 말해서 악을 피하고, 선을 행하며, 정의를 실현한다고 해서 하나님이 무조건적으로 생명의 약속인 구원을 베푸셔야 하는 것이 아님을 말한다. 인간의 구원은 전적으로 하나님의 절대주권에 달린 것이다. 정의를 세운다고 하나님의 은혜가 당연히 보장되는 것은 아니다. 하나님은 인간의 정의에 기계적으로 반응하시는 분은 아니시다. 하나님의 절대주권을 진정으로 깨닫는다면 인간적 도리를 다하고도 절대적인 하나님의 은혜가 필요함을 인정하게 된다.

우리는 잊지 말아야 한다. 우리가 선을 행한다고 하더라도 얼마나 행하겠는가? 우리가 공의를 행한다고 하더라도 얼마나 행하겠는가? 사람의 의는 더러운 옷이라고 하지 않는가. 최선을 다해 선을 행한 후에 우리는 겸허하게 그분의 처분만을 기다릴 뿐이다. 심판과 형벌의 때에 구원을 베푸시는 하나님의 은총이 '혹시라도' 주

어질지 누가 알겠는가. 구원받는 것은 전적으로 그분의 호의와 은총에 달려 있는 것 아닌가!¹⁵

▮ 심판 선포: 사람이 모든 광장에서 울겠고(암 5:16-17)

> ¹⁶ 그러므로 주 만군의 하나님 여호와께서 이와 같이 말씀하시기를
> 사람이 모든 광장에서 울겠고
> 모든 거리에서 슬프도다 슬프도다 하겠으며
> 농부를 불러다가 애곡하게 하며
> 울음꾼을 불러다가 울게 할 것이며
> ¹⁷ 모든 포도원에서도 울리니
> 이는 내가 너희 가운데로 지나갈 것임이라
> 여호와의 말씀이니라(암 5:16-17).

16-17절에서 아모스는 이스라엘에 임할 심판을 선포한다. 이스라엘 온 도시는 통곡에 휩싸인다. "모든 광장"마다, "모든 거리"마다, "모든 포도원"마다 애곡 소리가 진동을 할 것이다. 거리마다 애곡이 넘쳐흐를 것이다. 아모스의 마지막 호소가 무시된다면, 그들이 마지막까지 돌아서지 않는다면, 거리마다 죽음으로 인한 애곡이 그치지 않을 것이다. 포도 수확으로 즐거워해야 할 포도원에서도 모든 것이 상실되어 애곡 소리가 들릴 것이다. 대대적인 죽음으로 전문 울음꾼만으로는 태부족한 상황에 이르게 될 것이다. 급기야 준비되지 않은 농부들도 울음꾼으로 동원되어 애곡을 해야 하

는 지경에 이르게 된다. 장례에 전문적으로 곡하는 자들이 동원되는 것은 고대 이스라엘의 장례 풍습이었다.[16]

> [17] 만군의 여호와께서 이와 같이 말씀하시되
> 너희는 잘 생각해 보고
> **곡하는 부녀**를 불러오며
> 또 사람을 보내 **지혜로운 부녀**를 불러오되
> [18] 그들로 빨리 와서 우리를 위하여 애곡하여
> 우리의 눈에서 눈물이 떨어지게 하며
> 우리 눈꺼풀에서 물이 쏟아지게 하라(렘 9:17-18).

17절 마지막 구절에서 이 모든 비극과 죽음의 근원이 드러난다. 여호와께서 이스라엘 백성 가운데로 지나가시기 때문이다. "여호와의 지나가심"(עָבַר 아바르)이란 바로 야웨의 개입을 뜻한다. 이것은 이집트에 임한 열 번째 재앙을 연상시킨다.

> 내가 그 밤에 애굽 땅에 **두루 다니며**(עָבַר 아바르) 사람이나 짐승을 막론하고 애굽 땅에 있는 모든 처음 난 것을 다 치고 애굽의 모든 신을 내가 심판하리라 나는 여호와라(출 12:12).

> 여호와께서 애굽 사람들에게 재앙을 내리려고 **지나가실**(עָבַר 아바르) 때에 문 인방과 좌우 문설주의 피를 보시면 여호와께서 그 문을 넘으시고 멸하는 자에게 너희 집에 들어가서 너희를 치지 못하게 하실 것임이니라(출 12:23).

이집트 사람들이 이스라엘 사람들을 노예로 삼으려다, "여호와의 지나가심"으로 인해 그들의 모든 맏아들이 몰살되었던 것처럼, 이제 야웨께서 불의를 행하는 힘 있는 자들의 집도 치실 것이다. "여호와의 지나가심"으로 맏아들뿐만 아니라 식구 전체가 화를 입을 것이다.[17]

정리하며

■ 신앙은 세상에서 발휘하는 것이다

아모스 5장 1-17절은 '애곡'(애가)으로 시작하여 '애곡'으로 끝난다. 아모스는 이러한 파국을 피할 수 있는 마지막 길을 권고하며 간곡히 호소한다. 이는 두 개의 권고문인 4-6절과 14-15절에 기록된다. 한마디로 말하면, 4-6절의 핵심은 "여호와를 찾으라 그리하면 살리라"는 말씀이다. 또한 14-15절의 핵심은 "선을 구하고 정의를 세우라"는 것이다.

당시 이스라엘이 살길은 '제의적 열심'을 내는 것이 아니다. 더 많고 '정성스러운 제사'를 드리는 것이 아니다. 이스라엘은 국가 성소인 벧엘과 길갈이나 남유다의 성소인 브엘세바까지 나아가며 제사에 온갖 심혈을 기울였다. 그러나 정작 일상에서는 가난한 자를 학대하고, 뇌물을 받고 사람을 억울하게 한다. 당시 하나님의 사람이 사는 현실은 벧엘과 길갈을 향한 분주한 발걸음과 열정적인 '종교적인 삶'과, 이와는 모순된 '가난한 자에 대한 무관심' 내지는 '가난한 자에 대한 착취'라는 일상의 삶이 아무런 갈등 없이 공존하고 있었다. '종교적 열정'과 '약자 무시'가 고민 없이 공존한다. '예배의 열정'과 '무정한 삶'이 공존한다.

이런 상황이라면 이스라엘의 살길은 성소를 찾는 데에 있지 않다. 아모스는 이스라엘의 살길은 '성소'를 찾는 것이 아니라 '하나님'을 찾는 데에 있다고 전한다. '여호와를 찾는 것'은 곧 '선을 추구하는 것'이라고 말한다. 즉 성소를 찾는 '예배'가 아니라 일상에서 선을 추구하는 '정의'가 살길이다.

공의와 정의를 행하는 것은 제사드리는 것보다
여호와께서 기쁘게 여기시느니라(잠 21:3).

이스라엘의 살길은 '성소'에 있지 않고, 가난한 자가 학대당하고, 죄 없는 사람이 억울하게 되며, 힘없는 자가 짓밟히는 '성문'에 있다. 하나님은 성소보다 성문에 더 관심을 두신다. 성소를 맨날 찾으면 뭐하나, 일상은 예배에서의 삶과 상관이 없는데. 이스라엘의 살길은 '예배'가 아니라 '일상'에 있다. '예배의 경건'보다 '일상의 경건'이 더 중요하다. 하나님은 '성소의 삶'보다 '성문의 삶'을 더 주목하신다. 성소보다 성문이 더 중요하다.

아모스는 우리에게 하나님의 집에서 하나님의 이름으로 열심히 모이고, 하나님께 정성스럽게 예배를 드려도 '하나님 없는 예배'가 될 수 있음을 가르쳐 준다. 이스라엘의 성소가 사람들로 차고 넘쳐

도 그것은 인간의 욕심을 채우는 '사교 모임'에 불과하다.[18]

종교와 윤리, 신앙과 도덕은 함께 가는 것이다. 교회에 열심히 다니면서도, 비윤리적인 사업이나 생활을 계속할 수 있다고 생각하는 사람은 '종교인'에 지나지 않는다. 그런 종교인은 교회라는 단체의 충성스러운 일원은 될 수 있어도 하나님과는 상관이 없는 사람이다. 그런 사람은 '교회의 사람'은 될 수 있을지 몰라도 '하나님의 사람'은 될 수 없다. 교회의 사람과 하나님의 사람이 무조건 동일시되는 것은 아니다. 신앙은 구체적인 삶으로 열매를 맺어야 한다. 신앙을 일상의 삶에서 살아 내는 사람이 하나님의 사람이라 할 수 있다.

'하나님 사랑'은 '이웃 사랑'으로 실천되기 전까지는 진정으로 하나님 사랑이 아니다. 부모를 공경하지 못하는 자가 하나님을 섬긴다고 열심히 주일 성수하며, 교회 일에만 열정을 쏟는다면, 이것은 헛짓이고, 나아가 죄악이다. 부모조차 제대로 책임지지 않는 자는 참된 신앙인이라 할 수 없다. 또한 이웃의 불행에 무관심하면서도 십일조를 잘 드린다고 스스로 자위한다면, 그는 거지 나사로의 비유에 나오는 어리석은 부자와 같을 것이다. 그 어리석은 부자의 잘못은 거지 나사로에 대한 무정한 무관심이었다. 하나님 사랑과 이웃 사랑은 분리되지 않는다. 하나님을 사랑하면 당연히 이웃을 사랑한다. 하나님을 진정으로 섬기는 것은 일상에서 경건하게 사는 것이며, 도덕적으로 사는 것이다.[19]

따라서 성소는 '짐승과 제물'만 태우는 곳이 아니라, 우리의 내면에 숨은 '탐욕과 죄'도 태우는 곳이어야 한다. 로마서 12장 1절에 따르면, 예배자는 '살아 있는 제물'이다.

> 그러므로 형제들아 내가 하나님의 모든 자비하심으로 너희를 권하노니 너희 몸을 하나님이 기뻐하시는 **거룩한 산 제물**로 드리라 이는 너희가 드릴 **영적 예배**(λογικὴν 로기켄: 논리적 혹은 합리적, 합당한[reasonable])니라(롬 12:1).

예배드리고 나갈 때, 은혜에 대한 확신뿐 아니라, 반성과 더불어 새로운 마음과 삶에 대한 결심으로 나가야 한다.[20]

> 그런즉 누구든지 그리스도 안에 있으면 **새로운 피조물**이라 이전 것은 지나갔으니 보라 새것이 되었도다(고후 5:17).

그래서 예배의 자리는 새로운 인간을 찍어 내는 공장이다. 우리는 예배를 통하여 새로운 피조물이라는 신제품으로 출시된다. 진정한 예배자들은 신상품이 된다. "구상품은 지나갔으니 보라 신상품이 되었도다."

사실 신앙인의 정표는 교회에서는 잘 분별이 안 된다. 교회에서는 누구나 경건하게 보인다. 결국 신앙인의 정표는 일상에서 드러나고 판가름 난다. 신앙은 세상에서 발휘하는 것이다. 직장, 가정, 학교가 신앙이 발휘되는 곳이다. 일상에서 늘 '행선피악'의 삶을 살려고 노력하며, 특히 연약한 자들과 억울한 자들을 우선적으로 살피고 그들의 아픔과 고통을 공감하며 사는 삶이 되기를 바란다.

건축을 하는 사람들은 정직하게 공사를 감행하기를 바란다. 상인들은 정당한 방법으로 이윤을 추구하기 바란다. 사업이나 기업을 하는 사람들은 고용인을 인격적으로 대하기 바란다. 특히 아랫사람을 함부로 대하는 갑질을 경계해야 한다. 정치인들은 악을 피하고 선을 추구하며, 진영의 논리나 이념에 함몰되지 말고, 진정 국민만을 주시하고, 특히 서민을 위해서 일하기 바란다. 법조인들은 공평하고 정당하게 법을 집행하기 바란다. 부모들은 자녀들을 노엽게 하지 않고, 주님의 교양과 훈계로 양육하기를 바란다. 자녀들은 부모를 제대로 공경하기 바란다.

다시 한 번 반복한다. "여호와를 찾으라 그리하면 살리라"(4절). "선을 구하고 정의를 세우라"(14절). 성소가 아니라 하나님을 찾아야 한다. 하나님을 찾는 것은 일상에서 선을 구하고 정의를 세우는 것이다. 우리 하나님은 '예배'보다 '일상'을 더 주목하신다. 예배의 자리뿐만 아니라 일상에서도 하나님을 찾고, 선을 구하고 정의를 세우는 삶을 살 수 있기를 바란다.

6

공동체 의식의 영성을
기뻐하시는 하나님

- 암 5:18-27

아모스는 이스라엘 백성이 구원의 날로 확신하며 기다리는 야웨의 날이 정반대로 심판의 날이라고 선포한다(암 5:18-20). 아모스는 이어서 이스라엘은 이제 하나님과의 만남이 불가능한 상태에 놓여 있음을 신랄하게 지적한다(암 5:21-24). 그들의 절기와 성회도 거부되었고, 제사도 거부되었고, 노랫소리와 비파 소리도 거부되었다. 그들의 예배 의식 모두가 하나님에 의해서 철저히 외면되었다. 아모스는 정의와 공의가 결여된 예배는 예배의 주인 되시는 하나님과 무관함을 역설하고 있다. 아모스는 이상적인 광야 시절을 회고하고 이스라엘의 유배를 예고한다(암 5:25-27).

아모스 5장 18-27절의 구조

5:18-20	심판의 날인 야웨의 날	
5:21-24	하나님과의 만남의 불가능	
	5:21	절기와 성회의 거부
	5:22	제사의 거부
	5:23	노랫소리와 비파 소리의 거부
	5:24	정의와 공의의 결여
5:25-27	광야 시절의 회고와 유배의 예고	
	5:25-26	이상적인 광야 시절의 회고(고발)
	5:27	유배의 예고(심판 선포)

심판의 날인 야웨의 날(암 5:18-20)

18 화 있을진저 여호와의 날을 사모하는 자여
너희가 어찌하여 여호와의 날을 사모하느냐
그날은 어둠이요 빛이 아니라
19 마치 사람이 사자를 피하다가 곰을 만나거나
혹은 집에 들어가서 손을 벽에 대었다가 뱀에게 물림 같도다

²⁰ 여호와의 날은 빛 없는 어둠이 아니며
빛남 없는 캄캄함이 아니냐(암 5:18-20).

이 단락은 "여호와의 날"에 대하여 언급하며 시작한다. 18절의 "여호와의 날"이라는 표현은 예언서에서만 나온다.[1] 예언서에서 야웨의 날을 처음으로 사용한 예언자가 바로 아모스이다. 야웨의 날은 보통 적군을 패배시키는 야웨의 승리의 날로 간주되었다. 이스라엘 백성은 야웨의 날을 축복과 번영을 가져다주는 때로 이해하고 그날을 기다리고 있었다. 그런데 아모스는 이러한 대중적 기대와 그들의 과도한 자기 확신에 완전히 찬물을 끼얹는 선포를 한다.[2]

당신들이 그렇게 목 놓아 기다리는 야웨의 날은
"구원의 날"이 아니요 "어둠의 날"이요
"빛의 날"이 아니요 "심판의 날"이다.

18절의 첫 단어인 "화 있을진저"의 히브리어는 "호이"(הוֹי)이다. 이 단어는 죽은 자를 애도하는 통곡으로, 우리말 "아이고!"에 해당된다. 죽은 사람을 상여에 메고 고인을 향하여 "호이! 호이!"(아이고, 아이고) 하며 장례를 치를 때 쓰는 탄식어이다.

이 표현은 예수님도 사용하곤 하셨다.

화 있을진저(οὐαί, 우아이) 외식하는 서기관들과 바리새인들이여(마 23:23).

아모스는 본디 죽은 자를 향하여 외치는 "호이"를 버젓이 살아 있는 이스라엘 백성을 향하여 사용하고 있다. "이스라엘 백성아, 너희가 겉으로는 살아 있는 것 같지만 너의 속 깊은 곳에서는 이미 죽음의 씨가 자라고 있다"라고 말하는 것이다. 아모스는 산 자를 죽은 자 취급하고, 그에게 대놓고 장송곡을 불러 댄다. 아모스는 이 장송곡을 살아 있는 사람에게 적용한 최초의 사람이다.[3]

아모스는 19절에서 야웨의 날이 어떤 날인지를 청중들에게 자세히 설명한다. 어떤 사람이 시골 한적한 곳을 가다가 사자를 만났다. 혼비백산하여 젖 먹던 힘까지 다 써서 도망쳤다. 이젠 안전한 상태에 놓였다고 한숨을 돌린 순간에 곰을 만난다. 혹은 살기를 드러내고 쫓아오는 사자나 곰 같은 들짐승을 피해 가까스로 집으로 피하는 데 성공한다. 이젠 안전하려니 생각했는데, 이게 어찌 된 일인가? 집 안에서 뱀에게 물리다니. 그것도 치명적인 독사에.

이 구절은 매우 현실적인 예를 들어 백성들의 기대가 착각이었음을 설명한다. 이 두 가지 설명은 이제는 안전하다 싶었는데 도리어 치명적인 상황이 임했음을 말한다. 또한 어디로 도망하든 어떻게 하든지 간에 재앙은 결코 피할 수 없다는 점을 말한다.[4]

20절은 야웨의 날이 "어둠"의 날이고 "캄캄함"의 날이라고 한다. 어둠과 캄캄함은 절망과 죽음을 의미한다. 아모스는 야웨의 날은 절망과 죽음의 날이라고 단언한다. 야웨의 날은 예수님의 재림의 날에 견줄 수 있다. 교회가 예수님의 재림의 날을 열심히 사모하지만 그날은 사모하는 교회의 멸망과 심판의 날이 될 수도 있다. 오직 주님을 사모한다며 교회에 모여 열심히 예배하고 헌금을 힘껏 드리지만, 이 땅에 일어나는 가난한 자에 대한 착취와 억압을 도외시하고 재판을 통해 도리어 가난한 자를 억울하게 하는 현실을 외면한다면 그러한 교회에 주님의 재림의 날은 빛이란 찾아볼 수 없는 캄캄한 날이 될 것이다.[5] 우리 교회와 우리 교우들이 이러한 부류에 속하지 않기를 간절히 바랄 뿐이다.

▍ 하나님과의 만남의 불가능(암 5:21-24)[6]

절기와 성회의 거부(21절)

> 내가 너희 절기들을 미워하여 멸시하며
> 너희 성회들을 기뻐하지 아니하나니(암 5:21).

아모스 5장 21-24절의 제의 비판 선포는 아마도 벧엘 성소에서 행해진 것으로 보인다. 이후에 언급되는, 벧엘의 제사장 아마샤가 북왕국의 왕 여로보암에게 보내는 아모스 7장 11b절("이스라엘은 반드시 사로잡혀 그 땅에서 떠나겠다 하나이다")의 보고는 아모스의 선포를 가리킨다고 볼 수 있기 때문이다.

아모스는 5장 21절에서 북왕국의 '절기 행사'를 언급하고, 5장 22절에서 구체적인 '제물'을 언급하고, 5장 23절에서 '찬양'을 말한다. 여기서 "절기"(חַג 하그)는 3대 국가적 절기를 가리킨다(출 23:14-17; 신 16:1-17). 즉 유월절(Passover)과 무교절(Unleavened Bread), 칠칠절(Feast of Weeks), 초막절(Feast of Booths)이다. 이 3대 절기는 한 해의 가장 성대하고 가장 기쁜 종교적 축제일이다.[7]

아모스 5장 21a절의 "내가 미워하고(שָׂנֵא 사네), 내가 멸시하다(מָאַס 마아스, '버리다')"라는 구절에서 거절을 표시하는 심한 표현이 반복해서(미워하다, 멸시하다) 나타나는데 이것은 매우 드문 경우이다. 사실 '미워하다'와 '멸시하다'라는 동사가 짝을 이루어 나란히 언급되는 경우는 이 본문이 유일하다.[8] 이는 하나님의 강한 거부감을 드러낸다. 대개 '여호와의 버리심'(מָאַס 마아스)은 야웨를 배반한(버린) 사람들에 대한 대응으로 나타난다.

> 왕이 여호와의 말씀을 **버렸으므로**(מָאַס 마아스)
> 여호와께서도 왕을 **버려**(מָאַס 마아스)
> 왕이 되지 못하게 하셨나이다(삼상 15:23).

그렇다면 하나님의 절기 거부는 이스라엘의 하나님 거부에 대한 정당한 맞대응이었다.

또한 "너희 성회들을 기뻐하지(רִיחַ 라바흐) 아니하나니"(21b절)에서 "기뻐하다"는 본래 '코로 냄새 맡고 열납하다, 흠향하다, 받으시다'라는 뜻이다. 이 단어는 제물과 관련되어 쓰이는 용어이다.

> 여호와께서 그 **향기**[번제물의 향기]를 **받으시고**(רִיחַ 라바흐)(창 8:21; 참조. 레 26:31; 삼상 26:19 등).

하나님은 이스라엘이 모이는 절기와 성회뿐만 아니라, 그들이 드리는 제물도 모두 거부하신다.

제사의 거부(22절)

> 너희가 내게 번제나 소제를 드릴지라도
> 내가 받지 아니할 것이요
> 너희의 살진 희생의 화목제도
> 내가 돌아보지 아니하리라(암 5:22).

여기서는 세 개의 전통적인 핵심 제사인 "번제"(עֹלוֹת 올로트[올라], 레 1장), "소제"(מִנְחָה 민호트[민하], 레 2장), "화목제"(שֶׁלֶם 쉘렘, 레 3장)가 모두 거부된다. "내가 받지 아니할 것이요"에서 "받다"라는 히브리어 동사 "라차"(רָצָה)의 주어가 하나님인 경우 희생제사나 제사 행위의 열납 여부를 표현한다.

> 너희는 화목제물을 여호와께 드릴 때에 기쁘게 **받으시도록**(רָצוֹן 라촌) 드리고(레 19:5).

하나님은 이스라엘이 드리는 모든 제사들을 합당한 것으로 인정하지 않으실 뿐 아니라 거들떠보지도 않으신다("내가 돌아보지 아니하리라"). 이스라엘의 핵심적인 제사들이라 할지라도 이를 명령하신 하나님에 의해서 철저히 거부되고 있다.

노랫소리와 비파 소리의 거부(23절)

> 네 노랫소리를 내 앞에서 그칠지어다
> 네 비파 소리도 내가 듣지 아니하리라(암 5:23).

또한 하나님은 제사를 드릴 때 함께 드려지는 "노랫소리"도 집어치우라고 말씀하신다. 이들의 노래와 악기(비파)에서 나오는 음은 하나님이 들으시기에 한낱 "소리"(הֲמוֹן 하몬)에 불과하다. 이 "소리"(הֲמוֹן 하몬)는 '소음'을 가리키는 단어이다. 제사 때 드리는 노래와 악기 소리가 하나님의 귀에는 전쟁할 때나 수많은 사람들이 한꺼번에 소리를 낼 때 생기는 괴로운 소음에 지나지 않는다.

하나님은 코로 냄새 맡는 것("내가 기뻐하지 아니하나니", 21b절), 눈으로 보는 것("내가 돌아보지 아니하리라", 22b절), 그리고 귀로 듣는 것("내가 듣지 아니하리라", 23b절) 모두를 거부하신다.[9] 하나님은 차라리 '코'를 막고, '눈'도 감고, '귀'도 막고 싶어 하신다. 하나님의 백성이라 하는 작자들이 하는 일체의 형식적인 제사 행위가 꼴도 보기 싫어서, 하나님은 예배 시간에 오히려 코 막고, 눈 감고, 귀 막고 엄청나게 괴로워하고 계신다.

당신을 향한 예배를 괴로워하시는 하나님! 하나님을 기쁘시게 하는 예배의 자리가 오히려 하나님을 고문하는 자리가 되어 버린 것이다. 충격적인 아이러니가 아닌가? 오늘 우리가 드리는 예배는 과연 하나님께 어떻게 받아들여지고 있을까? 지금 나의 예배는 과연 하나님께 어떻게 받아들여질까?

정의와 공의의 결여(24절)

> 오직 정의를 물같이,
> 공의를 마르지 않는 강같이 흐르게 할지어다(암 5:24).

24절은 이스라엘의 제사가 어쩌다가 이 지경에 이르게 되었는지를 분명하게 밝힌다. 하나님께 제사를 드리면 드릴수록 하나님은 더욱더 괴로워하시고 결국 화가 나신다. 왜 그럴까? 정의(מִשְׁפָּט 미쉬파트)와 공의(צְדָקָה 체다카)가 결여된 예배는 하나님과의 만남을 불가능하게 만들기 때문이다.[10]

아모스는 "오직 정의를 물같이, 공의를 마르지 않는 강같이 흐르게 할지어다"라고 외친다. 여기에서 "미쉬파트"(מִשְׁפָּט)와 "체다카"(צְדָקָה)는 동의어로 쓰였으며, 서로의 의미를 엄격하게 구분할 필요는 없다. 여기서 "미쉬파트"(מִשְׁפָּט)와 "체다카"(צְדָקָה)는 '공동체 의식, 공공 의식, 공공성'(Gemeinschaft)이라는 의미가 가장 적절한 것으로 보인다.[11] 한마디로 말하면, '공동체 의식'이 없는 자들의 예배는 하나님과 무관하다는 것이다.

인간관계 속에서 가장 이상적인 관계는 서로가 한 몸이라는 '공동체 의식'이 공동체 전반에 흐를 때이다. 바로 이때 사회는 건강해지고 특히 약한 사람들이 보호된다. 따라서 한 사회의 정의와 공의의 척도는 '약자가 얼마나 보호되고 있는가'가 그 기준이 된다. 우리 몸에서 가장 중요한 곳은 심장이나 뇌가 아니다. '지금 아픈 곳'이다. 가정 안에서도 아픈 사람이 중심이다. 나라도 마찬가지이다. 대통령, 장관, 판검사, 의사, 교수, 목사가 국가의 중심이 아니다. '아픈 사람', '눈물 흘리는 사람'이 중심이다. 약자들의 탄식이 주목받지 못하고 무시되어서 그 탄식이 멈추지 않는 곳에서 드려지는 하나님 예배는 무익한 허례허식이며, 쓸모없는 짓이 된다.

여기서 "흐르다"라는 동사의 본뜻은 '강력하게 흐르다'이다. 그리고 "강"으로 번역된 히브리어 "나할"(נחל)은 쉽게 말라 버리는 겨울의 시내와는 다르게 일 년 내내, 심지어 건기 때도 물이 마르지 않고 흐르는 강을 가리킨다. 여기서는 "마르지 않는 강"(문자적으로는 '강한 물길')이라는 표현으로 밤낮없이 강의 흐름이 일 년 내내 끊임없이 계속되어야 함을 강조하고 있다.[12]

공동체 의식(정의와 공의)은 풍부한 수량으로 넘쳐 쉼 없이 지속적으로 흘러내려야 한다. 공동체 의식은 마치 인간의 피와도 같다. 인체 내부 전체에 혈관이 모두 연결되어 있다. 이를 통하여 온 몸에 피가 흐르고 있다. 그러나 그 피가 부족하거나 멈추거나 막히면 인체에 치명적인 결과를 초래한다. 공동체 의식이 결여되면 그 공동체는 고통을 받게 되고, 서서히 죽음을 향해 치닫게 된다.

종교적이며 하나님의 영역에 속한다고 믿는 '제사'(cult) 혹은 '예배'(worship)가 하나님에 의해서 철저하게 배척당하고, 오히려 비종교적이고 세속적인 개념으로 받아들이기 쉬운 '정의와 공의'(공동체 의식)가 하나님의 일차적 관심사라는 사실에 우리는 주목해야 한다.[13]

제사법이 윤리법보다 더 앞서지 못한다. '윤리적 삶'이 '종교적 의식'보다 우선이라는 것이다.

공의(צְדָקָה 체다카)와 정의(מִשְׁפָּט 미쉬파트)를 행하는 것은
제사드리는 것보다 여호와께서 기쁘게 여기시느니라(잠 21:3).

그러나 이는 예배를 윤리적 삶으로 대신하라는 말씀은 아니다. 예배는 하나님과의 교제를 가능하게 한다. 예배 없이 하나님과의 만남은 불가능하다. 곧 예배 없는 신앙생활은 불가능하다. 아모스가 문제 삼는 것은 '예배' 자체가 아니라 '예배자'이다. 문제는 예배자이다. 좀 더 구체적으로 말하면 예언자 아모스가 말한 근본적인 문제는 '예배자의 삶'이다.

아모스는 하나님께 드려지는 예배가 온전한 예배가 되려면, 윤리적인 삶이 반드시 동반되어야 함을 말한다. 따라서 공동체 의식이 결여되고, 자기만 아는 이기적인 예배자는 아무리 예배를 많이 드린다 할지라도 하나님과 만날 수 없다. 그런 예배자는 하나님이 절대로 만나 주지 않으신다. 공동체 의식이 결여된 예배자는 하나님도 만나기 싫어하시는 죄인이다.

▎광야 시절의 회고와 유배의 예고(암 5:25-27)

이상적인 광야 시절의 회고(고발)(25-26절)

²⁵ 이스라엘 족속아
너희가 사십 년 동안 광야에서 희생과 소제물을 내게 드렸느냐

> 26 너희가 너희 왕 식굿과 기윤과 너희 우상들과
> 너희가 너희를 위하여 만든 신들의 별 형상을 지고 가리라(암 5:25-26).

아모스는 25절에서 희생제물과 소제물을 드리지 않고도 하나님과 관계를 유지할 수 있었던 광야 시절을 회고한다.[14]

"희생과 소제물"은 희생제사 제도 전체를 가리킨다.[15] 이러한 의식들은 광야 시절에는 야웨 하나님과의 관계에서 근본적인 것은 아니었다. 하나님과의 관계는 짐승의 피나 기름으로 드려지는 제의적인 의식을 통해서 맺어지는 것이 아니다. 이어 나오는 26절은 우리말 개역한글과 개역개정 성경과 같이 평서문으로 번역되기도 한다. 그러나 26절은 25절과 연결하여 의문문으로 번역되기도 한다.[16] 여기서는 26절의 주어와 동사가 25절과 동일하게 연결되고 있기에, 26절은 25절의 수사학적 의문문과 같은 의문문으로 보아야 한다.[17] 이를 의문문으로 번역하면 다음과 같다.

> 그리고 너희는 너희 왕 식굿과
> 너희가 너희 자신을 위하여 만든 너희 별신
> 너희 우상 기윤을 지고 돌아다녔느냐?(암 5:26)

"식굿"과 "기윤"은 아시리아의 별신 사쿳(Sakkut)과 카이완(Kajwan)을 달리 표현한 것이다.[18] 이스라엘은 광야 시절 사쿳과 카이완 같은 이방신들을 섬기지 않았다. 이스라엘은 광야에서 하나님께 희생제사를 드리지 않았다. 희생제사 없이도 하나님과 바른 관계를 형성할 수 있었다. 광야 시절에는 희생제사가 요구되지 않았다는 전승이 또 다른 예언서에서도 전해진다.

> ²¹ 만군의 여호와 이스라엘의 하나님께서 이와 같이 말씀하시되 너희 희생제물과 번제물의 고기를 아울러 먹으라 ²² 사실은 **내가 너희 조상들을 애굽 땅에서 인도하여 낸 날에 번제나 희생에 대하여 말하지 아니하며 명령하지 아니하고**(렘 7:21-22).

아모스 5장 25-26절의 광야 시절 회고는 정의와 공의의 삶 없이 제사에만 치중하고 있는 그 당시 이스라엘을 책망하는 일종의 '고발'에 속한다. 즉 광야에서의 삶을 예로 들어, 하나님과의 가장 이상적인 관계는 '제사보다 삶이 우선'이라는 점을 설명하고 있는 것이다. 이를 통하여 '공동체 의식'이 없이 제사에 치중하는 삶은 바른 삶이 아님을 지적하고 있다.

유배의 예고(심판 선포)(27절)

> 내가 너희를 다메섹 밖으로 사로잡혀 가게 하리라
> 그의 이름이 만군의 하나님이라 불리우는
> 여호와께서 말씀하셨느니라(암 5:27).

결국 이스라엘 백성들에게 심판이 선고된다. 그들은 약속의 땅에서 쫓겨나 이방인의 땅으로 유배될 것이다. "내가 너희를 다메섹

밖으로 사로잡혀 가게 하리라"라는 구절은 이스라엘의 포로 이송을 최초로 예언한 본문이 된다. 그들의 유배지는 '부정한 땅'이다.

> 여호와께서 이와 같이 말씀하시기를
> 네 아내는 성읍 가운데서 창녀가 될 것이요
> 네 자녀들은 칼에 엎드러지며
> 네 땅은 측량하여 나누어질 것이며
> **너는 더러운 땅에서 죽을 것이요**
> 이스라엘은 반드시 사로잡혀 그의 땅에서 떠나리라 하셨느니라(암 7:17).

즉 그들이 유배될 땅은 하나님 예배가 불가능한 곳이며, 하나님께 가까이 다가갈 수도 없는 곳이다. 하나님과의 만남이 불가능하기 때문에 이스라엘은 살아 있긴 하지만 죽은 자와 다르지 않게 될 것이다. 예배가 없는 삶은 살아 있으나 이미 죽은 자의 삶과 다르지 않다. 공동체 의식 없이 예배만 드린다면 결국은 심판을 당할 것이라는 무서운 예언으로 아모스의 고발과 심판의 말씀은 끝나고 만다.

정리하며

■ **공동체 의식을 실천하는 예배자**

아모스를 흔히 "정의(正義)의 예언자"라고 일컫는다. 이는 아모스의 핵심 메시지라 할 수 있는 "오직 정의를 물같이, 공의를 마르지 않는 강같이 흐르게 할지어다"(암 5:24)에서 비롯된 것이다. 하나님이 원하시는 것은 희생제물이나 곡식제물, 십일조 따위가 아니라 매일매일의 생활 속에서 정의와 공의를 행하는 것이다.

이집트에서 탈출한 이후 광야에서의 사십 년은 야웨와 이스라엘이 허니문(honeymoon)을 보내는 기간이었다. 그 시기에 하나님과 이스라엘은 가장 친밀한 관계에 있었다. 그 기간에는 희생제물이나 곡식제물이 필요 없었다.

> 이스라엘 가문아
> 사십 년을 광야에서 사는 동안에,
> 너희가 나에게 희생제물과 곡식제물을 바친 일이 있느냐?(암 5:25, 새번역)

아모스는 하나님과의 관계에서 제물이 일차적인 것이 아니라는 사실을 분명히 말하고 있다. 사실 제물 자체가 하나님을 기쁘시게 하는 것은 아니다.

> 내가 수소의 고기를 먹으며
>
> 염소의 피를 마시겠느냐(시 50:13,).

사실 따지고 보면, 우리가 드리는 모든 제물은 본디 '우리의 것'이 아니라 '하나님의 것'이다.

> **¹⁰ 이는 삼림의 짐승들과**
>
> **뭇 산의 가축이 다 내 것이며**
>
> **¹¹ 산의 모든 새들도 내가 아는 것이며**
>
> **들의 짐승도 내 것임이로다**
>
> ¹² 내가 가령 주려도 네게 이르지 아니할 것은
>
> 세계와 거기에 충만한 것이 내 것임이로다(시 50:10-12).

아모스는 예배자들이 망각하고 있는 보다 근본적인 것을 설파하고 있다. 그것은 정의(מִשְׁפָּט 미쉬파트)와 공의(צְדָקָה 체다카)이다. 이 둘은 '공동체 의식', 혹은 '공공 의식'을 뜻한다. 예배를 통하여 하나님의 임재를 경험한 사람은 곧바로 이웃을 형제로 인식하게 된다. 하나님이 우리 아버지라면, 모든 인간은 한 아버지의 자녀이며 한 형제와 자매로서 한 가족이 되는 것이다. 알고 보면 전 지구인은 한 가족이다.

따라서 하나님의 사람들은 다른 사람들과 연대의식 혹은 공동체 의식을 갖게 된다. 하나님 앞에 바로 선 사람은 이웃을 자신의 형제로 여기는 '공동체 의식·공공 의식'을 갖게 된다는 것이다. 따라서 '이웃 사랑 없는 예배'는 '하나님 없는 예배'이다. 야웨 신앙의 핵심은 '예배 의식' 자체보다는 '공동체 의식·공공 의식'을 실천하는 삶에 있다.

야웨 신앙 혹은 기독교 신앙에서 '공동체 의식의 영성'이 결여된다면 온전한 신앙이라 할 수 없다. '공동체 의식의 영성'은 공적 영성, 공적 책임, 공동체성, 공공성이라는 말로 대체될 수 있다. '교회 사랑'에서 공적 정신이 결여된다면, 교회 사랑은 교회 내의 족벌주의나 파벌주의(nepotism) 혹은 교회 이기주의에 함몰된다. 축복에서 공적 정신이 빠진다면, 그 축복은 기복주의에 지나지 않는다. 기복주의의 복은 개인의 출세, 성공, 부귀영화에 초점을 맞춘 자기중심적 복이다. 그러나 성경의 복은 개인적 축복을 넘어 이웃을 섬기고 궁극적으로는 공적 이익(public good)과 공공선(common good)을 추구한다. 신앙에서 공적 정신이 없다면, 그 신앙은 광신주의나 신비주의에 빠지게 된다. 카리스마적 리더십에서 공적 정신이 부족하다면, 그 리더십은 독선과 아집의 권위주의로 고착되거나 독재 정치(autocracy)로 이끈다.

따라서 하나님의 백성이 예배를 통하여 형성된 하나님과의 공동체 의식은 그들의 일상 생활 속에서 다른 사람과의 공동체 의식으로 표출되어야 한다. 남유다 사람 아모스가 자신의 생업을 뒤로 한 채 추방을 각오하면서 이웃 나라 북이스라엘로 가서 전한 것이 바로 이러한 '공동체 의식(מִשְׁפָּט 미쉬파트)의 영성'이었다. 북왕국은 하나님께 부지런히 예배를 드렸지만, 이러한 공동체 의식의 영성이 없어서 결국 망했다. 공동체 의식의 영성은 국가의 존폐를 가르는 중요한 영성이다. 이러한 공동체 의식의 영성은 특히 약자들의 아픔에 얼마나 민감하게 반응하는지에 달려 있다.

- 한 사회의 정의와 공의의 척도는
  그 사회의 약자가 얼마나 배려받고 보호되고 있는가에 달려 있다.
- 한 교회의 정의와 공의의 척도는
  그 교회의 약자가 얼마나 배려받고 보호되고 있는가에 달려 있다.
- 한 개인의 정의와 공의의 척도는
  그 사람이 약자들을 얼마나 배려하고 보호하고 있는가에 달려 있다.

2011년 프랑스의 레지스탕스 출신의 93세 노인인 스테판 에셀(Stephane Hessel)의 외침이 전 세계를 감전시킨 적이 있다. 그 책의 제목은 표지를 포함하여 고작 34쪽에 불과한 《분노하라》(돌베게, 2011)이다.[19] 프랑스에서 출간(2010년 10월 출간)한 지 7개월 만에 200만 부가 판매되었고 전 세계 20여 개 국어로 번역되어 분노의 신드롬을 전파한 적이 있다. 그 책이 우리말로도 번역이 되었다. 그곳에 보면 이런 글이 있다.

> 어느 누구라도 인간의 권리를 제대로 누리지 못하고 있는 사람을 만나거든 부디 그의 편을 들어주고 그가 그 권리를 찾을 수 있도록 도움을 주라(16쪽).

> 최악의 태도는 무관심이다. "내가 뭘 어떻게 할 수 있겠어? 내 앞가림이나 잘할 수밖에…" 이런 식으로 말하는 태도다(22쪽).

한국교회의 예배자의 삶 속에서도 아모스가 애써 선포한 이러한 공동체 의식의 영성이 보다 더 풍성해졌으면 한다. 일상이 '참경건'과 '경건한 체하는 것'을 가른다.[20] '참경건'과 '거짓경건'을 가르는 것은 일상이다. 참경건과 거짓 경건을 결정짓는 것은 '예배의 자리'가 아니라 '일상의 자리'이다. 따라서 일상이 예배이어야 한다. 하나님은 예배보다 예배자를 더 주목하신다. 문제는 예배보다 예배자이다.

> 예배와 삶이 하나가 되기를⋯.
> 우리의 삶이 정의와 공의로 가득 채워지기를⋯.
> 우리의 삶과 교회가 공동체 의식으로 충만해지기를⋯.
> 성경에만 밑줄 치지 말고 삶에도 밑줄 치는 사람이 되기를⋯.

우리 하나님은 오늘도 공동체 의식의 영성을 가진 예배자를 찾으신다. 우리 모두 공동체 의식의 영성을 키워 가는 예배자가 되기를 바란다.

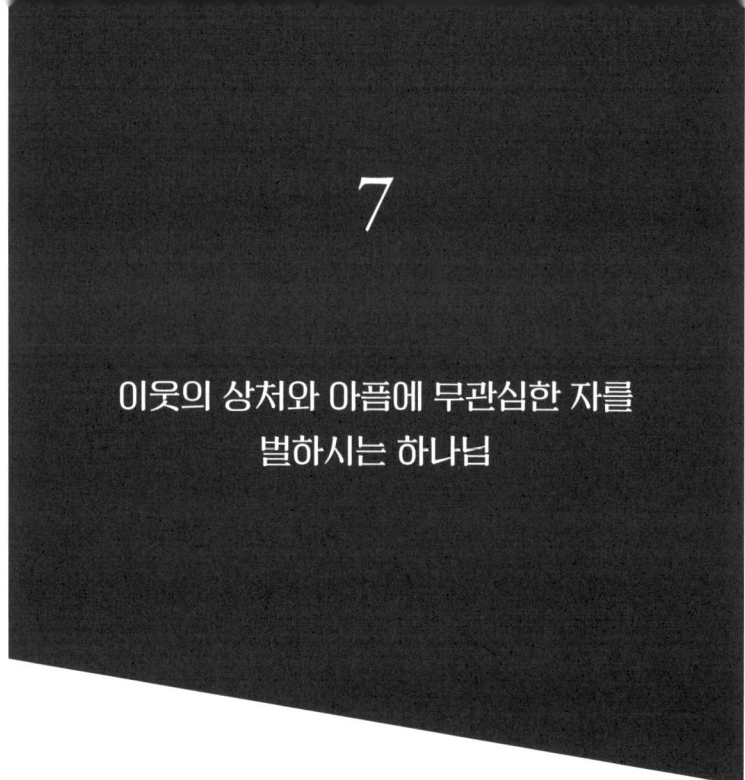

7

이웃의 상처와 아픔에 무관심한 자를 벌하시는 하나님

- 암 6:1-14

아모스는 시온과 사마리아 지도자들의 죄를 지적하고 이들에게 심판을 선포한다(암 6:1-7). 이어서 도시의 몰락을 상세하게 예고한다(암 6:8-11). 마지막으로 지도자들의 자만을 폭로하고 이들에게 심판을 선고한다(암 6:12-14).

아모스 6장 1-14절의 구조

6:1-7	시온과 사마리아 지도자들의 죄와 심판
6:8-11	도시의 몰락
6:12-14	지도자들의 자만과 심판

시온과 사마리아 지도자들의 죄와 심판(암 6:1-7)

¹ 화 있을진저 시온에서 교만한 자와
사마리아산에서 마음이 든든한 자
곧 백성들의 머리인 지도자들이여
이스라엘 집이 그들을 따르는도다
² 너희는 갈레로 건너가 보고
거기에서 큰 하맛으로 가고
또 블레셋 사람의 가드로 내려가라
너희가 이 나라들보다 나으냐
그 영토가 너희 영토보다 넓으냐
³ 너희는 흉한 날이 멀다 하여
포악한 자리로 가까워지게 하고
⁴ 상아 상에 누우며
침상에서 기지개 켜며
양 떼에서 어린양과
우리에서 송아지를 잡아서 먹고
⁵ 비파 소리에 맞추어 노래를 지절거리며

> 다윗처럼 자기를 위하여 악기를 제조하며
> ⁶ 대접으로 포도주를 마시며
> 귀한 기름을 몸에 바르면서
> 요셉의 환난에 대하여는 근심하지 아니하는 자로다
> ⁷ 그러므로 그들이 이제는 사로잡히는 자 중에 앞서 사로잡히니
> 기지개 켜는 자의 떠드는 소리가 그치리라(암 6:1-7).

1절은 "호이"(הוֹי)라는 화 외침으로 시작하고 있다. 앞에서 언급했다시피 우리말로 "화 있을진저"로 번역된 "호이"(הוֹי)라는 의성어는 "아이고!"에 해당되는 말로 죽은 사람의 상여를 메고 가면서 죽은 자를 향하여 곡하는 소리이다. 아모스는 백성들의 머리인 지도자를 향하여 "아이고!"라며 곡소리를 하고 있다. 아모스가 곡하는 대상은 이스라엘 최고위급 인사들이다.[1] 그들은 이스라엘 집의 인도자였다. 그들은 시온과 사마리아의 지도자들이다.

그들의 죄악은 '교만'과 '자만'이었다. "시온에서 교만한 자와 사마리아산에서 마음이 든든한 자"가 이를 나타낸다. 이들은 세상이야 어떻게 돌아가든 상관없이 자기 혼자만의 만족을 누리며 살던, 철저히 자기중심적인 이기주의자들이었다. 적어도 온 세상이 자신을 중심으로 해서 돌아가고 있다고 생각하던 자들이었다.[2] 자기 밖에 모르는 나뿐인 사람이다. '나뿐인 사람'은 '나쁜 사람'이다.

2절에 언급된 "갈레"와 "하맛"과 "블레셋 사람의 가드"는 한때 대단했던 성읍들이었지만 지금은 무너져 버린 도시들이다. 당시 이스라엘은 교만했고 자만했다. 이스라엘도 한때 부강했으나 지금

은 망해 버린 갈레, 하맛, 가드 같은 열방과 다를 바 없다. 이스라엘도 이들과 같이 패망할 것이다. 시온과 사마리아의 지도층들은 근거 없는 자만과 확신에 사로잡혀 있었다.[3]

3절은 지도자들의 행태를 지적한다. 그들은 야웨의 날을 구원과 영광의 날로 여기며 사모했기에 그날이 재앙의 날이 되리라는 생각을 전혀 하지 않는다. 그들은 선택받은 이스라엘이기 때문에 자신들에게는 재앙의 날이 없으리라고 확신하고 있다. 현재의 풍요로움과 번영이 그들로 하여금 그런 생각을 갖도록 더욱 부추겼을 것이다.[4]

재앙의 날이 멀다 싶으니 더더욱 폭력과 겁탈, 학대하는 자리가 가까워진다. 재앙의 날을 멀리 치워 버리면 필연적으로 세상에는 폭력이 가득하게 된다.[5] 재앙을 인식하지 못하면 삶이 절제되지 못하고 방종으로 흐르기 쉬운 법이다. 심판을 생각하지 못하면 삶이 통제에서 벗어나 제멋대로 살아가기 쉽다. 그래서 건강한 성도는 늘 최후의 심판을 의식하며 산다.

4절은 당시 지도자들의 삶의 단면을 소개한다. 그들은 "상아 상"에 누웠다. 상아 상은 상아를 입히거나, 상아를 박아 장식한 침상을 말한다. 상아는 이스라엘에서 구할 수 없는 귀한 것이다. 이스라엘의 상류층들은 값비싼 상아를 장식용으로 쓰기 위하여 다른 나라에서 수입했다.

아마도 당시 많은 이스라엘 백성들은 일 년에 세 번 정도, 즉 절기들(무교절, 칠칠절, 초막절, 신 16:16-17)에만 간혹 고기를 먹을 수 있었을 것이다. 물론 가난한 사람들이라면 단 한 번도, 제대로 고기를 먹지 못했을 것이다. 이와는 대조적으로 지도층에 있는 자들은 고기를 언제든지 골라서 먹을 수 있었고, 그들이 원하는 것은 무엇이나 먹을 수 있었다. 부유층들이 이기적으로 소유하고 있었던 부는 과도할 정도로 많았다.[6]

5절도 지도자들의 사치스러운 삶을 계속해서 보여 준다. 먹고, 마시고, 노래하고, 편안히 자고, 쉬는 삶은 성공한 사람들만이 누리는 특권이다. 이들은 이스라엘 최고의 영웅이며, 최고의 신앙인 중 한 사람인 다윗과 거의 같은 수준의 삶을 살고 있거나, 혹은 그렇게 살고 싶어 한다. 사실 이들은 다윗처럼 왕족과 같은 삶을 살고 있었다.[7]

그들은 '다윗의 힘', '다윗의 부', '다윗의 예술' 등을 소유하고 있다. 그래서 그들은 거의 다윗이다. 악기도 타고, 노래도 하고, 심지어는 궁리하여 악기도 만든다. 겉모양만 보면 영락없는 다윗이다. 그러나 그들에게는 '다윗의 정신'이 없다. '다윗의 신앙'도 없다. '다윗의 순종'도 없다. '다윗의 백성 사랑'도 없다.[8] 다윗이 행한 정의와 공의는 사라지고 그의 풍류만 남았다.

> 다윗이 온 이스라엘을 다스려 **다윗이 모든 백성에게 정의와 공의를 행할새**(삼하 8:15).

하나님을 향한 다윗의 경외는 온데간데없고, 그의 음악만 남은 것이다. 어느새 음악이 상류층의 사치거리가 되어 버렸다.[9]

6절도 지도자들의 삶을 폭로한다. "대접"으로 포도주를 마시는 것은 과음 만취를 가리킨다. 대접이라는 큰 크기는 지나친 과음을 강조한다.[10] 아모스는 상류층에 속하는 지도자들의 대취를 비판한다. 그들은 대취하여 정신을 잃고, 자리에 눕는 것에 익숙한 사람들이다. 상아 침대에 누워 뒹굴고, 술을 퍼먹고 취하여 대자로 눕고, 나중에는 심판받아 죽어 땅에 눕는 자들이다.[11]

본문의 기름은 "귀한 기름"(רֵאשִׁית שְׁמָנִים 레쉬트 쉐마님)이다. "귀한"이라는 단어는 '최고', '일등'이라는 뜻이다. 일등 인생들은 기름도 일등품만 바르는 모양이다. 기름을 몸에 바르는 것은 당시 개인위생을 위해 일반적으로 행해졌던 관행이었다. 기름은 몸에 기생하는 '이'를 제거하기도 한다. 그렇다손 치더라도 이런 사소한 목적을 위해 최고 품질의 정제된 기름을 사용한 것은 지나친 사치였다.[12]

이 구절에서는 세상의 기준으로 보아 성공한 상류층들의 치명적인 약점이 언급된다. 즉 "요셉의 환난에 대하여는 근심하지" 않는 것, 즉 무심과 무관심이다. "요셉의 환난"은 직역하면 '요셉의 부서진 것·깨져 버린 것·상처'이다. "요셉의 환난"은 '요셉의 상처', '요셉의 아픔'으로 옮길 수도 있다.[13] 시온과 사마리아의 지도자들이 백성들의 삶과 아픔 그리고 상처에 대해서는 무관심했다는 것이다.

아모스에 나타난 당시 '요셉의 상처'로 보이는 것들이 상상된다. 첫째, 올바르게 살아가려고 노력하는데도 불구하고 몇 푼의 돈 때문에 팔려 가고 가혹한 이들에게 넘겨지는 현실(암 2:6, 8:6), 둘째, 힘없고 가난한 자의 머리를 땅바닥에 짓눌러 버리는 현실(암 2:7), 셋째, 젊은 여인이 아버지와 아들에게 동시에 성적으로 유린당하는 현실(암 2:7), 넷째, 밀의 부당한 세를 내며, 뇌물로 인해 학대당하는 가난한 자의 억울한 현실(암 5:11-12). 이러한 것들이 '요셉의 아픔'의 실상일 것이다.[14] 당시 시온과 사마리아의 지도자들은 국가의 운명과 안녕과 복지에는 전혀 관심이 없었다.

당시의 지도자들은 방만한 향락주의에 몰두하고 있었다. 이들은 자신의 은행 구좌로 입금되는 뇌물과 떡값에만 관심이 있었다. 몇 평짜리 호화 빌라에 살 것인가, 어느 차종을 타고 다녀야 할 것인가에 관해서는 무척이나 신경을 곤두세웠지만, 자신이 속한 조국의 운명에는 손톱만큼도 관심이 없었다.[15] 국가의 운명에도 관심이 없는데, 고통당하는 이웃에 대해서는 더 말해서 무엇하겠는가? 적어도 지도자들은 자신보다 서민의 삶을 먼저 살펴야 한다. 자신보다 이웃을 먼저 고려해야 한다. 그게 지도자의 기본 덕목이다. 지도자에게는 살신성인의 정신과 삶이 필요하다. 가정이든, 직장이든, 교회이든 지도자들은 자신보다 가족, 직장 동료나 후배, 교회의 초신자 혹은 아프고 어려움에 처한 성도를 먼저 챙긴다.

7절은 본분을 벗어난 지도자들에게 임할 심판을 보여 준다. 사치스러운 생활을 하던 이런 자들은 지금까지 사회의 '정상'(first)에 있었듯이, 장차 임할 재앙 시기에도 '앞장'(first)을 서야 한다. 그들은 포로들의 행렬에서 '선두'(first)에 서야 한다.

여기서 "떠드는 소리"는 "마르제아흐"(מַרְזֵחַ)를 가리킨다. 마르제아흐(מַרְזֵחַ)는 구약성경에서 아모스 6장 7절과 예레미야 16장 5절에 딱 두 번만 등장하는 단어이다.

여호와께서 이와 같이 말씀하시되
초상집(בֵּית מַרְזֵחַ 베이트 마르제아흐)에 들어가지 말라
가서 통곡하지 말며
그들을 위하여 애곡하지 말라
내가 이 백성에게서 나의 평강을 빼앗으며
인자와 사랑을 제함이라 여호와의 말씀이니라(렘 16:5).

예레미야 16장 5절에서 "베이트 마르제아흐", 즉 '마르제아흐의 집'은 슬픔의 식사가 행해지는 곳이다. 사실 마르제아흐는 간단히 말하면 종교 모임이다. 이것은 제의 식사, 특히 포도주를 많이 마시는 모임이다. 마르제아흐는 도시의 상류층으로 구성되었고, 부유한 자들만의 호화스러운 식사 축제라고 할 수 있다.[16]

마르제아흐에는 잔치와 만취가 포함되어 있다. 마르제아흐는 특히 만취가 포함되어 있기에 "졸도하는 자들의 친목 단체"로 불리기도 한다.[17] 당시 지도층 인사들은 마르제아흐에서 연회를 열고 만취했다. 그들은 이곳에서 즐기고, 함께 울고, 웃으며 서로 간의 우의와 연대를 강화하여 기득권을 고수하고, 또한 기득권을 확장해 갔다. 그러나 그들은 몰락해 가고 있는 백성들을 보면서 눈 하나 깜박하지 않는다.[18] 연약하고 헐벗은 사람들을 철저히 외면한다. 하나님이 이들을 어찌하시겠는가.

저주의 말씀을 마무리하는 7절의 심판 선포는 간결하면서도 직선적이다. 백성 가운데 '첫째'(first)가는 나라의 귀족들(1절에서 "머리"로 번역)과 값비싼 향품 중의 '최상품'(first)을 사용하는 부자들(6절에

서 "귀한"으로 번역)은 '가장 먼저'(first) 포로로 잡혀 갈 것이다(7절). 팔다리를 쭉 편 채로 침대 위에 늘어져 있으면서 약한 이웃들을 외면한 이들은 포로가 되어 그들의 땅에서 쫓겨날 것이다.[19]

이 단락은 일곱 개의 동사(4절의 "눕다"와 "기지개 켜다"와 "잡아서 먹다", 5절의 "지절거리다"와 "제조하다", 6절의 "마시다"와 "기름 바르다")를 연달아 사용한 후에 정점에 도달한다.

> 요셉의 환난에 대하여는 근심하지 아니하는 자로다(암 6:6).

시온과 사마리아의 지도자들에게 있는 문제는 그들이 다른 사람들을 돌보지 않는다는 데에 있다. 문자적으로 번역하면, 그들은 자기 동족에게 일어나는 일들에 대하여 전혀 "번민하지 않는다."[20]

▰ 도시의 몰락(암 6:8-11)

> 8 만군의 하나님 여호와의 말씀이니라
> 주 여호와가 당신을 두고 맹세하셨노라
> 내가 야곱의 영광을 싫어하며
> 그 궁궐들을 미워하므로
> 이 성읍과 거기에 가득한 것을 원수에게 넘기리라 하셨느니라
> 9 한 집에 열 사람이 남는다 하여도 다 죽을 것이라 10 죽은 사람의 친척 곧 그 시체를 불사를 자가 그 뼈를 집 밖으로 가져갈 때에 그 집 깊숙한 곳에 있는 자에게 묻기를 아직 더 있느냐 하면 대답하기를 없다

하리니 그가 또 말하기를 잠잠하라 우리가 여호와의 이름을 부르지
못할 것이라 하리라
[11] 보라 여호와께서 명령하시므로
타격을 받아 큰 집은 갈라지고
작은 집은 터지리라(암 6:8-11).

이 단락에서도 이스라엘 지도자들에 대한 비판은 계속된다. 8절은 하나님의 심판 의지를 보여 준다. "야곱의 영광"이라는 표현은 아모스 시대 북왕국 이스라엘 사람들이 입버릇처럼 쓰던 모토였던 것 같다. 여기서 "영광"(גְּאוֹן 가온)은 부정적인 의미로는 '자랑·교만'을 뜻하고(암 6:8; 렘 13:9), 긍정적인 의미로는 '영광'을 의미한다(암 8:7; 나 2:2).[21] 영광이 잘못되거나 지나치면 자랑과 교만이 될 수 있다.

실제 그 시대는 여로보암 2세의 치세로 경제적, 정치적 번영을 누리던 때였다. 국가 전체적으로 보아 실제로 번영을 구가한 시대였다. 활발한 국제 무역, 성공적인 영토 확장, 증가하는 국가 세입, 넘치는 성소의 제물, 번영하는 사마리아, 견고한 도성들, 참으로 자랑할 만한 것이 넘치는 사회였다. 이 모두가 "야곱의 영광"에 걸맞은 것이었다.[22] 하나님은 이러한 "야곱의 영광·교만"에 대하여 마침내 증오와 미움을 발하신다.[23]

"주 여호와가 당신을 두고 맹세하셨노라"(8절)라는 구절에서는 하나님의 맹세가 언급된다. 이는 하나님이 말씀하신 바를 반드시 행하신다는 의지가 담긴 표현이다. 사마리아가 사치와 풍요를 가득 누리면서 동포의 쓰라리고 부서진 삶을 안타까워하지 않는 것

은 하나님이 보시기에 이토록 두렵고도 무서운 죄악이다.[24]

 9절에 따르면, 한 집에 열 사람만 남게 될 것이다. 그런데 그마저 모두 죽게 된다. 그런데 왜 "열 사람"인가? "열 사람"은 최소의 수를 나타내는 표현이다.[25] 소돔과 고모라도 한 도시의 최소 단위인 열 명의 의인이 없어서 심판을 받아 도시 자체가 흔적 없이 사라졌다(창 18:32).

 10절은 심판 이후 시체를 수습하는 장면을 다룬다. 한 집안사람들이 모두 죽게 되어 직계가족은 하나도 없기에 친척들이라도 와야만 시체를 수습할 수 있게 된다. 이때 숨소리를 죽이고 살아 있다는 표시를 내서는 안 된다. 야웨 하나님이 이 사실을 아시면 또다시 살아 있는 자를 심판하실지도 모른다. 야웨 하나님은 이 순간만큼은 '위로의 하나님'이 아니시다. 죄인을 철저히 색출하고 제거하는 무서운 '심판의 하나님'이시다.

 11절은 야웨께서 심판의 하나님이심을 다시금 확인시켜 주고 있다. "큰 집"과 "작은 집"은 총칭용법(merism)으로 '모든 집'을 나타낸다.[26] 하나님의 심판은 국지적인 차원이 아니라 대대적인 차원에서 실행된다.

▌ 지도자들의 자만과 심판(암 6:12-14)

> [12] 말들이 어찌 바위 위에서 달리겠으며
> 소가 어찌 거기서 밭 갈겠느냐 그런데 너희는 정의를 쓸개로 바꾸며

공의의 열매를 쓴 쑥으로 바꾸며

¹³ 허무한 것을 기뻐하며 이르기를 우리는 우리의 힘으로 뿔들을 취하지 아니했느냐 하는도다 ¹⁴ 만군의 하나님 여호와의 말씀이니라 이스라엘 족속아 내가 한 나라를 일으켜 너희를 치리니 그들이 하맛 어귀에서부터 아라바 시내까지 너희를 학대하리라 하셨느니라(암 6:12-14).

12절에서 아모스는 수사학적인 질문을 던진다. 말들이 바위 위에서 달릴 수는 없다. 소가 바위 위에서 밭을 갈 수는 없다. 아모스는 생각할 수 없는 예를 들고 있다. 있을 수 없는 일들을 나열하고 있다. 그런데 이스라엘 사회에서는 있을 수 없는 일을 행하는 사람들이 있다. 바로 사마리아의 지도자들이다. 그들은 정의(מִשְׁפָּט 미쉬파트)를 "쓸개"로 바꾸었으며, 공의(צְדָקָה 체다카)의 열매를 "쓴 쑥"으로 바꾸어 버렸다. "쓸개"(רֹאשׁ 로쉬)는 "독"이나 "독초"로 번역해야 한다(신 29:18; 렘 9:15, 23:15; 애 3:19). 이러한 일은 있을 수 없는 불가능한 일이다. 그러나 이러한 일들이 이스라엘 안에서 일어났다. 사람이 살아가는 데 반드시 있어야 하는 정의와 공의를 완전히 뒤집어 버려 먹을 수 없는 "독초"로 만들고, 쓰기가 이를 데 없는 "쓴 쑥"으로 만들어 버린 현실이 이러한 표현을 통해 고발된다.²⁷

13절은 사마리아의 지도자들의 교만함을 드러낸다. "허무한 것"은 히브리어로 "로 다바르"(לֹא דָבָר)이고, "뿔"은 "카르나임"(קַרְנַיִם)이다. 우리말 성경의 "허무한 것"과 "뿔"은 히브리어 "로 다바르"(לֹא דָבָר Lo-debar)와 "카르나임"(קַרְנַיִם Karnaim)을 그 의미를 살려 번역한 것이다. 그러나 이 히브리어는 지명(地名)이다(로드발: 삼하 9:4, 17:27; 가르

나임: 창 14:5). 즉, 장소의 이름이다. 이 두 장소는 오늘날의 요르단 국가의 지역으로 남과 북을 이어 주는 중요한 교역로이다. 아마도 여로보암 2세가 하맛 어귀까지 그 영역을 확장할 때 북왕국이 점령한 아람의 도시들 중 일부였을 것이다.[28] 지도자들은 이러한 지역의 정복자로서 자신의 업적을 과시하고 있다. 그러나 아모스는 여기서 그들의 자만심을 폭로하고 있다.

그들의 자화자찬의 언어에는 반복적으로, "우리는", "우리"가 등장한다. 그들이 사용하는 문장 속의 주어는 항상 "우리"였다. 그들의 생각과 삶 속에는 도무지 하나님의 자리는 없었다. 하나님의 주권이 존중되고 그분의 통치권이 행사되지 않는 사회 안에는 오직 오만스러운 인간 군상들만이 있을 뿐이다.[29]

14절은 하나님의 심판을 보여 준다. 역사적으로 볼 때, 여로보암 2세 때 이스라엘의 영토는 남과 북으로 확장되었다. "하맛 어귀"는 이스라엘의 북쪽 경계이고, "아라바 시내"는 남쪽 경계이다. 여기서는 북이스라엘이 이렇게 큰 지역을 차지하게 된 것은 자신들의 업적이라고 과시하고 있다. 그런데 동일한 사건을 언급하고 있는 열왕기의 기록은 다른 해석을 보여 준다.

> [25] **이스라엘의 하나님 여호와께서** 그의 종 가드헤벨 아밋대의 아들 선지자 요나를 통하여 하신 말씀과 같이 여로보암이 이스라엘 영토를 회복하되 **하맛 어귀에서부터 아라바 바다까지** 했으니 [26] 이는 **여호와께서** 이스라엘의 고난이 심하여 매인 자도 없고 놓인 자도 없고 이스라엘을 도울 자도 없음을 보셨고 [27] **여호와께서 또 이스라엘의 이름을**

천하에서 없이 하겠다고도 아니하셨으므로 요아스의 아들 여로보암의 손으로 구원하심이었더라(왕하 14:25-27).

열왕기의 저자는 하맛 어귀에서부터 아라바 바다까지 확보한 것을 전적으로 하나님의 은혜로 돌리고 있다. 그러나 아모스 시대의 지도자들은 "우리의 힘으로 취하지 아니했느냐" 하며 자신의 공적으로 여기고 자랑하고 있다.

이들에게 하나님의 심판이 예고된다. 한 나라를 일으켜서 이스라엘을 심판하실 것이다. 그리고 그 시대 지도자들이 자신들의 힘으로 차지했다고 자랑하며 떠벌리던 하맛 어귀에서부터 아라바 시내까지 모두 그들이 학대받는 현장이 될 것임을 선포한다.

지도자들은 정의를 왜곡하고 공의를 버리며 힘없는 백성들을 무시했었는데, 이제 그들 스스로가 학대받는 자로 전락하게 된다. 남을 무시하고 학대하면 언젠가 자신도 남에게 무시당하고 학대받는 자로 전락할 수 있다.

■ 고통 앞에서의 무심과 무지

아모스가 활동하던 여로보암 2세 때 북이스라엘은 강성부국과 경제대국을 이룩한 바 있다. 그러나 아모스는 강성부국과 경제대국이 대수가 아니라고 말한다. 여로보암 2세 때 외적으로는 국가의 영토를 최대한 확장했다(암 6:13). 내적으로는 제사와 헌물이 넘쳐 났다(암 4:4-5). 부와 재물도 풍성했다(암 6:3-6). 여로보암 시대는 그야말로 하나님이 복을 내리셔서 그들의 힘이 가장 강성했던 시대였다고 볼 수 있다. 그러나 아모스는 북왕국에 팽배했던 '정의와 공의'가 뒤집어짐을 근거로 그 시대를 교만하고 멸망을 앞둔 시대로 규정한다.

아모스가 볼 때, 정의와 공의가 뒤집어진 시대는 국력이나 영토 확장, 나라의 부귀에도 불구하고 하나님의 심판이 임하는 시대이다. 하나님을 믿는 이스라엘은 국가적 번영과 성대함을 위해 존재하는 나라가 아니다. 정의와 공의의 통치를 위해 부름 받고 존재하는 나라이다. 하나님을 주로 고백하는 이스라엘은 '국가의 융성함이나 부강함'을 통해 하나님의 함께하심과 기뻐하심이 확인되는 나라가 아니다. 그 나라 안에서 이루어지는 '정의와 공의'를 통해 하나님의 은혜와 축복이 확인되는 나라이다.[30] 국가의 융성함과 부강함보다 중요한 것은 국가의 정의와 공의가 차고 넘치는 것이다.

아모스 6장은 사회와 약자에 대한 무관심과 연결된 개개인의 부요함을 비난한다. 사회는 안중에도 없고, 나만 잘살면 된다는 가치관과 삶에 대하여 날카롭게 비판한다. 예언자는 사치스럽고 여유로운 삶을 즐기면서도, 지붕이 무너질 정도로 위태로운 사회적이고 정치적인 문제점들에 무관심한 자들을 비난한다.

당시 이스라엘 지도자들은 정의와 공의를 버리고 자신들의 영광만을 위해서 살았다. 그래서 어떤 면으로는 그들은 크게 성공했다. 높은 지위를 차지하고, 엄청난 부도 얻고, 최고로 질 좋은 삶을 살고, 많은 땅을 소유하고 명예도 얻었다. 자긍심도 얻었다. 한마디로 '야곱의 영광'의 시대를 살고 있었다.

그런데 그들에게 결정적인 구멍이 있었다. '요셉의 환난·상처'에 대한 무관심과 무시였다. 연약한 백성의 고통과 아픔, 그리고 그들의 신음 소리에 둔감한 것이다. '야곱의 영광'이 '요셉의 환난·상처'를 무시하면 '야곱의 교만'으로 전락하게 된다. 즉 영광이 상처를 무시하면 교만이 된다. '나의 영광'이 '남의 상처'를 무시하면 '내 교만'이 된다. 야곱의 교만은 반드시 패망하게 되어 있다.

예수님은 누가복음 16장에서 당시 귀족들에 속한 어떤 한 부자에 관하여 말씀하신 적이 있다. 그 부자는 오로지 값비싼 옷만을 입었으며, 오로지 최고의 음식만을 먹었다. 그의 집 대문 밖에는 나사로라는 사람이 있었는데, 그는 가난한 자로 날마다 굶주렸다. 그 부자는 나사로를 직접 핍박하지는 않았다. 그렇다고 그를 쫓아내지도 않았다. 단지 그에게 무관심했고 무심했을 뿐이다(눅 16:19-30). 누가복음 16장은 부자가 자신의 그 풍성함 가운데서도 자신의 집 대문 밖에 있는 나사로의 삶에 무관심했던 것에 대한 고발이다. 자신의 부유함 가운데 이웃의 고난을 돌아보지 않는 이에게는 무서운 재앙만 기다릴 뿐이다![31]

이번 장 본문의 본질은 '검소한 삶'이 아니라 '이웃의 환난을 돌아보는 삶'이다. 검소하고 소박하게 살며, 모든 것을 아껴 쓴다 해도, 이웃의 환난을 돌아보지 않는다면 그 또한 아무 소용없다. 사치 자체가 문제가 아니다. 이웃이 겪고 있는 참담한 현실, 일상의 삶이 완전히 붕괴되고 부서져 버렸는데도, 이를 두고 조금도 염려하거나 근심하지 않으며, 함께 슬퍼하지도 않으면서, 그저 안일하고 자만하며 자신만 누리는 사치가 문제인 것이다. 이웃의 무너진 삶에는 개의치 않은 채 드려지는 풍성하고 넘쳐 나는 제의가 문제인 것이다. 이웃의 참상에도 아무런 염려 없이, 안일하고 태평하게 자신에 대한 믿음과 자신감이 넘치는 사마리아 지도자들이 가장 먼저 사로잡혀 갈 것이다.[32]

아모스 시대의 사마리아 지도자들은 '세상을 얻은' 자들이었지만, 이보다 중요한, 아니 가장 중요한 '자신의 생명을 잃어버린' 자들'이었다.

> 사람이 만일 **온 천하를 얻고도 자기를 잃든지 빼앗기든지** 하면 무엇이 유익하리요(눅 9:25).

아모스는 상대적으로 높은 수준의 삶을 즐기는 자들에게 메시지를 주고 있다. 아모스의 이 메시지는 교회로 하여금 문 앞에 누워 있는 가난한 나사로를 인식할 것을 요청한다. 그러한 요청은 가난한 자들에게 입으로만 경건한 말을 하라고 가르치지 않는다.

> [15] 만일 형제나 자매가 헐벗고 일용할 양식이 없는데 [16] 너희 중에 누구든지 그에게 이르되 평안히 가라, 덥게 하라, 배부르게 하라 하며 그 몸에 쓸 것을 주지 아니하면 무슨 유익이 있으리요 [17] **이와 같이 행함이 없는 믿음은 그 자체가 죽은 것이라**(약 2:15-17).

그들을 직접 치료하고, 먹이고, 입히라고 가르친다.[33]

고등학생들을 대상으로 한 설문조사에서 "내가 위기에 빠졌을 때 국가가 구해 줄 것이라고 믿느냐"는 질문에 "그렇다"고 대답한 이가 고작 7.7%에 불과했다는 보도는 우리 사회가 총체적인 '신뢰의 위기'를 겪고 있음을 단적으로 보여 준다. 정치가들이나 신앙인은 이것을 심각한 상황으로 받아들여야 한다. 근본을 다시 세워야 한다. 많은 사람들이 프란치스코 교황이 2014년 8월에 내한했을 때 세월호 유가족 김영오 씨에게 다가가 손을 잡아 주는 광경을 보며 깊은 감동을 느꼈다. 손을 그러쥔 채 안쓰러운 표정으로 그의 말을 경청하는 현장에서 진정한 교회가 탄생하고 있었다. "인간적 고통 앞에서 중립을 지킬 수는 없다"는 교황의 말은 성경의 핵심 메시지이다. 고통받는 이들을 외면하는 순간 정치도 종교도 여름 화로, 가을 부채 신세가 되게 마련이다.[34]

우연히 접한 한 시인의 노래가 우리의 무심과 무지를 아프게 꾸짖는다.

감사한 죄(박노해)

새벽녘 팔순 어머니가 흐느끼신다
젊어서 홀몸이 되어 온갖 노동을 하며
다섯 자녀를 키워 낸 장하신 어머니
눈도 귀도 어두워져 홀로 사는 어머니
새벽기도 중 나직이 흐느끼신다

나는 한평생 기도로 살아왔느니라
낯선 서울 땅에 올라와 노점상으로 쫓기고
여자 몸으로 공사판을 뛰어다니면서도
남보다 도와주는 사람이 많았음에
늘 감사하며 기도했느니라
아비도 없이 가난 속에 연좌제에 묶인 내 새끼들
환경에 좌절하지 않고 경우 바르게 자라나서
큰아들과 막내는 성직자로 하느님께 바치고
너희 내외는 민주 운동가로 나라에 바치고
나는 감사기도를 바치며 살아왔느니라

내 나이 팔십이 넘으니 오늘에야
내 눈은 죄가 보이기 시작하는구나
거리에서 리어카 노점상을 하다 잡혀온
내 처지를 아는 단속반들이 나를 많이 봐주고
공사판 십장들이 몸 약한 나를 많이 배려해 주고
파출부 일자리도 나는 끊이지 않았느니라
나는 어리석게도 그것에 감사만 하면서
긴 세월을 다 보내고 말았구나

다른 사람들이 단속반에 끌려가 벌금을 물고
일거리를 못 얻어 힘없이 돌아설 때도,
민주화 운동 하던 다른 어머니 아들딸들은
정권 교체가 돼서도 살아 돌아오지 못했어도
사형을 받고도 몸 성히 살아서 돌아온

불쌍하고 장한 내 새끼 내 새끼 하면서
　　나는 바보처럼 감사 기도만 바치고 살아왔구나
　　나는 감사한 죄를 짓고 살아왔구나

　　새벽녘 팔순 어머니가 흐느끼신다
　　묵주를 손에 쥐고 흐느끼신다
　　감사한 죄
　　감사한 죄
　　아아 감사한 죄

"나만 감사한 죄", 이것은 한 번도 생각하지 못한 죄이다. 감사에서 제외된 남의 아픔을 의식, 인식, 공감하지 못한 죄가 팔십이 되어서 깨달아진 것이다. 이 고백은 뒤통수를 치는 충격으로 다가온다. 사치스러운 삶을 누리며 군사적 승리와 영토 확장을 기뻐하지만, 이웃의 환난을 슬퍼하지 않고 정의와 공의를 저버린 삶은 언젠가는 하나님의 심판과 멸망을 만나게 될 것이다. '오늘의 이웃의 상처'를 싸매어 주는 것은 '미래의 내 상처'를 치료하는 일이다. 하나님은 '스스로 돕는 자'를 돕는 분이 아니라 '서로 돕는 자'를 도우시는 분이다. 우리 하나님은 이웃의 상처와 아픔에 무관심한 자를 벌하시는 하나님이시다.

8

언약의 다림줄로 삶의 견고함을 측정하시는 하나님

- 암 7:1-9

아모스서에는 다섯 개의 환상 보도(vision report)가 나온다. 아모스 7장 1-3절(메뚜기 환상)과 7장 4-6절(불 환상)이 하나의 쌍을 형성하고, 7장 7-9절(다림줄 환상)과 8장 1-3절(여름 실과 환상)이 또 하나의 쌍을 이룬다. 마지막 환상인 아모스 9장 1-4절은 제단 파괴 환상을 기록해 놓고 있다. 이 장의 본문은 아모스가 본 다섯 가지 환상 가운데 처음의 세 가지 환상, 메뚜기 환상과 불 환상과 다림줄 환상이다.

아모스 7장 1-9절의 구조

7:1-3	첫째 환상: 메뚜기 환상
7:4-6	둘째 환상: 불 환상
7:7-9	셋째 환상: 다림줄 환상

첫째 환상: 메뚜기 환상 (암 7:1-3)

¹ 주 여호와께서 내게 보이신 것이 이러하니라 왕이 풀을 벤 후 풀이 다시 움돋기 시작할 때에 주께서 메뚜기를 지으시매 ² 메뚜기가 땅의 풀을 다 먹은지라 내가 이르되 주 여호와여 청하건대 사하소서 야곱이 미약하오니 어떻게 서리이까 하매 ³ 여호와께서 이에 대하여 뜻을 돌이키셨으므로 이것이 이루어지지 아니하리라 여호와께서 말씀하셨느니라(암 7:1-3).

아모스는 하나님이 자신에게 보여 주신 환상을 묘사하고 있다. 하나님은 메뚜기를 만들고 계신다. 그 메뚜기 떼들이 땅의 풀을 모두 먹어 치우고 있다. 1절의 번역은 약간 수정해야 한다. 가장 중요한 수정은 "왕이 풀을 벤 후"라는 대목을 "왕의 풀을 벤 후"라고 바꾸는 것이다. 우리말 번역은 마치 왕이 농사를 짓는 것 같은 오해를 주고 있다. 이 구절은 "왕의 풀을 벤 후", 즉 "왕에게 바쳐진 풀을 벤 후"라는 의미이다.

첫 번째 수확된 곡식은 왕에게 바쳐진다. 즉 햇곡식은 왕궁과 관청에서 먼저 수거해 간다. 아마도 왕은 국가 전체의 안보나 군대 유지 등과 같은 이유로 일정 분량의 추수를 먼저 취했을 것이다.[1]

"풀이 다시 움돋기"로 번역된 히브리어 "레케쉬"(לֶקֶשׁ)는 팔레스타인의 이모작 농사에서 '늦은 심기'에 해당되는 단어이다.[2] 늦은 심기에서 나온 두 번째로 자라난 곡식은 가난한 소작농들에게 주어진다. 이 곡식은 소작농들의 유일한 생계 수단이다. 아모스가 첫 번째 환상에서 본 메뚜기 떼가 곡식을 먹어 치운 것은 아마도 4월이었을 것이다. 팔레스타인은 5월부터 약 반년 동안 비가 오지 않는다. 때문에 "야곱이 미약하오니 어떻게 서리이까"라는 아모스의 중보기도는 성서의 땅을 아는 사람에게는 잘 이해된다.[3]

환상에서 백성이 오랫동안 피와 땀을 흘리면서 고생하여 얻은 첫 번째 수확은 모두 왕에게 바쳐야 한다. 백성이 다시금 자신의 몫으로 수확하려고 기다리고 고대하던 결실을 앞둔 시점에 갑자기 메뚜기가 떼로 몰려와 농부들의 몫을 모두 갉아먹는다. 가난한 백성에게는 망연자실한 재난임에 틀림없다.

두 번째 수확은 농부들의 것이다. 그것이 없다면 그 농부들과 그 가족 그리고 가축들도 다음 추수 때까지 굶주려야 한다. 작년에 수확한 종자는 이미 심겼다. 고대 세계에는 오늘날과 같은 수준의 곡식 창고가 없었다. 당시 농부들은 오랜 기간 추가적으로 쓸 수 있는 종자를 저장할 수 없었을 것이다. 팔레스타인 여름의 불같은 열기는 이와 같은 오랜 저장을 불가능하게 했다.[4]

진정한 왕이라면 백성의 배고픔과 고통을 자신의 일로 여겼을 것이다. 그러나 이스라엘의 부패한 정권은 자신들의 곳간이 채워져 있는 한, 백성의 빈 곳간과 배에 대해서는 전혀 관심이 없었다. 권력과 힘은 봉사하기 위하여 주어진 것이지 결코 자신의 영리 영달을 위하여 주어진 것이 아니라는 사실은, 예나 지금이나 기득권 층들은 잘 알지 못하는 것 같다.[5] 우리에게도 약간의 위치와 힘이 주어진다면, 그것은 남을 위해 봉사하는 데 사용해야 하지, 자신의 안일과 이익을 위해서만 남용해서는 안 된다. 우리에게 주어진 것을 사용할 때, 함부로 '남용'하지 말고 신실하게 '선용'할 수 있도록 애써야 한다.

아모스는 2절에서 메뚜기 재앙을 목격하고 이스라엘 백성을 위해서 '중보기도'한다. 지금까지 아모스는 하나님의 '대리인'으로 하나님을 대신하여 심판 선고를 위하여 이스라엘 백성과 지도자를 향하여 얼굴을 돌렸지만, 여기서는 이스라엘 백성의 '변호인'으로서 하나님 쪽으로 얼굴을 돌린다.[6] 아모스는 연약한 백성의 중보자 역할, 즉 백성의 변호인 역할을 한다. 아모스는 특히 약자들에게 더 많은 관심을 기울이시는 하나님의 성품에 호소한다.

> 그의 거룩한 처소에 계신 하나님은
> **고아의 아버지**시며
> **과부의 재판장**이시라(시 68:5).

아모스는 먼저 하나님께 죄 용서를 간구한다. "주 여호와여 청하건대 사하소서!" 아모스는 이스라엘이 받아야 할 형벌이 당연한 것임을 인정했다. 그리고 하나님만이 용서하는 능력을 소유하심을 알았다. 이스라엘 백성은 돌이키지 않는다. 돌이키지 않은 이스라엘이 살 방법은 없다. 그래서 아모스는 살길을 하나님에게서 찾는다. 이제 남은 것은 오직 하나님의 은총뿐이다.[7] 아모스는 이스라엘의 미래는 하나님의 용서하심에만 달려 있음을 고백하고 있다.[8]

아모스는 하나님께 야곱의 연약함을 연상시킴으로써 하나님의 자비와 긍휼에 호소한다. 아모스가 알고 있는 야웨 하나님은 약자와 가난한 자와 힘없는 자들을 애정으로 돌보고 관심을 쏟는 하나님이셨다.[9] 이제 남은 것이라고는 하나님의 자비하심밖에 없다. 심판과 재앙의 때를 견딜 수 있는 것은 오로지 하나님의 자비와 은총에 달려 있을 뿐이다. '혹시의 은총'(grace of perhaps)만이 심판 안에서 구원의 빛을 가능하게 하는 원인이다.[10]

하나님은 '법'보다 '은혜'를 앞세우신다. 하나님은 자비하심이 풍성하신 분이다.

> 여호와께서 이르시되 내가 내 모든 선한 것을 네 앞으로 지나가게 하고 여호와의 이름을 네 앞에 선포하리라 **나는 은혜 베풀 자에게 은혜를 베풀고 긍휼히 여길 자에게 긍휼을 베푸느니라**(출 33:19).

> 여호와께서 그의 앞으로 지나시며 선포하시되 **여호와라 여호와라 자비롭고 은혜롭고 노하기를 더디 하고 인자와 진실이 많은 하나님이라**(출 34:6).

하나님이 미약하거나 약한 자들을 돌보시는 분이라는 점은 성경 전체의 중심 주제이기도 하다. 예를 들면, 이스라엘은 "모든 민족 중에 가장 적은" 자들이기에 선택되었다.[11]

> [7] 여호와께서 너희를 기뻐하시고 너희를 택하심은 너희가 다른 민족보다 수효가 많기 때문이 아니니라 너희는 오히려 모든 민족 중에 가장 적으니라 [8] 여호와께서 다만 너희를 사랑하심으로 말미암아, 또는 너희의 조상들에게 하신 맹세를 지키려 하심으로 말미암아 자기의 권능의 손으로 너희를 인도하여 내시되 너희를 그 종 되었던 집에서 애굽 왕 바로의 손에서 속량하셨나니(신 7:7-8).

이스라엘 백성이 이집트의 종살이라는 견디기 어려운 처지에 빠지게 되었을 때 그들은 하늘을 보고 부르짖었다. 이때 하나님은 억눌린 자들의 부르짖음에 응답하시고 그들을 구원하셨다.

> [7] 여호와께서 이르시되 내가 애굽에 있는 내 백성의 고통을 분명히 보고 그들이 그들의 감독자로 말미암아 부르짖음을 듣고 그 근심을 알고 [8] 내가 내려가서 그들을 애굽인의 손에서 건져 내고 그들을 그 땅에서 인도하여 아름답고 광대한 땅, 젖과 꿀이 흐르는 땅 곧 가나안 족속, 헷 족속, 아모리 족속, 브리스 족속, 히위 족속, 여부스 족속의 지방에 데려가려 하노라(출 3:7-8).

사회적 약자층의 대명사인 과부들과 고아들의 부르짖음은 반드시 하늘에 상달된다.

²² 너는 과부나 고아를 해롭게 하지 말라 ²³ 네가 만일 그들을 해롭게 하므로 **그들이 내게 부르짖으면 내가 반드시 그 부르짖음을 들으리라**⁽출 22:22-23⁾.

아모스는 여기서 중보기도를 한다. 이는 아모스 3장 7절의 말씀, "주 여호와께서는 자기의 비밀을 그 종 선지자들에게 보이지 아니하시고는 결코 행하심이 없으시리라"와 연관된다. 야웨 하나님은 당신의 의도와 계획을, 깨어 있어 기도하는 예언자 아모스에게 먼저 드러내신다. 하나님의 뜻을 남들보다 먼저 깨달은 자는 하나님께 중보할 책무가 뒤따른다. 먼저 선택된 자는 그만큼 책임이 뒤따른다. 많이 맡긴 자에게는 많은 것을 찾으신다.

알지 못하고 맞을 일을 행한 종은 적게 맞으리라 **무릇 많이 받은 자에게는 많이 요구할 것이요 많이 맡은 자에게는 많이 달라 할 것이니라**⁽눅 12:48⁾.

하나님은 아모스의 중보기도를 들으시고 당신의 마음을 바꾸신다. 이때 "돌이키셨으므로"에 쓰인 단어가 히브리어 "니함"(נִחַם)이다. 이 단어는 '회개하다', '후회하다'라는 뜻이다. 그렇다면 이 본문에 따르면 '하나님이 회개하신다, 후회하신다'는 뜻이다. '하나님의 회개'(돌이킴), '하나님의 후회'라는 개념은 대부분의 기독교인에게 아주 낯설다. 그러나 구약성경은 '하나님이 회개하신다, 후회하신다'는 기록을 적지 않게 보여 준다. 이러한 일은 적어도 구약성

경에서 21회나 나타난다.¹²

　야웨 하나님은 (1) 인간의 중보(intercession)를 통해서 마음을 바꾸신다. 또한 (2) 하나님의 긍휼하심(compassion)으로 당신의 마음을 바꾸시기도 한다. 어느 경우에는 (3) 인간의 회개(repentance)로 당신의 마음을 바꾸신다.

　이러한 진술은 우리 하나님에게는 미래가 닫혀 있는 것이 아니라 항상 열려 있다는 사실을 알려 준다.¹³ 미래는 운명적으로 고정되어 있는 것이 아니다. 얼마든지 유동적인 부분이 적지 않다. 우리의 미래는 닫혀 있는 것이 아니다. 항상 열려 있다.

　하나님은 인간의 기도에 응답하신다. 구약성경에서 하나님은 완고한 분이 아니라 영향을 받을 수 있는 존재이시다.¹⁴ 하나님은 인류의 역사를 독단적으로 이끌지 않으신다. 인간의 기도를 참조하시면서 다른 말로 하면, 인간과 상의하시면서 한 인간에 대한 역사 개입의 완급을 조절하신다. 만약 하나님이 당신의 역사를 홀로 단독적으로만 핸들링하신다면, 하나님에게 사람들의 기도는 귀찮고 걸리적거리는 잔소리나 헛된 외침에 불과할 것이다. 우리에게 적극적으로 기도하라는 하나님의 말씀은 우리의 삶에 대한 하나님의 개입과 인도하심에 우리의 뜻을 반영하고 존중하신다는 의미이다. 따라서 기도는 우리의 미래를 열어 주는 은혜의 수단이다. 기도는 신에게 전화를 거는 것으로, 신이 수여한 엄청난 선물이요, 특혜이기도 하다.

　또한 하나님의 회개나 하나님의 후회는 인간의 회개나 후회와는 차원이 다르다. 인간은 죄로부터 마음을 바꾸고 회개한다. 그러나 하나님이 당신의 마음을 바꾸시는 것은 하나님의 진노를 누르는 하나님의 자비하심에서 비롯된다. 하나님은 당신의 백성에게 조금이라도 더 긍휼을 베풀기 위해 항상 내적으로 갈등하신다.

> 8 에브라임이여 내가 어찌 너를 놓겠느냐
> 이스라엘이여 내가 어찌 너를 버리겠느냐
> 내가 어찌 너를 아드마같이 놓겠느냐
> 어찌 너를 스보임같이 두겠느냐
> **내 마음이 내 속에서 돌이키어**
> **나의 긍휼이 온전히 불붙듯하도다**
> 9 내가 나의 맹렬한 진노를 나타내지 아니하며
> 내가 다시는 에브라임을 멸하지 아니하리니
> **이는 내가 하나님이요 사람이 아님이라**
> **네 가운데 있는 거룩한 이니**
> **진노함으로 네게 임하지 아니하리라**(호 11:8-9).

하나님은 진노에서 회개하신다. 하나님의 회개는 죄에서 나오는 것이 아니라 긍휼하심에 기초하는 것이다.[15] 따라서 하나님의 회개나 후회는 사람에게는 은혜의 행위이다. 하나님이 진노를 돌이키시기 때문에 우리가 사는 것이다. 하나님의 돌이킴과 하나님의 후회는 우리에게 은혜이다.

그런데 3절에서 "하나님이 사하셨다"라고 선언하지 않고, 단지 "하나님이 뜻을 돌이키셨다"라고 표현하고 있다. 이는 이스라엘 백성이 완전한 '용서'를 받은 것이 아니라, 잠시 '심판유예'를 받은 것임을 말한다.[16] 오늘날로 하면 '집행 유예'라고 할 수 있을 것이다.

▌ 둘째 환상: 불 환상(암 7:4-6)

> [4] 주 여호와께서 또 내게 보이신 것이 이러하니라 주 여호와께서 명령하여 불로 징벌하게 하시니 불이 큰 바다를 삼키고 육지까지 먹으려 하는지라 [5] 이에 내가 이르되 주 여호와여 청하건대 그치소서 야곱이 미약하오니 어떻게 서리이까 하매 [6] 주 여호와께서 이에 대하여 뜻을 돌이켜 주 여호와께서 이르시되 이것도 이루지 아니하리라 하시니라 (암 7:4-6).

아모스는 4절에서 불이 큰 바다와 육지를 삼키는 불 환상을 목격한다. "큰 바다"(תְּהוֹם רַבָּה 테홈 라바)는 땅 밑에서 흐르고, 땅에 물을 제공하는 강과 샘을 생성시킨다.[17]

> 네가 바다의 샘에 들어갔었느냐
> **깊은 물**(תְּהוֹם 테홈) 밑으로 걸어 다녀 보았느냐(욥 38:16).

아모스는 불이 "큰 바다", 즉 땅 밑의 물을 삼키고서 땅을 태우기 시작하는 장면을 본다. 불의 세력이 엄청나게 커서, 그 파괴력이 해저(海底)에 유유히 흐르는 엄청난 양의 물과 거대한 대양마저도 삼켜 버릴 정도로 뜨겁다. 파괴적인 불의 위력이 해저를 말려 버린다면, 바다 해저로부터 물을 공급받아 시작되는 지상의 우물들과 연못들과 강들은 자연히 말라 버릴 수밖에 없다. 이렇게 되면 사람이 거주하는 땅과 가축들을 기를 수 있는 목초지들은 모두 말라 사막이 되어 버릴 것이다.[18] 결국 하나님의 불은 육지까지 삼키려고 한다. 이스라엘의 영토가 화마에 삼켜지기 일보 직전이다. 이렇게 되면 땅과 가축들과 사람들은 생존이 불가능해진다.

5절에서도 아모스의 중보기도가 시도된다. 첫 번째 환상에서는 '용서'(사하소서)를 구했다. 그러나 두 번째 환상에서는 '중지'(그치소서)를 구하고 있다. 첫 번째 환상의 심판유예 기간이 풀리고, 현재는 새로운 심판이 진행되고 있다. 또 다른 죄가 기소되어 유죄 판결이 내려졌고, 그 판결에 따른 심판이 진행되고 있는 것이다. 이번에도 아모스는 지체 없이 중보기도한다.

6절에서도 하나님은 아모스의 기도에 응답하신다. 두 번째 환상에서도 아모스의 중보기도는 효력을 발생한다. 하나님은 이번에도 첫 번째에 이어 심판유예로 심판을 멈추신다.

셋째 환상: 다림줄 환상(암 7:7-9)

> 7 또 내게 보이신 것이 이러하니라 다림줄을 가지고 쌓은 담 곁에 주께서 손에 다림줄을 잡고 서셨더니 8 여호와께서 내게 이르시되 아모스야 네가 무엇을 보느냐 내가 대답하되 다림줄이니이다 주께서 이르시되
> 내가 다림줄을 내 백성 이스라엘 가운데 두고

다시는 용서하지 아니하리니
9 이삭의 산당들이 황폐되며
이스라엘의 성소들이 파괴될 것이라
내가 일어나 칼로 여로보암의 집을 치리라 하시니라(암 7:7-9).

아모스는 7절에서 하나님이 손에 다림줄을 잡고 서 계신 것을 목격한다. 여기서 "다림줄"(אֲנָךְ 아나크)은 구약성경에서 단 한 번만 나오는 단어이다. 아마도 "아나크"(אֲנָךְ)는 일종의 건축 도구였을 것이다. 이 도구는 담을 쌓아 갈 때 수직을 유지하기 위하여 사용되는 '납줄', 즉 '추'의 일종이다. 예를 들면, 목수나 미장이가 집을 지을 때 납을 줄에 매달아 담의 수직 상태를 측정하는 도구를 말한다. 그러나 이러한 도구는 '담을 세울 때'뿐만 아니라, 담의 견고성을 조사하고 '헐어야 하는지'를 결정할 때도 사용되었다.[19]

여호와께서 딸 시온의 성벽을 헐기로 결심하시고
줄을 띠고 무너뜨리는 일에서 손을 거두지 아니하사
성벽과 성곽으로 통곡하게 하셨으매
그들이 함께 쇠했도다(애 2:8).

8절에서 아모스는 "다시는 용서하지 아니하리니"라는 하나님의 단호한 심판 선포를 듣는다. 집을 건축하는 사람들이 벽을 쌓아 가면서 다림줄로 그 벽이 곧게 세워지는지 시시때때로 확인하는 것처럼, 하나님도 당신의 백성이 하나님의 나라를 의롭게 세워 가고 있는지를 늘 점검하고 계신다. 이때 벽이 기울어진 채 세워지고 있다면 집을 짓는 자는 가차 없이 그 벽을 다시 허물어 버린다. 이미 기울어진 건축물은 언젠가는 반드시 무너지게 되어 있기 때문이다. 따라서 하나님도 당신의 백성이 죄악 된 국가를 세워 나갈 때 그 국가와 백성을 허물어 버리실 수밖에 없다.

처음의 두 개의 환상이 '하나님의 심판'을 묘사한다면, 세 번째 환상은 '이스라엘의 상태'에 초점을 맞춘다. 다림줄 환상은 이스라엘의 상태가 다시 세울 수 없을 만큼 기울어졌다는 사실을 보여 준다. 아모스는 이제 중보기도를 드리는 대신에 침묵을 지킨다. 이번에는 심판 선고의 이유가 명확하게 밝혀진다. 이스라엘이 다림줄의 정상 치수에서 크게 벗어났다는 것이다.[20] 처음 두 번에 걸친 환상에서는 아모스의 중보기도로 하나님이 당신의 의지를 꺾으셨다. 그러나 세 번째 환상에서는 아모스가 하나님의 의지를 받아들여야 한다.

여기서 하나님은 "내 백성 이스라엘"이라 부르신다. '내 백성 이스라엘'은 중요한 신학적 개념이다. 이는 '야웨는 우리 하나님, 우리는 그의 백성'이라는 언약에 기초한 개념이다.[21] 따라서 하나님과 맺은 '언약의 다림줄'로 재어 보니 이스라엘이라는 담은 이미 기울 대로 기울어졌다. 더 이상의 보수도 무익하다. 판결 유예도 의미가 없다. 이제 남은 것은 붕괴의 시간밖에 없다. 성벽의 붕괴는 곧 한 국가와 도시의 멸망을 의미한다.

9절은 이스라엘 백성을 향한 하나님의 심판이 거국적이며 사회 전반에 걸친 것이라는 사실을 말한다. "이삭의 산당"과 "이스라엘의 성소들"이 훼파되리라는 선언은 이스라엘 국가의 종교적 부패에 대한 하나님의 심판을 가리킨다. 또한 "여로보암의 집"을 칼로 치실 것이라는 예언은 이스라엘 국가의 정치적이고 사회적인 지도자들의 부정부패에 대한 하나님의 심판을 보여 준다.

성소와 왕궁은 이스라엘의 삶을 지탱해 주는 두 개의 중추적 기관이었다. '성소'는 제의 장소이고, '왕궁'은 정치의 본산이다. 성소를 통하여 이스라엘 백성은 하나님과 자신의 언약적 관계를 재정비한다. 또한 왕궁을 통하여 법과 질서의 사회를 세워 나갔다.[22] 그러나 당시의 이스라엘의 성소와 왕궁은 철저하게 부패했다. 하나님이 맡기신 역할을 팽개치고 제대로 감당하지 않았다.

정리하며

■ **하나님은 삶의 견고함을 측정하신다**

아모스 당시 '이스라엘의 성소'에서는 야웨의 이름이 공개적으로 찬송과 고백으로 불려졌고, 예배 시간에는 우렁찬 신앙고백이 은혜롭게 낭송되었다(암 5:23). 하지만 예배 후의 실질적인 삶은 다른 사람은 안중에도 없는 탐욕과 방탕, 악독과 착취가 끊어지지 않았다(암 5:12, 24). 예배와 예배의 자리는 차고 넘쳤다. 하지만 예배 이후 삶으로 드러나는 참된 예배자는 아주 드물었다. 형식적인 예배자는 많았지만 참된 예배자는 찾아보기 힘이 드는 시대였다. 오늘의 우리에게도 이와 같은 지적은 뜨끔하지 않은가? 우리도 참된 예배자인가? 참된 예배자가 되기 위해서는 예배와 일상의 오차 폭을 줄이려는 몸부림이 지속이 되어 습관이 되어야 한다. 성경에만 밑줄을 치는 것이 아니라 일상의 삶에서도 밑줄을 쳐야 한다.

또한 '이스라엘의 왕궁'은 정의와 공의라는 본래의 책무에는 관심이 없었다. 궁정에서는 가난한 자들과 연약한 자들에 대한 민원이 전혀 처리되지 않았고, 철저히 무시되었다. 궁정의 정치경제 지도자들은 자신의 기득권을 유지하는 일에만 혈안이 되어 있었다. 하지만 정작 힘없는 백성은 안중에 없다. 입으로는 습관적으로 백성을 위한다고 한다. 하지만 지도자들의 마음에는 백성이 없다. "돈에 관심이 없다고 말하는 사람은 이미 돈에 중독된 사람"이라는 말이 있다. 입만 열면 말버릇처럼 "국민을 위한다"고 말하는 사람은 그 마음의 중심에 사실 국민이 없을지도 모른다. 마음의 "없음"을 말로만 "있음"으로 위장하는 것이다. 지도자들의 중심은 자신의 이익과 자신이 속한 집단의 이익만 철저히 계산하고 있다. 그러므로 성(聖)과 속(俗)의 대명사인 성소와 왕궁의 파멸, 즉 이스라엘 전체의 파멸은 당연한 것이었다.

처음의 두 가지 환상(메뚜기 환상과 불 환상)에서는 아모스의 중보로 심판이 유예되었다. 그러나 세 번째 환상(다림줄 환상)에서는 아모스의 중보가 없다. 아모스는 더 이상 중보할 수 없었을 것이다. 아니 아모스는 더 이상 중보하지 않았을 것이다. 결국 하나님의 심판 확정만 주어진다. "다시는 용서하지 않는다"는 엄중한 판결만 선포된다. '미약한 야곱'은 보호되어야 한다. 하지만 교만하고 '오만한 야곱'은 무너져야 한다. 잘못 쌓은 건물은 언젠가는 붕괴될 수밖에 없다. 그렇기 때문에 아모스는 다림줄 환상을 목격하고 나서는 더 이상 중보하지 않은 것으로 보인다. 아모스는 이제는 '심판의 유예'가 아니라 '심판의 집행'이 더 합당하다는 결론에 도달한 것 같다.

야웨 하나님은 건축물 준공 검사인이 되어("내가 다림줄을 내 백성 이스라엘 가운데 두고") 이스라엘의 견고성 여부와 설계 도면과의 일치 여부를 친히 측정하신다.[23] 그러나 측정 결과 북왕국 이스라엘은 부실 건축물로 판명되고 말았다. 부실하게 시공된 건물이나 붕괴 위험이 있는 건축물은 미리 파괴해야, 아니 사전에 무너뜨려야 예정된 죄 없는 사람들의 희생을 막을 수 있다. 그동안 우리는 부실하게 '시공'하고, 적당하게 '감수'하고, 대충대충 '검사'하고, 건성건성 '관리감독'하고, 부실하다는 탄원과 경고에도 귀를 막아 버린 결과, 결국 건물이 무너지고, 다리가 내려앉고, 배가 침몰하고, 비좁은 골목에서 압사하여 무고한 사람의 생명을 여러 차례 잃게 만들지 않았는가?

하나님은 "내가 다림줄을 내 백성 이스라엘 가운데 두고"라고 말씀하신다. 여기서 하나님이 다림줄로 측정하시는 것은 물리적인 성벽이 아니다. 하나님의 백성 이스라엘이라고 하는 건축물이다. 하나님의 백성인 우리라는 건축물이다.

■ 하나님의 백성인 우리는
  지금, 정말 견고한가?

- 하나님의 백성인 우리는
  지금, 정말 설계대로 제대로 지어졌는가?
- 하나님의 백성인 우리는
  지금, 외부의 공격을 버틸 만큼 탄탄한가?
- 하나님의 백성인 우리가
  서로 하나가 되어 정말 단단하게 뭉쳐 있는가?

아니면 북왕국 이스라엘과 같이 무너뜨리고 다시 세워야 하는가? 우리 자신을 '언약의 다림줄'로 측정하는 기회가 되기를 바란다.

우리 하나님은 오늘도 언약의 다림줄로 우리의 견고함을 측정하고 계신다. 언약의 핵심 내용은 "나는 너의 하나님이고, 너는 나의 백성이다"이다. 우리는 모두 하나님의 언약 백성이다. 우리는 과연 하나님의 언약 백성답게 살아가고 있는가? 오늘도 우리를 '언약의 다림줄'로 측정하시는 하나님 앞에서 하나님의 백성으로 얼마나 견고한지를 되돌아보고, 한 단계 더 견고하게 되는 기회가 되기를 바란다.

9

우리의 시선을 주목하시는 하나님

- 암 7:10-17

아모스 7장 10-17절은 아모스서에서 유일하게 나오는 아모스에 관한 전기적인 이야기이다.¹ 예언서는 보통 하나님이 예언자에게 직접 주신 말씀을 기록한 신탁모음집이다. 아모스서도 아모스 7장 10-17절을 제외하면 모두 아모스가 하나님으로부터 직접 계시받은 말씀을 모은 것이다. 이 장 본문은 아모스서에서 유일한 아모스에 관한 이야기이다.

◢ 아모스 7장 10-17절의 구조

7:10-11	여로보암에게 올리는 아마샤의 보고
7:12-13	아모스를 향한 아마샤의 권고
7:14-15	아마샤와 아모스의 논쟁
7:16-17	아모스의 고발과 심판 선포

◢ 여로보암에게 올리는 아마샤의 보고(암 7:10-11)

> 10 때에 벧엘의 제사장 아마샤가 이스라엘의 왕 여로보암에게 보내어 이르되 이스라엘 족속 중에 아모스가 왕을 모반하나니 그 모든 말을 이 땅이 견딜 수 없나이다 11 아모스가 말하기를 여로보암은 칼에 죽겠고 이스라엘은 반드시 사로잡혀 그 땅에서 떠나겠다 하나이다(암 7:10-11).

10절에 따르면, 아마샤는 "벧엘의 제사장"(כֹּהֵן בֵּית־אֵל 코헨 베이트-엘)이다. 이러한 표현은 아마샤가 벧엘 제사장 가운데 한 사람이 아니라, 벧엘을 대표하는 제사장, 즉 대제사장이라는 표현일 가능성이 크다.[2] 대제사장 아마샤는 아모스의 설교를 '정치적 선동'으로 간주하고 규탄한다. 여기서 지목된 아모스의 죄목은 북이스라엘 왕 여로보암 2세를 "모반"한다는 것이다. 이 "모반하다"(קָשַׁר 카샤르)라는 동사는 열왕기에서 "유혈 쿠데타"를 지적할 때 쓰이던 용어이다(왕하 9:14, 10:9 등). 즉 이 용어는 어떤 통치자 세력을 무력으로 제압하려는 목적을 가진 무리가 반란을 일으키도록 선동하는 음모를 뜻

한다.³

남왕국 유다는 다윗의 후손만이 왕이 되어 단일왕조를 유지했다. 그러나 북왕국 이스라엘은 여러 번에 걸친 유혈 쿠데타로 왕조가 아홉 차례나 바뀐다. 북왕국은 정치적 불안을 여러 번 겪었다. 예를 들면, 아히야의 아들 바아사의 모반이 있었고(왕상 15:27), 장관 시므리의 모반(왕상 16:9) 그리고 예후의 반란(왕하 9:14) 등이 발생했었다. 여로보암 2세의 증조부인 예후 장군 자신도 정치적 모반을 통하여 아합 왕조를 무너뜨리고 예후 왕조를 새롭게 세웠다.

> 나[예후]는 내 주[아합 왕조]를 **배반하여**(קָשַׁר 카샤르) 죽였거니와(왕하 10:9).

결국 여로보암 2세가 속한 왕조도 "모반"(קֶשֶׁר 카샤르)을 통하여 수립된 왕권이었기 때문에 또 다른 세력의 정치적 모반을 극도로 경계했음은 당연한 것이었다.

게다가 당시에는 예언자들이 정치적 모반에 가담한 일이 종종 있었다. 실로 사람 선지자 아히야도 북왕국의 초대 왕이 될 여로보암(주전 926-907)에게 솔로몬 이후의 북왕국 건립에 대하여 미리 알려 주었다(왕상 11:29-39). 예언자 엘리사도 예후(주전 845-818)에게 은밀히 기름을 부어 아합 왕조를 쿠데타로 무너뜨리도록 사주했다(왕상 19:16; 왕하 9장). 당시의 이러한 배경을 고려한다면 국가 성소인 벧엘의 제사장인 아마샤가 이러한 심각한 움직임에 대하여 왕에게 보고한 것은 그에게 부과된 당연한 임무였을 것이다.

11절에서 아마샤는 아모스가 선포한 예언을 요약한다. 그 요약의 첫째는 북왕국의 왕 여로보암 2세(주전 787-747)의 죽음이며, 둘째는 이스라엘 백성이 포로로 끌려간다는 것이다. 그러나 아마샤의 요약은 사실을 왜곡한 것이다.

첫째, 아마샤는 사실을 '과장'한다. 아마샤가 여로보암 2세에게 보고한 이러한 내용은 아모스의 선포를 과장한 것이다.[4] 아모스는 여로보암왕 개인을 지목하여 그가 칼로 죽는다고 말한 적이 없으며, 여로보암의 "집"(가문)이 칼로 심판받는다고 선포했다.

> 이삭의 산당들이 황폐되며 이스라엘의 성소들이 파괴될 것이라 내가 일어나 칼로 **여로보암의 집**을 치리라 하시니라(암 7:9).

아모스의 이 예언은 열왕기에 나타난 여로보암의 자연사(自然死)에 관한 보고와도 일치한다.

> **여로보암**이 그의 조상 이스라엘 왕들과 **함께 자고** 그의 아들 스가랴가 대신하여 왕이 되리라(왕하 14:29).

또한 그의 아들 스가랴의 처형에 대한 보고와도 일치한다.

> 유다의 왕 아사랴의 제삼십팔년에 여로보암의 아들 스가랴가 사마리아에서 여섯 달 동안 이스라엘을 다스리며 … 야베스의 아들 살룸이 그[스가랴]를 반역하여 백성 앞에서 쳐 죽이고 대신하여 왕이 되니라(왕하 15:8-11).

아마샤는 여로보암 '가문'에 대한 아모스의 심판 예고를 여로보암 '자신'으로 바꾸어 아모스의 예언을 과장한 셈이다.

둘째, 아마샤는 사실을 '변조'한다. 아마샤는 하나님의 말씀을 인간의 말로 변조시킨다. 아모스가 하나님의 말씀이라고 밝힌 대목("여호와께서 내게 이르시되", 암 7:8)을 의도적으로 누락시키고, "아모스가 말하기를"(암 7:11)이라고 말함으로 아모스의 선포를 하나님과 무관한 한 인간의 '정치적 선동'으로 폄하했다.

셋째, 아마샤는 중요한 사실을 '축소'한다. 아마샤는 아모스가 전한 메시지의 중요한 부분을 생략해 버린다.[5] 아모스는 심판에 대한 이유로 고발의 메시지를 더 소상하게 전했다. 그러나 아마샤는 이 고발 부분을 완전히 폐기시킨다.

결과적으로 아마샤는 예언자 아모스의 선포를 과장하고, 변조하고 축소하여 보고했다. 아마샤는 사실을 의도적으로 왜곡하여 보고한 것이다.[6]

▌ 아모스를 향한 아마샤의 권고(암 7:12-13)

> [12] 아마샤가 또 아모스에게 이르되 선견자야 너는 유다 땅으로 도망하여 가서 거기에서나 떡을 먹으며 거기에서나 예언하고 [13] 다시는 벧엘에서 예언하지 말라 이는 왕의 성소요 나라의 궁궐임이니라(암 7:12-13).

12절에서 벧엘 성소를 책임지고 있는 제사장 아마샤는 북이스라엘의 수도 사마리아에 있는 왕 여로보암 2세에게 전령을 통하여 아모스를 고발한다. 사마리아는 벧엘에서 50km 이상 떨어져 있었기 때문에 왕의 명령이 전달되기까지는 최소한 하루 이상 기다려야 한다.[7] 아마샤는 왕의 명령이 떨어지기 전에 사태를 수습하려고 한다.

이때 아마샤는 아모스를 "선견자"(חֹזֶה 호제, visionary)로 호칭한다. 이 "선견자"는 "선지자·예언자"(נָבִיא 나비, prophet)와 같은 사람을 가리킬 때 쓰인다.

> 다윗이 아침에 일어날 때에 여호와의 말씀이 다윗의 **선견자**(חֹזֶה 호제)된 **선지자**(נָבִיא 나비) 갓에게 임하여 이르시되(삼하 24:11; 참조. 왕하 17:13; 사 29:10).

이 "선견자"는 "보는 자"(רֹאֶה 로에, seer)와도 동의어이다.

> 그들이 **선견자**(רֹאֶה 로에)들에게 이르기를
> 선견하지 말라
> **선지자**(חֹזֶה 호제)들에게 이르기를
> 우리에게 바른 것을 보이지 말라
> 부드러운 말을 하라
> 거짓된 것을 보이라(사 30:10; 참조. 삼상 9:9).

여기서 선견자는 하나님의 계시를 받은 사람에게 주어지는 '존칭'으로 보인다(삼하 24:11; 왕하 17:13; 사 30:10).[8] 이로 보아 아마샤는 아모스의 예언자직을 잘 알고 있고, 또한 그의 예언적 재능을 인정

한 것으로 보인다.[9] 아마샤는 아모스가 야웨가 세우신 야웨의 예언자임을 이미 알고 있었다.

그래서 아마샤는 개인적인 딜레마에 빠진 것 같다. 그는 왕이 지배하는 국가 성소인 벧엘에 속한 제사장으로 사실상 여로보암왕에게 예속된 신분이었다. 따라서 그의 주된 임무는 왕의 안위와 권위를 지키는 것이었다. 이 점은 "다시는 벧엘에서 예언하지 말라 이는 왕의 성소요 왕의 궁궐임이니라"(13절)라고 한 아마샤의 말에도 약간은 암시되어 있다.

그러나 그는 원래 하나님을 섬기는 제사장으로 야웨 하나님의 권위를 최우선적으로 받들어 섬겨야 한다. 그는 현실적인 이해관계가 있는 '왕의 권위'와 제사장의 본질적인 임무와 관련이 있는 '야웨의 권위' 사이에서 갈등한다. '현실과 본질 사이'에서 갈등하며 딜레마에 빠진 것이다. 어느 한쪽을 택할 수밖에 없는 기로에 서게 되었다. 결국 그는 현실적인 왕의 권위를 택한다.

12절에 의하면, 아마샤는 아모스에게 추방 명령을 내린다. 북쪽 사람 아마샤는 남쪽 사람 아모스에게 명령한다.

> 동무는 남쪽 가서 예언하고 떡 먹으라우
> 너는 유다 땅으로 도망하여 가서
> 거기서나 떡을 먹으며
> 거기서나 예언하라.

아마샤가 여로보암의 최종 명령을 기다리지 않고 아모스에게 개인적으로 추방 명령을 내린 이유는 무엇인가? 아모스의 목숨을 보존하도록 권고한 이유는 무엇인가? 일말의 양심이 남아 있기 때문에 그런 것이 아닐까? 여로보암왕의 명령은 당연히 아모스의 처형이라는 사실은 누구나 짐작할 만하다. 약 100년 이후 예레미야가 활동하던 때에 예언자 우리야는 예루살렘 성전의 멸망을 예언하고 보복이 두려워서 유다를 떠나 이집트로 정치 망명까지 떠났다. 그러나 당시 유다의 왕 여호야김이 보낸 인터폴에 납치되어 예루살렘에서 공개 처형을 당했다(참조. 렘 26:20-24).

아마샤는 아모스가 야웨로부터 온 예언자라는 사실을 잘 알고 있었기 때문에 아마도 자신의 보고에 의하여 하나님의 예언자인 아모스가 처형당하는 것을 개인적으로 원치 않았을 것이다. 자신의 보고로 무고한 하나님의 예언자가 처형을 당하는 일은 엄청난 부담이 되는 일이고, 죄악임에 틀림없다. 그렇다고 북왕국의 국가 성소 벧엘에서 이스라엘의 멸망을 외치고 있는 아모스를 그대로 방치할 수도 없는 노릇이다.

아마샤는 자신도 살고 아모스도 사는 길을 택한다. 여로보암의 칼이 도달하기 전에 아모스를 유다 땅으로 도주시키는 것이다. 아마샤는 어쩌면 신의 한 수라고 생각했을지도 모른다. 자신의 임무도 수행하고, 하나님의 사람의 생명도 살리는 유일한 묘책으로 보였다. 아마샤는 이런 식의 처세술로 이스라엘의 첫째가는 국가 성소에서 최고의 자리에 오른 것으로 보인다. 아마샤는 한마디로 타협과 갈등 조정의 전문가였다.[10] 그러한 능력 자체는 문제가 되지 않는다. 이러한 능력이 공동체를 살리는 일에 의롭게 사용되지 않고, 오로지 자신의 출세를 위한 도구로만 쓰인 것이 문제이다.

아마샤는 아모스에게 유다 땅으로 가서 예언 활동을 하며 생계를 유지하라고 말한다. 당시에 예언자들이 예언 활동으로 생계를 꾸려 가는 것은 당연한 일로 받아들여졌다. 일반 사람들이 예언자에게 가서 하나님의 뜻을 알고자 할 때 예언자에게 빈손으로 가지는 않았다. 약간의 사례(먹을 것과 예물 등)를 했다.

> 사울이 그의 사환에게 이르되 우리가 가면 그 **사람**[하나님의 사람]에게 무엇을 드리겠느냐 우리 주머니에 **먹을 것**이 다했으니 하나님의 사람에게 드릴 **예물**이 없도다 무엇이 있느냐 하니(삼상 9:7; 참조. 미 3:5 등).

아마샤는 아모스를 이러한 사례를 받고 일하는 직업적 예언자로 이해한 것이다.

그런데 아마샤의 추방 명령은 야웨 하나님의 명령에 정면으로 도전한 것이다. 예언자의 말은 인간의 말이 아니라 하나님의 말이기 때문이다. 이 부분은 제사장 아마샤가 야웨의 권위를 등지고, 왕의 권위를 따르는 순간을 폭로한다. 그는 '눈에 보이지 않는 본래 주인'이신 하나님보다는 '눈에 보이는 현실적 주인'인 왕을 더 두려워한 것이다. 그는 원래 하나님의 뜻에 의해서 세워진 하나님의 제사장이었으나, 현재는 하나님의 뜻에 반하며 왕의 권위를 따르는 한 조직의 일원으로 전락하고 만다. 하나님의 사람이 조직의 사람, 즉 조직원으로 타락한 것이다. 전 세계를 품고 있는 하나님의 사람이 한 국가의 한 조직원으로 전락한 것이다. 그는 더 이상

'만왕의 왕이신 하나님의 제사장'이 아니라, '인간인 왕의 제사장'이 되어 버린다.

아마샤와 아모스의 논쟁(암 7:14-15)

> ¹⁴ 아모스가 아마샤에게 대답하여 이르되 나는 선지자가 아니며 선지자의 아들도 아니라 나는 목자요 뽕나무를 재배하는 자로서 ¹⁵ 양 떼를 따를 때에 여호와께서 나를 데려다가 여호와께서 내게 이르시기를 가서 내 백성 이스라엘에게 예언하라 하셨나니(암 7:14-15).

14-15절은 아마샤의 예언 금지와 추방 명령에 대한 아모스의 반박을 묘사하고 있다. 아마샤의 명령에 대하여 먼저 아모스는 "나는 선지자(נָבִיא 나비)가 아니며 선지자의 아들(בֶּן־נָבִיא, 벤-나비)도 아니라 나는 목자요 뽕나무를 재배(배양)하는 자이다"(14절)라고 대답한다. 이 문장은 동사가 없이, 명사로만 이루어진 명사문장이다. 히브리어 구문은 동사가 없이 명사만 나열해도 문장이 된다. 히브리어 순서대로 문자적으로 번역하면 다음과 같다.

아니다 예언자가 나는, 그리고 아니다 예언자의 아들 나는
(לֹא־נָבִיא אָנֹכִי וְלֹא בֶן־נָבִיא אָנֹכִי 로-나비 아노키 붸로 벤-나비 아노키).

이를 우리말 순서로 다듬으면 다음과 같다.

나는 예언자가 아니다. 그리고 나는 예언자의 아들도 아니다.

이는 "나는 과거에도 예언자가 아니었고, 지금도 예언자는 아니다"라는 의미이다.

"선지자의 아들"이라는 말은 예언자가 되기 위해서 훈련받는 사람들을 말한다(왕상 20:3, 5; 왕하 2:3, 4:1, 6:1, 9:1 등). 즉 '선지자 생도'라는 뜻이다. 아모스는 선생 예언자에 의하여 인위적으로 훈련이나 교육을 받은 예언자도 아니라고 주장한다(참조. 왕하 9:1). 따라서 아모스의 말은 "나는 직업 예언자도 아니고 직업 예언자 후보생도 아니다"라는 말이다.

14절의 진술에는 "나"(אָנֹכִי 아노키)라는 주어가 세 번이나 언급되면서 본인이 예언자가 아니라는 점이 강조된다.

"나"(אָנֹכִי 아노키)는 선지자가 아니며 "나"(אָנֹכִי 아노키, 우리말 성경은 생략됨)는 선지자의 아들도 아니라 "나"(אָנֹכִי 아노키)는 목자요 뽕나무를 재배하는 자로서(14절).

아모스는 "나(아모스)는 네(아마샤)가 생각하는 내가 아니다"(I am not what you think I am)라고 분명히 짚고 있다.[11] "나는 네가 생각하는 직업적 예언자가 아니다"라는 것이다.

15절에 와서 아모스는 급기야 자신의 소명 체험을 밝힌다. 이것은 "유다 땅에 가서 떡을 먹으라"는 아마샤의 명령에 대한 대답이기도 하다. 아모스는 떡을 먹기 위해, 즉 생계를 유지하기 위해서 예언 활동을 하는 것이 아니다. 아모스는 자신의 직업을 언급함으로써 자신이 경제적으로는 궁핍한 자가 아님을 명백히 밝힌다. 적어도 생계 유지를 위해서 자신이 예언 활동을 하는 자는 아니라는 것이다. 앞에서도 밝혔듯이 그는 대규모의 가축 떼를 거느리고 있는 부유한 목자였다(암 1:1).

사실 경제적으로 예속되어 있는 사람은 아모스가 아니라 바로 아마샤 자신이었다. 물질을 위해 하나님의 일을 하는 사람은 아모스가 아니라 바로 아마샤였다. 하나님의 일을 맡은 사람이 물질에 예속이 되면, 결국 '하나님의 종'의 자리를 떠나 '물질의 종'이요 '물질의 노예'가 된다.

돈을 사랑함이 일만 악의 뿌리가 되나니 이것을 탐내는 자들은 미혹을 받아 믿음에서 떠나 많은 근심으로써 자기를 찔렀도다(딤전 6:10).

아모스가 예언 활동을 하게 된 것은 경제적인 문제를 위해서도 아니었고, 인간적인 노력이나 의도에서 시작한 것도 아니었다. 그것은 전혀 예기치 못했던 하나님의 엄습으로 유발된 것이다. 우리는 이를 '부르심', '소명'이라 한다.

양떼를 따를 때에 **여호와께서 나를 데려다가** 여호와께서 네게 이르시기를 **가서 내 백성 이스라엘에게 예언하라** 하셨나니(15절).

아모스에 대한 야웨의 부르심이 거역할 수 없는 강권적인 사건이었음이 또 다른 본문에서도 언급된 바 있다.

> 사자가 부르짖은즉 누가 두려워하지 아니하겠느냐
> **주 여호와께서 말씀하신즉 누가 예언하지 아니하겠느냐**(암 3:8).

아모스가 현재 예언자 역할을 하는 근본 원인은 바로 야웨의 거역할 수 없는 부르심(vocatio) 때문이다.[12] 아모스는 15절에서 "여호와"를 두 번이나 언급하므로 이 부르심의 주체가 야웨임을 강조하고 있다.[13]

> **여호와께서** 나를 데려다가 **여호와께서** 내게 이르시기를(암 7:15).

아모스는 직업적인 예언자("선지자")가 아니었다. 그는 직접적으로 야웨의 부름("여호와께서 나를 데려다가")을 받은 자였다. 아모스는 다른 예언자에게서 교육받는 선지자 생도("선지자 아들")도 아니었다. 그는 야웨로부터 직접 파송된 자("가서", "예언하라")였다.

아모스는 고용된 성직자가 아니다. 사실 아모스는 양을 치고 무화과나무를 재배하면서 생계를 넉넉히 꾸려 나가는 일반 평신도이다.[14] 아모스가 감당하고 있는 예언직은 하나님의 절대주권에 의한 것이기 때문에, 당사자는 물론 그 이외의 어느 누구도 이것을 부인하거나 거부할 수 없다. 이를 막아서는 것은 결과적으로 하나님의 주권에 대한 심각한 도전이 된다.

아모스의 고발과 심판 선포(암 7:16-17)

> ¹⁶ 이제 너는 여호와의 말씀을 들을지니라 네가 이르기를 이스라엘에 대하여 예언하지 말며 이삭의 집을 향하여 경고하지 말라 하므로 ¹⁷ 여호와께서 이와 같이 말씀하시기를
> 네 아내는 성읍 가운데서 창녀가 될 것이요
> 네 자녀들은 칼에 엎드러지며
> 네 땅은 측량하여 나누어질 것이며
> 너는 더러운 땅에서 죽을 것이요
> 이스라엘은 반드시 사로잡혀
> 그의 땅에서 떠나리라 하셨느니라(암 7:16-17).

아모스는 16-17절에서 아마샤의 가족을 예로 들어 이스라엘의 심판을 예고한다. 16절은 아마샤에 대한 죄를 지적하는 '고발'이며, 17절은 그 고발에 따르는 당연한 '심판 예고'다.

16절에 따르면, 아마샤의 죄목은 "내 백성 이스라엘에게 예언하라"라는 야웨의 명령에 정면 도전하여 아모스에게 "이스라엘에 대하여 예언하지 말며, 이삭의 집을 향하여 경계하지 말라"라고 예언 선포를 금지한 것이다. 예언자 아모스에 대한 거부는 곧 그를 보내신 하나님에 대한 거부를 의미한다. 원래 '하나님의 제사장'이었던 아마샤는 '여로보암왕의 제사장'으로 변질되어 드디어는 하나님과 맞서는 위치에 서게 된다. 아마샤는 한때 하나님의 제사장이었지만 이제는 단지 국가의 하수인일 뿐이다.[15]

17절에서 이러한 죄에 대하여 하나님의 심판이 선고된다. 결국

'고발하는 자'가 '고발당하는 자'가 된다.[16] 즉 고발자가 피고발인이 되고, 최종적으로는 유죄 판결이 내려진다. '가장 높은 곳'(대제사장: 출세)까지 올라가서, '가장 고상한 것'(율법을 가르침: 신앙)을 다루던 아마샤가 '가장 더러운 곳'(이방 땅)에서 '가장 비천한 운명'(포로로 죽음)에 처하게 된다.

그러나 이 심판 선포는 아마샤 개인에 대한 아모스 혹은 하나님의 복수가 아니다.[17] 아마샤의 아내가 성읍에서 창기가 되고, 자녀들이 칼에 맞아 죽고, 토지를 탈취당하며, 이방인의 땅(부정한 땅)으로 포로로 끌려가 죽는 것 등은 아마샤 개인에게만 한정되어 닥칠 심판이 아니다. 이는 이스라엘 백성 전체가 경험하게 될 것으로, 전쟁에서 패망하여 포로로 끌려가는 심판을 묘사한 것이다. 아모스는 이스라엘 백성 전체에게 닥칠 운명을 아마샤의 가족을 예로 들어 구체적으로 묘사하고 있다. 이스라엘이 곧 맞이하여야 하는 심판은 백성 전체에게 오는 것이다.

정리하며

■ **떡 먹는 삶 VS 붙들린 삶**

이 장 본문은 '인간의 사람 vs 하나님의 사람'이라고 정리될 수 있다. 다른 말로 하면, '떡 먹는 삶 vs 붙들린 삶'이라고도 할 수 있다. 두 명의 주인공이 등장하는데 본문의 첫 등장인물이 아마샤이다. 아마샤는 하나님께 속한 야웨의 제사장으로 '하나님의 사람'으로 시작했으나, 결국 여로보암에게 예속된 '인간의 사람'으로 변질되고 타락한다.

그에 반해 두 번째 등장인물은 아모스이다. 아모스는 '평범한 자연인'으로 시작했으나 하나님의 강권에 의하여 '하나님의 사람'으로 운명이 바뀐다. 아마샤는 '신앙인'(하나님의 사람)으로 시작하여 '세속인'(인간의 사람)으로, 아모스는 그와는 정반대로 '세속인'에서 '신앙인'으로 변한다.

아마샤는 벧엘이 하나님께 속한 성소가 아니라, "왕의 성소"이며 "나라의 궁궐"이라고 공언한다(13절).[18] 벧엘이 하나님께 제사를 드리는 곳이라면, 벧엘은 당연히 "하나님의 성소"라고 불려야 한다. 그런데 일반 백성도 아니고, 종교 지도자인 제사장의 입에서 버젓이 "벧엘은 왕의 성소"라는 말이 나온다. "왕의 성소"라는 표현은 이곳에서만 쓰인다. 벧엘 성소를 가리켜 이렇게 부른다는 것은 이 성소가 '왕을 위한 곳'이라는 것이다. 벧엘 성소는 왕권을 뒷받침하는 일에만 몰두하고 있다. 성소로 대변되는 종교가 왕권에 완전히 복속되고 종속된 것이다.[19] 북왕국의 대표적인 성소인 "벧엘"이 본래의 문자적 뜻인 "하나님(אֵל 엘)의 집(בֵּית 벧)"이 아니라 "벧 멜렉" 즉 "왕(מֶלֶךְ 멜렉)의 집(בֵּית 벧)"이 되어 버리고 말았다.[20]

또한 아마샤는 궁극적인 권위를 왕에게 둔다. 이에 반해 아모스는 궁극적 권위를 하나님에게 둔다.[21] 이것은 작은 차이가 아니다. 궁극적인 인생관의 차이며, 가치관의 차이다. 이러한 차이는 전혀 다른 인생길로 안내한다. 아마샤가 왕에게 최고의 가치를 두는 이유는 아마도 왕이 자신에게 떡을 제공하기 때문인 것으로 보인다. 벧엘은 북왕국의 중요한 국가 성소이며, 이 성소와 이곳에서 일하는 아마샤는 물론 그 관계자들은 왕에 의해서 지목되고 유지되었을 것이다.[22] 즉 아마샤에 대한 대제사장 임명권도 실제적으로 왕에게 있었을 것이다. 아마샤는 본래 하나님의 소명을 받은 자였지만 그는 어느새 직업인이요, 한 조직원으로 변질된 것으로 보인다. 그는 그를 부르신 하나님께 '봉사'하기보다는 그의 생계에 직접적인 영향을 끼치는 왕에게 '충성'한다. 한 번 소명이 영원한 소명은 아닌가 보다. 소명자가 직업인으로 변질된 것이다.

아마샤가 아모스에게 "유다 땅으로 가서 거기에서나 떡을 먹으라"(12절)고 권고한 것은 그의 가치관이 반영된 것이다. 아마샤에게는 떡 먹는 것이 가장 중요하다. 그래서 그에게는 떡을 주는 자가 최고의 주인이다. 물론 인생에서 떡은 필요하고 중요하다. 그러나 떡이 인생에서 가장 중요한 것은 아니다. 사람은 떡으로만 살지 않는다. 아마샤는 '떡에 매인' 사람이다. 그는 '떡 먹기 위해서' 산다. 그의 삶은 한마디로 '떡 먹는 삶'이다.

사탄은 오늘도 돌들을 떡덩이가 되게 하라고 우리를 유혹한다. 떡이 인생에서 최고라는 것이다. 솔직히 말하면 떡이 가장 중요하지 아니하냐고 나지막한 목소리로 지속적으로 속삭이며 우리를 미혹하고 세뇌한다. "뭐니뭐니해도 머니(money)가 최고다"라고 늘 속삭인다. 예수님은 이 유혹을 물리치면서 이렇게 말씀하신다.

예수께서 대답하여 이르시되 기록되었으되 **사람이 떡으로만 살 것이 아니요 하나님의 입으로부터 나오는 모든 말씀으로 살 것이라 했느니라** 하시니(마 4:4).

우리 인생의 온 열정을 다 바쳐야 하는 것이 고작 떡이라면 우리네 인생이 너무나 초라하고 불쌍하고 가엾지 않은가? 알고 보면 인생에서 떡보다 중요한 것이 분명히 있다. 이는 초월적인 것이다. '땅에 속한 것'이 아니라 '하늘에 속한 것'이다. '땅에서 올라오는 것'이 아니라 '하늘에서 내려오는 것'이다. 우리는 하늘로부터 내려오는 신령한 것을 최고로 여겨야 한다. 하늘로부터 내려오는 신령한 것으로 살아가야 한다. 우리는 이를 소명이라고 부른다. 돈에 맞춰 일하면 직업이고, 돈을 넘어 일하면 소명이다. 직업으로 일하면 월급'만' 받고, 소명으로 일하면 월급은 물론이고 선물'도' 받는다.

아모스는 그것을 깨닫고 그것을 철저히 따른다. 그것은 바로 하나님에게 붙잡히는 것이다. 아모스는 하나님께 '붙들린 삶'을 추구한다. 생계를 위해 양 떼의 뒤를 따르다가 갑자기 "하나님의 낚아챔"(לקח 라카흐)을 경험한다(15절). 하나님께 온전히 붙들린 것이다. 아모스도 인간인지라 고민이 없지 않았을 것이다. 그러나 기도하면 할수록 하나님은 아모스의 마음을 흔들리지 않게 단단히 당신께 묶어 두셨다(암 3:8). 아모스는 결단한다. 이제까지의 '떡 먹는 삶'을 버리고 하나님께 온전히 '붙들린 삶'을 살겠노라고. 바울도 그런 고백을 한 적이 있다.

내가 이미 얻었다 함도 아니요 온전히 이루었다 함도 아니라 오직 내가 **그리스도 예수께 잡힌 바 된 그것을** 잡으려고 달려가노라(빌 3:12).

아마샤는 그를 부르신 하나님을 외면하고 왕의 눈치를 더 살핀다. 아마샤라는 이름은 '야웨는 강력하시다'라는 뜻이다. 그러나 아마샤는 자신의 이름에 걸맞지 않게, 하나님의 능력 대신에 세상의 권력에 기생하여 산 불쌍한 전형적인 종교 지도자였다. 그에게는 야웨가 왕이 아니었다. 부패하고 위선적인 인간 여로보암이 그의 왕이었다. 그에게는 제사장의 일차적인 임무인 '율법 공부와 가르침' 그리고 '예배 집례'는 그리 중요한 것이 아니었다. '자신의 본분'은 뒤로하고, '자신의 자리'에만 연연하고 있다. 그는 항상 '하늘의 왕'보다는 '지상의 왕'을, '성전'보다는 '궁정'을 향하고 얼굴을 들고 있었던 것이다.[23] '어디를 바라보느냐'가 그의 삶의 방향을 결정한다. 시선이 삶의 방향을 결정한다. 하나님이 부르신 본분을 늘 주목해야 한다.

그런데 아모스는 아마샤가 외면한 하늘의 왕 하나님께 주목한다. 하나님의 사람은 모두 하나님께 붙들린 사람이다. 우리 모두도 마찬가지다. 이제 그 붙들림(부르심)에 합당한 자로 바로 서기 위해 우리를 부르시고 붙들고 계시는 하나님께 시선을 고정시켜야 한다. 하나님의 사람은 하나님에게만 속해 있기 때문에 사람에게는 매이지 않는다. 하나님의 사람은 모두 '하나님의 종'이지 '사람의 종'이 아니다. 하나님의 사람은 사람에게 충성하지 않는다. 조직보다 본분에 충성한다. 소명적 본분에 충성한다. 인간적인 욕망에 현혹되지 않는다. 세속의 가치관에 미혹되거나 흔들리지 않는다. 마땅히 들어야 할 하나님의 말씀에 집중한다. 하나님의 말씀에 집중하는 사람은 고통당하는 자들은 위로하며, 안일에 빠진 자들과는 긴장 관계를 마다하지 않는다.[24] 그래야 고통당하는 자도 새 힘을 얻어서 살고, 안일에 빠진 자도 반성하며 살 수 있다.

우리는 지금 어떤 삶을 살고 있는가? '세상의 떡을 먹는 삶'인가? 아니면 '하나님께 붙들린 삶'인가?

물론 세상의 떡을 먹는 것도 무시할 수는 없다. 이것도 중요하다. 그러나 거기에만 머물 수는 없다. 세상의 떡을 넘어서 하나님께 붙들린 삶을 살아야 한다. 하나님은 이 시간에도 우리의 삶이 어디를 향하고 있는지 우리의 시선을 주목하신다. 우리의 시선은 '아마샤의 시선'인가 아니면 '아모스의 시선'인가? 우리의 시선을 하나님께 고정하고, 하나님께 붙들린 삶을 살아가기를 바란다.

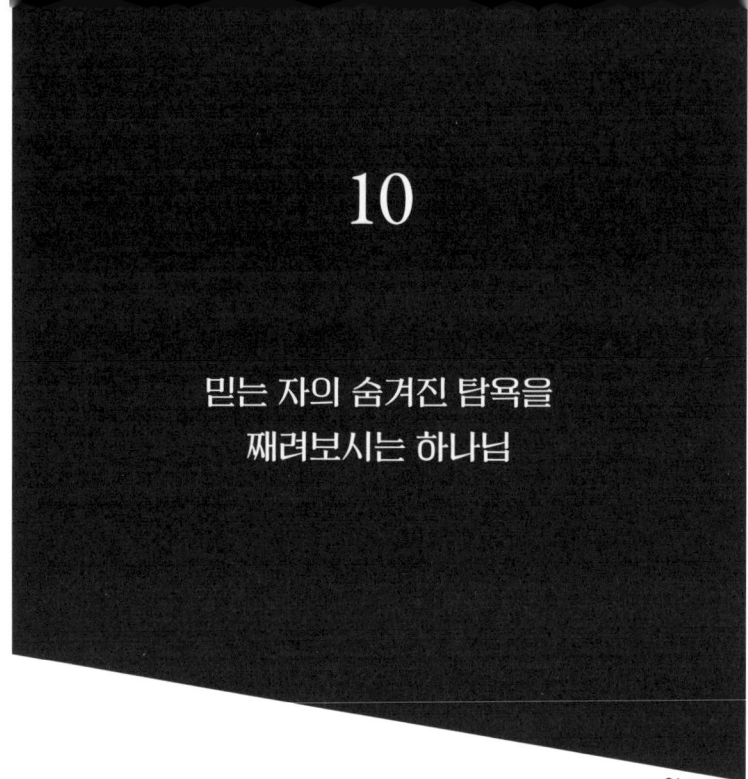

10

믿는 자의 숨겨진 탐욕을 째려보시는 하나님

- 암 8:1-14

아모스 8장 1-14절은 세 부분으로 나뉜다. 1-3절은 아모스가 본 네 번째 환상인 여름 실과 환상을 묘사하고 있다. 4-6절은 아모스가 이스라엘의 잘못을 지적하는 고발 부분이다. 7-14절은 이스라엘에게 임할 하나님의 심판을 그리고 있다. 이 심판 선고에서는 이스라엘 전 국가적인 애도와 하나님의 말씀이 철저히 실종될 것이 예고된다. 아모스 8장은 환상과 고발 그리고 심판 선고로 구성되어 있다.

아모스 8장 1-14절의 구조

8:1-3	넷째 환상: 여름 실과 환상
8:4-6	고발: 가난하고 힘없는 자를 망하게 하려는 자들아
8:7-14	심판 선포: 온 땅이 솟아오르며 낮아지리라
8:7-10	전 국가적 애도
8:11-14	하나님 말씀의 기갈

넷째 환상: 여름 실과 환상(암 8:1-3)

¹ 주 여호와께서 내게 이와 같이 보이셨느니라 보라 여름 과일 한 광주리이니라 ² 그가 말씀하시되 아모스야 네가 무엇을 보느냐 내가 이르되 여름 과일 한 광주리니이다 하매 여호와께서 내게 이르시되
내 백성 이스라엘의 끝이 이르렀은즉
내가 다시는 그를 용서하지 아니하리니
³ 그 날에 궁전의 노래가 애곡으로 변할 것이며
곳곳에 시체가 많아서
사람이 잠잠히 그 시체들을 내어 버리리라
주 여호와의 말씀이니라(암 8:1-3).

1절에서 하나님은 아모스에게 여름 과일 한 광주리를 보여 준다. 아모스는 광주리 안에 담긴 여름 과일을 본다. 여름 과일은 히브리어로 "카이츠"(קָיִץ)이다.

2절에서 하나님은 아모스에게 지금 보고 있는 것이 무엇인지를 물으신다. 아모스는 "여름 과일 한 광주리입니다"라고 답한다. 이 때 하나님의 말씀이 떨어진다.

> 내 백성 이스라엘의 끝이 이르렀다
> 내가 다시는 용서하지 않겠다

여기서 "끝"이라는 단어는 히브리어로 "케츠"(קֵץ)이다. 즉 여름 과일은 "카이츠"(קַיִץ)이고, 끝은 "케츠"(קֵץ)이다. 여름 실과는 가장 덥고 건조한 여름철, 말하자면 7-8월에 거둔다. 여름철 막바지에 거두어들이는 과일이 일 년 농사의 마지막을 상징하는 것처럼, 이스라엘 백성에게도 마지막 운명의 날이 도래했다는 사실이 분명해진다.[1] 이 구절은 아모스의 핵심 메시지이다.[2] 또한 아모스의 모든 메시지의 요약이라 할 수 있다.[3]

또한 이 두 단어 사이에는 언어유희가 성립된다. "카이츠"(קַיִץ)와 "케츠"(קֵץ)는 서로 자음이 같다. 발음도 비슷하다. 하나님은 아모스에게 의도적으로 카이츠(קַיִץ)를 보여 주면서 케츠(קֵץ)를 연상하도록 이끄신 것이다. 아마도 아모스는 북왕국 이스라엘의 운명에 대하여 늘 고민했던 것 같다. 북왕국을 마음에 품고 기도하던 중 아모스는 우연히 여름 과일을 목격하게 되었다. 여름 과일을 본 순간 하나님의 뜻이 스치듯이 지나간다. 인생에서 우연은 없는 법이다. 우연을 가장한 필연만 있을 뿐이다.

"카이츠(קָיִץ), 카이츠(קָיִץ), 카이츠(קָיִץ), 아하 케츠(קֵץ)구나!"
"아, 이스라엘에게 케츠(קֵץ)가 임하는구나!"

아모스는 평범한 일상에서 하나님의 특별한 계시를 끌어낸다. 일상에 계시가 숨겨 있는 것이다. 아모스는 일상을 통해서 끊임없이 말씀하시는 하나님의 음성을 포착하는 영성이 있었다. 개인적으로 나도 이러한 깨어 있는 영성이 부럽다. 일상 속에 담겨 있는 하나님의 신호를 간파하는 능력이 우리 모두에게도 필요하지 않을까? 우리 모두 이러한 영성이 좀 더 예리해지고 민감해지기를 바란다.

이스라엘을 향한 하나님의 의지는 분명했다. "더 이상 죄를 용서하지 않을 것이다." 이스라엘은 멸망을 앞두고 있다. 이스라엘이 그동안 존속할 수 있었던 것은 하나님의 용서가 끊임없이 작동되었기 때문이다. 그러나 하나님의 용서가 그만 중단된다면 이제 남은 것은 멸망밖에 없다.

3절은 앞으로 임할 멸망의 날에 대해 설명한다. 그날에 "궁전의 노래"가 애곡의 노래로 바뀔 것이다. 궁전으로 번역된 히브리어는 "헤칼"(הֵיכָל)이다. "헤칼"(הֵיכָל)은 원래 '큰 집'이라는 의미이다. 그래서 헤칼(הֵיכָל)은 '왕궁'이나 '성전'을 가리킨다. 여기서 "궁전의 노래"는 '왕궁의 노래'와 '성전의 노래' 모두를 가리키는 것일 수 있다. 왕궁의 노래와 성전의 노래가 애곡으로 바뀐다는 표현은 '왕궁의 몰락'과 '성전의 몰락'을 뜻한다. 궁궐에서 한가롭고 배부르게 백성의 고통을 모른 채로 아니, 무시한 채로 부르는 노랫가락이든, 성전에서 권력자들과 결탁해 정의와 공의는 도외시한 채 오로지 제사만 성대하게 행하는 데 관심이 있는 노랫가락이든, 그 모든 노랫소리는 이제 슬피 우는 부르짖음으로 바뀔 것이다.[4]

흥겨운 노랫소리가 애곡으로 바뀐 이유는 도처에 깔려 있는 시체 더미 때문이다. 아마도 전쟁의 패배로 인한 대학살로 많은 사람들이 죽어 나가는 상황을 가리키는 것 같다. "곳곳에 시체가 많아서 사람이 잠잠히 그 시체들을 내어 버리리라"에서 "잠잠히"는 자포자기와 비통한 상태를 묘사한 것으로 보인다.[5] 노래가 애곡으로, 애곡은 침묵으로 이어진다. 이제 종말이 다가왔다. 아모스의 환상 보고는 "주 여호와의 말씀이니라"로 끝난다. 아모스가 본 여름실과 환상은 야웨 하나님으로부터 비롯된 것이다.

◢ 고발: 가난하고 힘없는 자를 망하게 하려는 자들아 (암 8:4-6)

> [4] 가난한 자를 삼키며
> 땅의 힘없는 자를 망하게 하려는 자들아
> 이 말을 들으라
> [5] 너희가 이르기를
> 월삭이 언제 지나서
> 우리가 곡식을 팔며
> 안식일이 언제 지나서
> 우리가 밀을 내게 할꼬
> 에바를 작게 하고

> 세겔을 크게 하여
>
> 거짓 저울로 속이며
>
> ⁶ 은으로 힘없는 자를 사며
>
> 신 한 켤레로 가난한 자를 사며
>
> 찌꺼기 밀을 팔자 하는도다(암 8:4-6).

아모스의 환상은 이스라엘의 완전한 멸망으로 끝나고 있다. 이어지는 단락은 이스라엘이 멸망하는 이유를 묘사한다. 아모스 8장 4-6절은 이스라엘을 멸망으로 이끈 이유, 즉 이스라엘의 잘못을 지적하는 고발 부분이다.

4절에서 아모스는 당시 이스라엘의 죄를 한마디로 요약한다. 이스라엘의 죄는 "가난한 자를 삼키며, 땅의 힘없는 자를 망하게" 한 것이다. 여기서 "가난한 자"(אֶבְיוֹן 엡욘)는 '궁핍한 자'를 말한다(암 2:6). "엡욘"(אֶבְיוֹן)은 가진 것이 아무것도 없는 형편이라 하루하루를 걱정하면서 연명하는 사람들이다. "힘없는 자"(עָנָו 아느베)는 낮은 위치에 처한 사람들, 즉 사회적으로 밑바닥 위치에 있는 사람들을 가리킨다. 그들은 비천하고 힘없는 민초들이다.[6]

야웨 하나님이 이스라엘을 이집트에서 해방시키신 것은 모든 이스라엘 백성이 서로 형제라는 연대성을 가지고 살도록 하기 위함이었다.[7] 그래서 하나님은 조금 더 부요한 사람들이 자신보다 조금 못한 가난한 사람들이나 힘없는 사람들에게 특별한 관심을 가지고 그들을 넉넉한 마음으로 도와주라고 강하게 명령하신다.[8]

> ⁷ 네 하나님 여호와께서 네게 주신 땅 어느 성읍에서든지 **가난한 형제**(אֶבְיוֹן 엡욘)가 너와 함께 거주하거든 그 **가난한 형제**(אֶבְיוֹן 엡욘)에게 네 마음을 완악하게 하지 말며 네 손을 움켜쥐지 말고 ⁸ 반드시 네 손을 그에게 펴서 그에게 필요한 대로 쓸 것을 넉넉히 꾸어 주라(신 15:7-8).

그렇다면 여기서 가난한 자들과 힘없는 자들을 무시하고 억누르는 자들은 누구인가? 그들의 정체가 5-6절에서 드러난다. 5a절에 의하면, 이들은 월삭과 안식일에 대해 잘 알고 있으며, 그날들을 엄격히 지키는 자들이다. 월삭은 매월 초하루를 가리키는 절기로 하루를 쉰다. 안식일은 노동이나 상거래가 금지되는 날이다. 월삭과 안식일은 노동으로부터 해방하여 쉼으로부터 오는 기쁨을 누리는 날이다.

> 내가 그의 모든 희락과 절기와
> **월삭**과 **안식일**과 모든 명절을 폐하겠고(호 2:11).

특히 안식일은 월삭 때보다 일상적인 일이 더욱 엄격히 중지되었다. 그래서 안식일 때에 가장 비천한 사람들이 과도한 노동에서 벗어나 새 힘을 얻게 된다.

> 너는 엿새 동안에 네 일을 하고 **일곱째 날에는 쉬라** 네 소와 나귀가 쉴 것이며 네 **여종의 자식과 나그네가 숨을 돌리리라**(출 23:12).

안식일은 조용한 시간을 보내며 하나님께 나아가고, 모처럼 온

가족이 함께 기쁨을 나누는 즐겁고 기쁜 날이다.[9]

당시 북왕국 이스라엘은 율법 준수(적어도 월삭과 안식 준수)가 완전히 무시된 무질서의 사회는 아니었음을 알 수 있다. 북왕국은 성소에서의 제사와 절기 준수, 안식일과 월삭 때의 노동의 금지가 제대로 지켜지던 곳이었다. 문제는 그들이 안식일과 월삭이 언제 끝나는가 하며, 그 시간이 빨리 지나가기를 학수고대한다는 점이다. 율법이 형식적으로 준수되고 있었다. 이날들이 빨리 지나가야 곡물을 팔 수 있기 때문이다.[10]

무슨 말인가? 이들은 성일에도 돈 벌 궁리나 하는 속물 근성을 지니고 있었다. 게다가 이를 넘어 돈을 벌기 위해서는 불법적인 상거래마저 마다하지 않는 자들이었다. 그런데 이보다 더욱 중요한 사실은 이들도 하나님의 성일을 형식적으로나마 지키는 신앙인이라는 것이다. 신앙인이 예배 시간에도 돈벌이만 궁리하고 있다.

5b-6절에서 아모스는 3가지 경우를 고발하고 있다. (1) 에바를 작게 하고 세겔을 크게 하여 거짓 저울로 속인다(5b절). (2) 은으로 힘없는 자를 사며 신 한 켤레로 가난한 자를 산다(6a절). (3) 찌꺼기 밀도 판다(6b절).

첫째, "에바"(אֵיפָה)는 가루나 곡물 등 마른 것의 양을 재는 용기이다. 이들은 에바를 작게 만들어 곡물을 사는 자들에게 양을 적게 줌으로 부당 이익을 취한다. "세겔"(שֶׁקֶל)은 석회석으로 만들어진 공 모양의 측량 도구이다. 세겔을 크게 만듦으로 상대방으로부터 표준보다 무거운 금이나 은을 받았다.[11] 이 또한 부당 이익을 취하는 것이다. 또한 "거짓 저울"로 속여서 부당한 이익을 취한다. 여기서

'에바를 작게 하기', '세겔을 크게 하기', '거짓 저울로 속이기'는 고대 이스라엘 당시 일상적이던 사기 삼종 세트다.

> [10] 악인의 집에 아직도 불의한 재물이 있느냐
> 축소시킨 **가증한 에바**가 있느냐
> [11] 내가 만일 **부정한 저울**을 썼거나
> 주머니에 **거짓 저울추**를 두었으면 깨끗하겠느냐(미 6:10-11).

둘째, 이들은 식량을 도구로 가난한 자를 헐값에 산다. 그들이 산 사람의 가격은 신 한 켤레 값에 지나지 않는다.

셋째, 이들은 팔 수 없는, 아니 팔아서는 안 되는 상품도 판다. 그들이 파는 찌꺼기 밀은 땅에 떨어진 곡식으로 이미 땅에 버려진 쓰레기나, 버려야 할 저질품이다. 이러한 곡식은 겨나 또는 키질하고 남은 잔존물이거나,[12] 땅에 떨어져서 더럽혀지고 밟힌 불량 품질의 곡식이다.[13]

특히 4-6절은 아모스서의 다른 고발과는 달리 '죄 지은 자의 행위'가 아니라 '계획들과 숨겨진 의도'를 밝히고 있다.[14] 이들은 탐욕과 사기와 착취로 배와 재산을 불리고 있다. 이윤 추구가 최대의 목적인 이들은 하나님은 '덜' 사랑하고, 물질(mammon)은 '더' 사랑하고, 이웃은 '전혀' 사랑하지 않는다.[15]

이들에게 사람은 이윤을 추구하고 돈을 버는 도구에 지나지 않는다. 사람이 사람으로 보이지 않고 상품으로 보인다. 돈이라면 사람의 인격까지 짓밟는 사람들이다. 돈이 된다면, 사람도 싼 값에

구매했다가 비싼 값으로 되파는 상품에 지나지 않는다. 사회가 이 지경에까지 이르렀다면 하나님이 가만히 계시는 것이 더 이상하지 않는가? 더욱 충격적인 것은 이들이 형식적이고 명목상이긴 하지만 그래도 신앙인이라는 사실이다. 하나님의 자녀들이 하나님보다 황금을 더 중시한다. 황금제일주의의 노예가 되었다. 황금신자, 돈 신자가 된 것이다. 말 그대로 돌아 버린 '돈 신자' 말이다. 돈에 매인 신자는 '돈 신자'이다.

심판 선포: 온 땅이 솟아오르며 낮아지리라 (암 8:7-14)

전 국가적 애도 (7-10절)

> 7 여호와께서 야곱의 영광을 두고 맹세하시되
> 내가 그들의 모든 행위를 절대로 잊지 아니하리라 하셨나니
> 8 이로 말미암아 땅이 떨지 않겠으며
> 그 가운데 모든 주민이 애통하지 않겠느냐
> 온 땅이 강의 넘침같이 솟아오르며
> 애굽 강같이 뛰놀다가 낮아지리라
> 9 주 여호와의 말씀이니라
> 그 날에 내가 해를 대낮에 지게 하여
> 백주에 땅을 캄캄하게 하며
> 10 너희 절기를 애통으로,
> 너희 모든 노래를 애곡으로 변하게 하며

> 모든 사람에게 굵은베로 허리를 동이게 하며
> 모든 머리를 대머리가 되게 하며
> 독자의 죽음으로 말미암아 애통하듯 하게 하며
> 결국은 곤고한 날과 같게 하리라(암 8:7-10).

7절에서 야웨 하나님은 "야곱의 영광"을 두고 맹세하신다. "야곱의 영광"은 아모스 6장 8절에서와 같이 "야곱이 영광"으로 생각하는 것들이다. 여기서 하나님이 야곱의 영광, 즉 야곱의 자만을 '걸고' 맹세하신다기보다는, 야곱의 자만에 '관하여', 혹은 야곱의 궁지에 '대하여' 혹은 야곱의 오만을 '쳐서' 맹세하신다는 뜻이다.[16] 혹은 비꼬듯이 야곱의 자만으로 맹세한다는 뜻으로도 볼 수 있다.[17] 야곱의 자만(야곱의 영광)은 명백히 변하지 않을 것이기 때문이다.[18]

하나님은 그들의 모든 행위를 절대로 잊지 않겠다고 말씀하신다. "그들의 모든 행위"는 4-6절에 이미 언급이 되었다. 모든 행위는 그들의 종교적 행위와 경제 사회적 행실을 모두 포함한다. 마음에 탐욕을 숨겨 놓고 형식적으로 참여하는 종교적인 절기 준수와 예배 참석과 더불어 속이고 빼앗고 약자들을 멸시하는 일상적인 삶 말이다.

신앙과 생활이 실제적으로 이혼한 상태이다. 신앙생활 따로, 일상생활 따로 하는 것이다. 신앙생활을 하면서 악한 행동을 저지르는 것은 외식을 넘어 범죄 행위와 다르지 않다. 앞에서는 하나님의 복을 구하고, 뒤에서는 자신의 방식으로 이득을 취한다. 한 손으로는 하나님에게서 받고, 다른 한 손으로는 악행을 통하여 벌어들이는 극단적인 이기심으로 산다.[19] 하나님은 이들의 이러한 행실을 절대로 잊지 않으신다.

8절에서 아모스는 하나님의 심판을 선고한다. 아모스는 지진과 나일강의 범람을 연상시키는 묘사를 한다. 나일강은 해마다 우기에는 그 수위가 7-8미터쯤 올라간다. 물이 불어나서 강 언덕의 넓은 지역으로 강물이 흘러넘치곤 했다.[20] 이 구절은 아마도 세상이 흔들리고 뒤집어질 것을 예고하는 것 같다. 지진이 발생하면 건물들이 무너져 내리는 것처럼, 악행으로 쌓은 모든 권력과 부의 기초가 뒤집어질 것을 생생하게 말하고 있다. 잘못된 것들은 때가 되면 다 뒤집어질 것이다.

9절에서 아모스는 하나님의 심판을 더욱더 큰 스케일(규모)로 예고하고 있다. "그 날에 내가 해를 대낮에 지게 하여 백주에 땅을 캄캄하게 하며"라는 표현은 하나님이 정오에 태양을 지게 하여, 환한 대낮인데도 갑자기 땅을 어둡게 하실 것임을 말한다. 창조주이신 하나님의 권능이 이스라엘에게 재앙을 가져오실 것임을 선포한다.

10절에 의하면 심판의 날이 되면, 이스라엘의 모든 것은 뒤집어질 것이다. 즐겁고 잔치 분위기의 절기는 "애통"의 날이 될 것이다. 흥겨운 노랫가락은 모두 "애곡"의 노래가 될 것이다. 화려한 장식으로 치장된 긴 옷은 벗겨지고, 거칠고 굵은베 옷으로 엉덩이만 간신히 가리게 될 것이다. 모든 머리가 대머리가 되어 죽은 자를 애도하게 될 것이다. 머리를 밀어서 대머리로 만드는 것은 죽은 자를 애곡하는 한 관습이었다.

> 너는 네 기뻐하는 자식으로 인하여
> 네 머리털을 깎아 대머리 같게 할지어다
> 네 머리가 크게 벗어지게 하기를 독수리 같게 할지어다
> 이는 그들이 사로잡혀 너를 떠났음이라 (미 1:16; 참조. 욥 1:20).

그런데 그 애곡의 원인이 "독자의 죽음"이라고 말한다. 독자의 죽음은 후손이 끊긴다는 것을 뜻한다.[21] 이는 결국 이스라엘이 멸망함을 나타낸다.

하나님 말씀의 기갈(11-14절)

> [11] 주 여호와의 말씀이니라
> 보라 날이 이를지라
> 내가 기근을 땅에 보내리니
> 양식이 없어 주림이 아니며
> 물이 없어 갈함이 아니요
> 여호와의 말씀을 듣지 못한 기갈이라
> [12] 사람이 이 바다에서 저 바다까지,
> 북쪽에서 동쪽까지 비틀거리며
> 여호와의 말씀을 구하려고 돌아다녀도 얻지 못하리니
> [13] 그 날에 아름다운 처녀와
> 젊은 남자가 다 갈하여 쓰러지리라
> [14] 사마리아의 죄 된 우상을 두고 맹세하여 이르기를
> 단아 네 신들이 살아 있음을 두고 맹세하노라 하거나
> 브엘세바가 위하는 것이 살아 있음을 두고 맹세하노라

하는 사람은 엎드러지고

다시 일어나지 못하리라(암 8:11-14).

11절에서 아모스는 하나님의 말씀이 자취를 감추는 날을 예고한다. 하나님의 말씀의 기근을 말한다. 여기서 "기근"은 앞 단락인 4-6절에 언급된 이기적인 신앙인의 탐욕과 대비된다. 이들은 예배의 자리에서조차 많은 물질을 추구했는데 그 종착역이 기근이다. 어떤 기근인가? 양식과 물의 기근을 넘어선다. 온 땅에 기근이 임하되 먹을 빵이 없는 기근이 아니고 마실 물이 없는 목마름도 아니다. 더 심각한 기근이다. 그것은 "여호와의 말씀을 듣지 못한 기근(기갈)"이다.

여기서 "말씀"이란 단순히 귀로 들리는 말이 아니다. 인간의 말이 아닌 '하나님의 말씀'이다. 하나님의 말씀은 하나님의 지시와 인도 그리고 은혜와 능력을 가리킨다. 이스라엘은 양식과 물보다 더 귀한, 야웨 하나님을 잃어버린 것이다. 야웨 하나님은 더 이상 그들의 하나님이 아니다.[22] 하나님의 침묵은 이스라엘이 감당할 수 없는 최고형이다.[23]

특히 이스라엘 백성들은 먹을 양식과 마실 물이 태부족했던 사막과 황야에서 사람이 생명을 어떻게 유지할 수 있는가를 40년의 학습 기간에 '온몸'으로 배우지 않았던가? 모세는 이스라엘의 광야 40년의 유랑 생활을 결산하면서 이 사실을 분명하게 천명한 적이 있다.

² 네 하나님 여호와께서 이 **사십 년 동안**에 네게 광야 길을 걷게 하신 것을 기억하라 이는 너를 낮추시며 너를 시험하사 네 마음이 어떠한지 그 명령을 지키는지 지키지 않는지 알려 하심이라 ³ 너를 낮추시며 너를 주리게 하시며 또 너도 알지 못하며 네 조상들도 알지 못하던 만나를 네게 먹이신 것은 **사람이 떡으로만 사는 것이 아니요 여호와의 입에서 나오는 모든 말씀으로 사는 줄을 네가 알게 하려 하심이니라**(신 8:2-3).

여기서 특별히 우리의 관심을 끄는 대목이 있다. 절망적인 상황의 대명사인 광야에서 이스라엘이 보호받고 그들의 생명이 유지될 수 있었던 이유가 '하나님의 말씀' 덕분이었다고 전하는 점이다. '하나님'이 그들을 광야에서 보호하셨다고 말하는 대신에 '하나님의 말씀'이 그랬다고 말한다. 이는 매우 의미심장한 말씀이다.

하나님의 말씀은 배고픔으로 인해 지쳐 죽을 수밖에 없는 광야의 사람들에게 살 수 있는 길을 제공해 주었다. 하나님의 말씀은 목마름으로 인해 기진맥진한 사막의 횡단자들에게 살아남아 여정을 계속할 수 있는 방법을 알려 준 유일한 길이었다. 이처럼 하나님의 말씀은 진정한 '길'이요, 확실한 삶의 '방법'이요, 참된 생명을 유지하는 '원천'이다.[24]

사람이 떡으로만 사는 것이 아니요 하나님의 말씀으로 사는 법이다(신 8:3). 그런데 하나님의 사람들이 떡을 추구하다가, 아니 떡을 더 추구하다가, 결국 떡만 추구하다가 어처구니없이 하나님의 말씀의 기근에 봉착한 것이다. 본질을 소홀히 하거나 무시하다가 본질을 놓치면, 결국 비본질에 휘둘리고 비본질에 빠지게 된다.

12절에 따르면, 사람들이 하나님의 말씀을 결사적으로 찾아 나서고 있다. 이들은 "이 바다에서 저 바다까지 북쪽에서 동쪽까지" 찾아 나선다. "이 바다에서 저 바다까지"는 사해에서 지중해까지라는 뜻이다. 북왕국의 수도 사마리아를 기준으로 보면, 사해는 남쪽에 있고, 지중해는 서쪽에 위치한다. 그렇다면 "이 바다(사해)와 저 바다(지중해)"는 남쪽과 서쪽을 가리킨다. 또한 북쪽과 동쪽까지 비틀거리며 찾고 있다. 그러나 이들은 하나님의 말씀을 구하려고 동서남북 모든 방향을 찾아가 구석구석을 다 뒤져도 그 말씀을 찾지 못한다.[25]

13절은 "아름다운 처녀와 젊은 남자가 다 갈하여 쓰러진다"고 기술한다. 처녀와 청년은 인생의 가장 아름다운 때, 혹은 가장 튼튼하고 건강한 때를 가리킨다. 그러나 그들조차도 야웨의 말씀을 듣지 못하는 목마름으로 인해 온 삶이 메마르고 탈진한 채 쓰러질 것이다.[26]

14절은 종교적인 열정이 자신을 구원하지 못함을 말하고 있다. 이들은 이스라엘의 북쪽 단 지역으로부터 중앙의 사마리아 지역, 그리고 남쪽의 끝인 유다의 브엘세바에 이르기까지 이스라엘의 모든 성소들을 다 찾아다니면서 열정적으로 하나님의 말씀을 구한다. 하지만 왜곡된 신앙행태와 위선적인 신앙생활에 오염된 자들이라 하나님과 하나님의 말씀을 발견하지 못한다. 이들은 쓰러지고 다시는 일어나지 못할 것이다.

정리하며

■ **살길은 일상의 삶에 있다**

오늘의 아모스 말씀이 뼈아픈 것은 하나님의 사람들을 향하고 있다는 사실이다. 아모스의 질타를 받고 있는 대상들은 종교적 성일들, 예를 들어 월삭과 안식일 등을 형식적으로 지키던 자들이었다. 그들 모두가 종교인들이요, 오늘말로 하면 교회를 열심히(?) 다니는 신자들이었다. 이들 가운데 상당히 많은 사람들은 교회에서 오랫동안 봉사한 경력을 자랑하는 직분자였을 것이다. 그들은 복음의 내용보다는 교회의 관행과 생활에 정통한 신자였을 것이다. 그들은 십일조를 정성껏 냈으며, 교회 안에서 많은 사람들의 칭송의 대상이요 부러움의 인물일지도 모른다. 그들은 하나님과 물질을 동시에 섬기고 있던 자들이 틀림없다.[27] 그들은 하나님께 예배를 드리면서도 속은 물질을 탐한다. 어쩌면 신앙도 비즈니스를 위한 것일 수도 있다. 그들의 속은 돈 벌 생각만 가득하다.

그러나 우리 하나님은 우리의 속을 꿰뚫고 보신다.

[9] 만물보다 거짓되고 심히 부패한 것은 **마음**(לֵב 레브)이라
누가 능히 이를 알리요마는
[10] 나 여호와는 **심장**(לֵב 레브)을 살피며
폐부(כְּלָיוֹת 켈라요트, 신장, 콩팥)를 시험하고

각각 그의 행위와 그의 행실대로 보응하나니(렘 17:9-10).

심장은 의지와 결단의 자리이다. 심장은 '사고(思考) 기관'이다. 이에 반해 신장은 감정과 정서의 자리이다. 신장은 '감각(感覺) 기관'이다. 인간은 심장으로 결단하고, 신장으로 느낀다는 것이다. 결단하고 느끼는 내면의 기관인 심장과 신장은 하나님의 불꽃 같은 눈에 다 투시된다. 우리의 내면이 무엇에 사로잡혀 있는지 하나님의 눈에는 숨길 수 없다는 것이다.

하나님을 예배하는 자들이 왜 이렇게 되었을까? 그들은 '이원론적 세계관'을 가지고 있었던 것 같다. 이 세상은 '하나님의 나라'(교회)와 '세상 나라'(세상)로 구별된다고 믿는 것이다. 주일과 각종 종교 영역은 하나님의 나라와 관계를 맺고 있고, 교회 밖의 비종교적 영역은 하나님의 간섭이나 통치와는 상관없는 세상 나라에 속한 것으로 보는 것이다. 세상 나라에서는 그 나라에서 통용되는 용어와 가치 체계를 따르면 되는 것이다. 교회에 가면 그리스도인처럼 행세하고, 사회에 나가면 세속의 사람처럼 생각하고 행동하는 일을 당연한 것처럼 여긴다.[28]

그러나 교회와 세상을 성(聖)과 속(俗)으로 나누는 잘못된 이원론은 세계관 용어로 말한다면, '방향'(direction)이 아니라 '구조'(structure) 자체를 이원화하는 오류를 범한다. 즉 교회는 성스러운 곳이고, 세상은 속된 것이라고 구조적으로 구분하는 것이다. 그러나 세상이 구조적으로 악한 것이 아니라, 세상이 굴러가는 방식, 그 방향이 악한 것이다. 같은 배라도 약탈에 이용하면 해적선이 되고, 인명을 구해 내면 구조선이 된다. 배라는 구조 자체가 선하고 악한 것이 아니다. 어떤 방향으로 쓰이고 있는지가 선과 악을 구분한다. 교회 안에도 성과 속이 공존하고, 세상에도 성과 속이 공존한다. 교회가 세상 속에 있는 것만큼이나 세상도 교회 속에 있다.

사실 이원론처럼 무서운 사탄의 전략은 없다. 아무 문제없이 그저 평범하게 교회만 잘 다니게 하는 것보다 더 좋은 유혹은 없다. 하나님의 주권을 좁은 교회 영역 안으로 가두어 두는 것보다 더 뛰어난 전략은 없다. 우스갯소리로 한국 그리스도인들은 술 담배만 안하고, 주일만 성수하고, 십일조만 하면 의무를 다한 것으로 생각한다는 말이 있다. 물론 이러한 전통은 잘못된 것이 아니다. 좋은 것이다. 하지만 이것만 이행하면, 나머지는 모두 용서된다는 생각은 문제이다.

얄팍한 거룩 뒤로 숨어 버린 그리스도인들은 더 이상 세상에서 거룩하지 않으며, 세상에서는 거룩하려고 노력하지도 않는다. 교회는 성이고, 세상은 속이라고 철저히 구분하고, 교회에서는 나름대로 성스러워지려고 노력을 하지만, 세상에서는 그리스도인임에도 불구하고 속된 가치관과 속된 삶으로 거리낌 없이 살아간다. 그러나 하나님의 나라가 이 땅에 도래하려면 우리는 세상에서도 거룩해져야 한다.

아모스의 메시지는 하나님을 나름대로 열심히 믿고 있는 신앙인들을 향한 것이다. 바로 우리를 향하고 있다. 바로 우리를 질타하고 있다. 그렇다면 아모스 당시 이스라엘 백성이 살기 위해, 다시 말해 멸망을 면하기 위해 해야 할 일은 무엇인가? 그것이 오늘의 우리도 듣고 행해야 할 과제이다. 우리는 이 답을 아모스 8장 4-6절에서 찾을 수 있다. 이 구절은 이스라엘 온 땅에 임할 재앙의 근본적인 기준을 제시하고 있다. 이 기준만 채워진다면 최소한 이러한 재앙만큼은 피할 수 있지 않을까?

이스라엘이 살 수 있는 길은 '예배의 자리'가 아니라 '일상의 삶'에 있다는 것이 핵심이다. 오늘날 우리의 문제는 '예배의 부족'이 아니라 일상에서의 '정의의 부족'에 있다. (1) 자신들의 일터에서 도량형을 나와 남에게 동일하게 적용하는 것이다. (2) 가난하고 힘 없는 사람들의 노동력에 정당한 대가를 지불하는 것이다. (3) 도저히 자신도 먹지 못할 것은 다른 사람에게 팔지 않는 것이다.

회복과 생명의 길은 시장터에서의 도량형, 노동자에게 지급되는 정당한 임금, 신뢰할 수 있는 음식물의 유통과 같은 지극한 일상에 달려 있다.[29] 하나님이 우선적으로 살피는 것은 예배의 모습 이전에, 일상과 일터에서의 모습이다.

> 오직 정의를 물같이,
> 공의를 마르지 않는 강같이 흐르게 할지어다(암 5:24).

신앙인의 승부처는 교회가 아니라 세상이다. 우리의 가정과 일터이다. 교회뿐만 아니라 가정과 일터에서도 거룩한 삶을 살아야 한다. 아니 교회보다 가정과 일터에서 더 경건한 삶을 살아야 한다. 그래서 성경에만 줄 긋는 것이 아니라 일상의 삶에서도 줄을 긋는 삶을 살아야 한다.

¹¹ 그가 어떤 사람은 사도로, 어떤 사람은 선지자로, 어떤 사람은 복음 전하는 자로, 어떤 사람은 목사와 교사로 삼으셨으니 ¹² 이는 **성도를 온전하게 하며 봉사**(디아코니아, διακονία)**의 일을 하게 하며 그리스도의 몸을 세우려 하심이라**(엡 4:11-12).

하나님이 교회에 목사와 교사를 주신 이유는 성도를 온전하게 하며 봉사의 일을 하도록 하기 위해서이다. 여기서 말하는 '봉사의 일'은 기독교적 활동만을 의미하는 게 아니다. 교회 안에서뿐만 아니라 사회 전반에서 행하는 온갖 종류의 봉사가 여기에 포함된다. 하나님이 교회에 목사들과 교사들은 주신 것은 성도들을 온전하게 하기 위해서이다. 성도들이 목회자의 사역을 후원하고자 주일에 교회에 오는 것이 아니다. 오히려 그 반대다. 목회자가 성도의 가정과 일터의 사역을 후원하고자 주일에 교회에 모이는 것이다. 교회의 담장을 넘어 세상 속에서 성도들이 소금과 빛(소금이 빛보다 먼저이다! 마 5:13-14)으로 살아가도록 돕는 것이 목회자와 교회의 역할이다.

봉사의 일은 교회에서만 아니라 일상의 삶에서도 실행되어야 한다. 그리스도의 몸을 세우는 것은 세상 속에서 성소를 세우는 일이다. 그리스도의 몸인 성소는 교회 안에 갇힌 곳이 아니라 교회 밖에서도 존재한다. 우리는 세상 속에서 성소를 세우는 사람들이다. 그래서 예수 믿는 사람은 세상 속에서 살지만, 세상 사람과 달라야 한다. 우리는 세상의 성소 건축자로 산다.

남을 속이고 양심을 팔아서 남긴 것을 헌금으로 드리기보다는 정직하게 살면서 손해 보는 것 자체를 하나님께 드리는 헌금으로 여기는 성숙한 자세가 필요하다. 헌금은 교회에만 드리는 것이 아니다. 세상에도 흘려 보내는 것이다. 하나님의 말씀대로 정직하게 살다가 손해 보는 것은 세상으로 흘려 보내는 헌금이다. 그리스도인들이 칼에 찔려도 피 한 방울 안 나올 사람이라는 말을 들어서는 곤란하다.

하나님은 우리의 내면에서 사라지지 않는 숨겨진 탐욕을 지금도 불꽃 같은 눈으로 쩨려보고 계신다. 하나님, 우리의 숨겨진 탐욕을 불태워 주셔서, 탐욕의 포로에서 벗어나게 하소서. 그리하여 우리가 서 있는 그곳에서 거룩한 성소를 만들어 가게 하소서. 내면의 성소, 가정의 성소, 일터의 성소를 한 뼘씩 늘려 가게 하소서. 내면의 숨겨진 탐욕을 쩨려보시는 하나님께 부끄럽지 않은 삶을 살아갈 수 있기를 바란다.

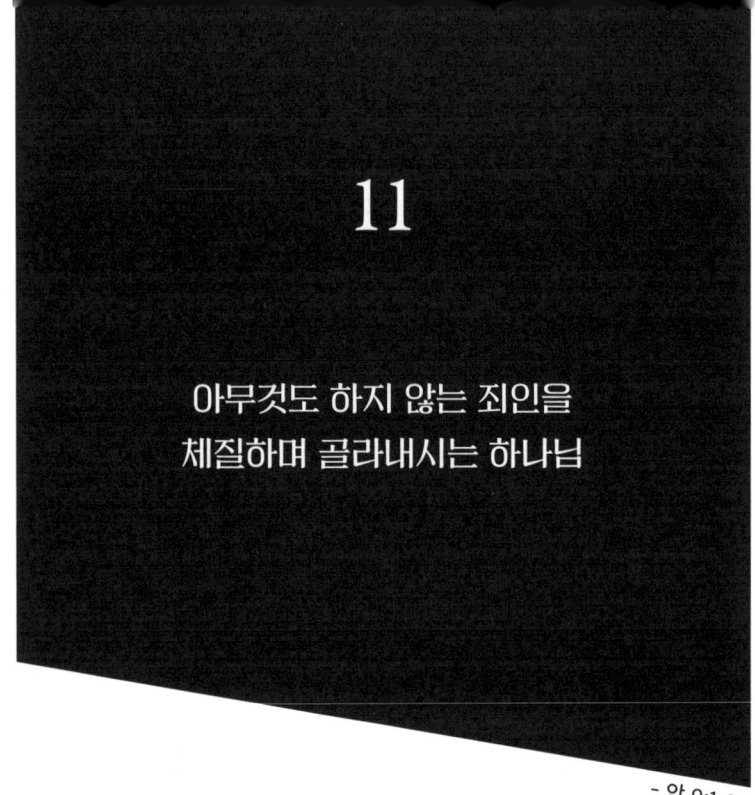

11

아무것도 하지 않는 죄인을 체질하며 골라내시는 하나님

- 암 9:1-10

아모스 9장 1-10절은 세 부분으로 나뉜다. 1-4절은 제단 파괴 환상으로 아모스가 본 마지막 다섯 번째 환상을 묘사하고 있다(암 7:1-3: 메뚜기 환상, 암 7:4-6: 불 환상, 암 7:7-9: 다림줄 환상, 암 8:1-3: 여름 과일 환상, 암 9:1-4: 제단 파괴 환상). 5-6절은 창조주이신 야웨를 찬양하고 있다. 이 단락은 아모스서에 나오는 마지막 야웨 찬양시이다(암 4:13, 5:8, 9:5-6). 7-10절은 아모스서에 나오는 마지막 심판 선고이다. 이 단락은 환상과 송영 그리고 심판 선고로 구성되어 있다.

🮤 아모스 9장 1-10절의 구조

9:1-4	다섯째 환상: 제단 파괴 환상
9:5-6	야웨 찬양시: 그 이름은 여호와시니라
9:7-10	심판 선포: 이스라엘을 체로 체질하리라

🮤 다섯째 환상: 제단 파괴 환상(암 9:1-4)

¹ 내가 보니
주께서 제단 곁에 서서 이르시되
기둥머리를 쳐서 문지방이 움직이게 하며
그것으로 부서져서 무리의 머리에 떨어지게 하라
내가 그 남은 자를 칼로 죽이리니
그중에서 한 사람도 도망하지 못하며
그중에서 한 사람도 피하지 못하리라
² 그들이 파고 스올로 들어갈지라도
내 손이 거기에서 붙잡아 낼 것이요
하늘로 올라갈지라도
내가 거기에서 붙잡아 내릴 것이며
³ 갈멜산 꼭대기에 숨을지라도
내가 거기에서 찾아낼 것이요
내 눈을 피하여 바다 밑에 숨을지라도
내가 거기에서 뱀을 명령하여 물게 할 것이요
⁴ 그 원수 앞에 사로잡혀 갈지라도

> 내가 거기에서 칼을 명령하여 죽이게 할 것이라
> 내가 그들에게 주목하여 화를 내리고
> 복을 내리지 아니하리라 하시니라^(암 9:1-4).

아모스 9장 1-4절은 아모스가 본 다섯 번째 환상이면서, 마지막 환상이다. 이 환상은 '제단 파괴 환상'이라고 한다. 1절에 따르면, 아모스는 환상을 통하여 주께서 제단 곁에 계심을 목격한다. 이 제단이 어떤 곳에 있는 제단인지 본문은 언급하지 않는다. 아마도 아모스가 활동했던 벧엘 성소일 가능성이 가장 높다.[1] 벧엘은 이스라엘의 중심 성소였다. 아모스는 벧엘 성소의 제사장 아마샤에게 추방 명령을 받은 바도 있다. 이름을 명시하지 않은 것은 의도성을 갖고 있는 것으로 보인다. 이는 그 어떤 장소나 시기에도 그 어떤 성소에도 심판이 떨어질 수 있다는 사실을 알려 준다.[2]

하나님은 누군가에게 "기둥머리를 쳐서 문지방이 움직이게 하며 그것으로 부서져서 무리의 머리에 떨어지게 하라"고 명령하신다. "문지방이 움직이게 하며"에서 "움직이다"는 지진 현상을 가리킬 때 쓰이는 동사이다.[3] 아모스는 환상에서 지진과 유사한 동요를 느낀 것 같다. 마지막 환상은 지진으로 제단이 붕괴됨을 가리키는 것으로 보인다.

하나님의 마지막 심판은 제단이 있는 성소에서 시작할 것이다. 하나님의 심판은 매우 철저할 것이다. 지진으로 하나도 남김없이 싹 쓸어버릴 것이다. "기둥머리"와 "문지방"이라는 표현은 총칭용법(merism)으로, 제단 전체(머리에서 바닥까지)를 가리킨다.[4] 이는 심판의 철저함을 담고 있다. 또한 이 문구는 성전에서 종사하는 높은 직책의 사람, 즉 대제사장(기둥머리)으로부터 성전을 관리하는 말단 직원(문지방)에 이르기까지 하나도 남김없이 재앙을 당하게 될 것임을 말하고도 있다. 그런데 그게 전부가 아니다. 제사하기 위하여 성소에 드나드는 모든 신자들까지도 재앙의 피해자가 될 것이다.[5] 야웨를 부르며 성소와 성전에 모여서 드린 제사와 기도와 그 무엇도 그들 중 한 사람도 구해 낼 수 없다. 그날 모두 성전 건물에 깔려 압사할 것이다. 그들이 그토록 의지하고 빈번히 찾던 성전과 그 성전의 무게에 눌려 죽을 것이다.[6]

그런데 지진에 의한 파괴가 끝이 아니다. 이어서 전쟁이 발발한다. 지진도 감당하기 버겁지만, 간신히 지진에서 살아남은 사람들도 있다. 그러나 안타깝게도 바로 이어서 전쟁이 일어난다. 엎친 데 덮친 격이라고 하나, 어느 누구도 지진과 전쟁의 재앙으로부터 빠져나올 수 없다. 혹시 지진을 간신히 피한 남은 자들에게는 하나님의 심판의 칼이 기다린다. 제단의 붕괴에서 구사일생으로 간신히 빠져나온 사람들이라 할지라도 그들 중에서 한 사람도 도망하지 못하며 그중에서 한 사람도 피하지 못한다.

2절에 따르면 어떤 이들은 스올로 도망하고, 어떤 이들은 하늘로 도주한다. 스올은 보통 음부로 번역되며, 죽은 자들이 있는 영역으로 땅 아래에 위치한다. 스올은 일종의 '우주적 무덤'(universal grave)으로 사람이 죽으면 가는 지하 세계이다(창 37:35; 전 9:10).[7] 스올은 하나님으로부터 가장 멀리 떨어진 지점이며 그 누구도 하나님을 찬양할 수 없는 장소를 대변한다(시 6:5; 사 38:18).[8] 그런데 땅속 깊은 곳, 지하 세계에 위치한 음부도, 그리고 저 높은 하늘도 안전한 도피처가 될 수가 없다. 하늘과 음부는 모두 하나님이 통제하시는 영역이다. 하나님의 손이 깊은 스올에서 끄집어 올릴 것이다. 또한 하나님의 손이 높은 하늘에서 끄집어 내릴 것이다.

3절은 또 다른 피난처를 언급한다. 갈멜산은 높이가 약 550미터로 이스라엘에서 가장 높은 곳 가운데 하나이다. 또한 갈멜산 꼭대기는 나무가 빽빽이 들어찬 곳으로 동굴도 산재되어 있어서 그곳의 산꼭대기는 사람이 숨을 수 있는 적절한 장소이다.[9] 그러나 그곳도 하나님의 눈을 피할 수 없다. 심지어 바다 밑에 숨는다 할지라도 하나님은 바다뱀을 움직여서 그를 물게 하신다. 가장 높은 갈멜산 꼭대기도, 가장 깊은 바다 밑도 하나님의 심판을 피할 수는 없다.

4절은 이스라엘을 떠나서 다른 나라로 옮기려는 시도를 언급한다. 즉 먼 곳에 떨어진 원수 나라에 포로로 끌려가려고 한다. 그러나 이스라엘을 벗어난 다른 나라라고 할지라도 하나님의 칼로부터 안전하지는 못하다. 하나님의 주권과 활동은 특정한 한 국가에 매이지 않는다. 이방 나라라 해도 하나님의 심판을 면하지 못한다. 하나님은 열방의 하나님이시고, 우주의 하나님이시다. 모든 사람은 하나님을 피할 수도, 하나님에게서 벗어날 수도 없다.

또한 "내가 그들에게 주목하여 화를 내리고 복을 내리지 아니하리라"에서 "주목하다"는 '눈을 누군가에게 고정하다'라는 뜻이다. '은혜를 베풀다', '호의를 베풀다'처럼 항상 긍정적으로 사용되는 단어다.

내가 그들을 **돌아보아** 좋게 하여
다시 이 땅으로 인도하여 세우고
헐지 아니하며 심고 뽑지 아니하겠고(렘 24:6).

그러나 아모스 9장 4절에서만 이 문구는 피할 수 없는 재앙의 상징으로 쓰였다.[10] 아모스의 메시지는 매우 파격적이다. '축복의 눈'이 '심판의 눈'으로 바뀐다.

1-4절은 야웨 하나님이 행하실 여섯 가지 행동을 나열하고 있다.

(1) 내가 **칼로 죽이리니**(1절)
(2) 내 손이 거기에서 **붙잡아 낼 것이요**(2a절)
(3) 내가 거기에서 **붙잡아 내릴 것이며**(2b절)
(4) 내가 거기에서 **찾아낼 것이요**(3a절)
(5) 내가 거기에서 **뱀을 명하여 물게 할 것이요**(3b절)
(6) 내가 거기에서 **칼을 명령하여 죽이게 할 것이라**(4절)

어느 누구도 이스라엘을 향한 야웨 하나님의 심판을 피하지 못할 것이다. 하나님의 심판 집행을 회피할 수 있는 안전한 도피처는 이 세상 어디에도, 아니 이 우주 어디에도 없다. 시편의 시인도 '하나님이 계시지 않는 곳이 없음'(무소부재, omnipresence)을 노래한 적이 있다.

> ⁷ **내가 주의 영을 떠나 어디로 가며**
>
> **주의 앞에서 어디로 피하리이까**
>
> ⁸ 내가 하늘에 올라갈지라도 거기 계시며
>
> 스올에 내 자리를 펼지라도 거기 계시니이다
>
> ⁹ 내가 새벽 날개를 치며
>
> 바다 끝에 가서 거주할지라도
>
> ¹⁰ 거기서도 주의 손이 나를 인도하시며
>
> 주의 오른손이 나를 붙드시리이다 ⁽시 139:7-10⁾.

하나님과의 관계가 좋을 때, 하나님의 무소부재는 은혜이고 위안이 된다. 그러나 하나님과의 관계가 나쁠 때, 하나님의 무소부재는 최고의 재앙이다.

아모스는 한평생 다섯 가지 환상을 경험한다. 첫 번째 두 가지 환상인 '메뚜기 환상'과 '불 환상'에서는 하나님이 아모스의 중보기도를 듣고 심판의 집행을 유보하신다. 두 번째 두 가지 환상인 '다림줄 환상'과 '여름 실과 환상'에서는 하나님이 더 이상 용서할 수 없는 지경에 이르렀음을 확고히 한다. 마지막 다섯 번째 환상인 '제단 파괴 환상'에서는 어느 누구도 하나님의 준엄한 심판에서 예외가 될 수 없음을 보여 준다. 최고의 심판자가 내리는 선고는 어느 누구도 막지 못한다. 그리고 피할 수도 없다. 환상은 '심판의 유보'에서 출발하여, '용서 불가'의 최종판정을 지나, '예외 없는 심판'에 도달한다.

▌ 야웨 찬양시: 그 이름은 여호와시니라(암 9:5-6)

> 5 주 만군의 여호와는
> 땅을 만져 녹게 하사
> 거기 거주하는 자가 애통하게 하시며
> 그 온 땅이 강의 넘침같이 솟아오르며
> 애굽 강같이 낮아지게 하시는 이요
> 6 그의 궁전을 하늘에 세우시며
> 그 궁창의 기초를 땅에 두시며
> 바닷물을 불러 지면에 쏟으시는
> 이니 그 이름은 여호와시니라(암 9:5-6).

이 단락은 이스라엘에게 심판을 선언하신 하나님의 위대한 능력을 노래하는 야웨 찬양시이다. 이 야웨 찬양시에는 "그분은 … 하시는 분"이라는 분사가 세 번이나 언급된다.

> 야웨 하나님은 땅을 **만지시는**(touch) 분(5절)
> 야웨 하나님은 하늘에 전을 **세우시는**(build) 분(6a절)
> 야웨 하나님은 바닷물을 **부르시는**(call) 분(6b절)

야웨 하나님은 땅을 녹이고 땅을 강물처럼 움직이시는 권능자이시다. 또한 하늘에 전을 세우고 궁창의 기초를 땅에 두며 하늘에 거하는 건축자이시다. 그리고 바닷물을 땅에 쏟으시는 물의 주관자이시다.[11] 이 야웨 찬양시는 야웨 하나님이 절대적인 권위와 권

력을 소유하고 있으며, 자신의 과업을 성취하는 데 헤아릴 수 없는 힘을 갖고 있음을 선언한다.[12]

이 야웨 찬양시는 야웨가 자신의 권능을 이스라엘을 '위해서'(for) 사용하실 뿐만 아니라 이스라엘을 '치기'(against) 위해서도 사용하실 수 있다는 사실을 가르쳐 준다. 이러한 야웨 하나님이 이제는 '이스라엘의 적'으로 행동하신다. 아모스는 이러한 야웨 찬양시를 통하여 이스라엘 백성에게 다음과 같이 말하고 있다.

> 네가 사랑하는 그 찬양은 야웨가 어떻게 우주를 다스리시는지를 보여 준다. 어떻게 열방 가운데 자신의 심판을 내리시는지를 보여 준다. 그러나 너희는 이 심판이 항상 너희에게는 유익을 주고 다른 사람들에게는 해를 줄 것이라고 잘못 생각하고 있다. 이제 너희는 너희 역시 이 찬양이 말하고 있는 진노를 받아 마땅하다는 것을 깨달아야 한다.[13]

▌ 심판 선포: 이스라엘을 체로 체질하리라 (암 9:7-10)

⁷ 여호와의 말씀이니라
이스라엘 자손들아
너희는 내게 구스 족속 같지 아니하냐
내가 이스라엘을 애굽 땅에서,
블레셋 사람을 갑돌에서,
아람 사람을 기르에서
올라오게 하지 아니했느냐

> ⁸ 보라 주 여호와의 눈이 범죄한 나라를 주목하노니
> 내가 그것을 지면에서 멸하리라
> 그러나 야곱의 집은 온전히 멸하지는 아니하리라
> 여호와의 말씀이니라
> ⁹ 보라 내가 명령하여
> 이스라엘 족속을 만국 중에서 체질하기를
> 체로 체질함같이 하려니와
> 그 한 알갱이도 땅에 떨어지지 아니하리라
> ¹⁰ 내 백성 중에서 말하기를
> 화가 우리에게 미치지 아니하며
> 이르지 아니하리라 하는
> 모든 죄인은 칼에 죽으리라 (암 9:7-10).

7절에서는 이스라엘 백성의 잘못된 신관 혹은 신앙을 비판한다. 야웨 하나님은 단순히 특정 '민족의 신'(national God)이 아니라, '온 세상의 하나님'이시고 '열국의 주'이시라는 점을 말한다.[14]

"구스 족속"은 에티오피아 사람을 가리킨다. 에티오피아는 예루살렘에서 1,200㎞ 이상 떨어진 아주 먼 곳이다(에 1:1; 8:9; 사 11:11; 18:1-2; 습 3:10).[15] 이들은 이스라엘과 가장 멀리 떨어진 민족으로, 피부색도 다른 가장 소원한 이방인이다. 그러나 하나님의 눈에는 이스라엘 사람이나 에티오피아 사람이나 차이가 없다. 야웨의 관심은 지리적으로 볼 때 단지 이스라엘에 국한되지 않고 그보다 훨씬 더 광범하다. 이스라엘과 에티오피아의 동일시는 하나님의 선민이라는 특권 의식에 사로잡힌 이스라엘 사람에게는 충격적인 발

언이다.

그러나 하나님의 이스라엘 특권 의식 무너뜨리기는 여기서 멈추지 않는다. 하나님은 이스라엘만 이집트에서 '출(出) 애굽' 시키는 것이 아니다. 이스라엘과 철천지원수인 블레셋도 '출(出) 갑돌' 시켜 주셨다. 이스라엘의 또 다른 원수국인 아람도 '출(出) 기르' 시켜 주셨다.

"갑돌"은 정확한 위치 추정이 불가능하지만, 아마도 크레타를 가리키는 것으로, 블레셋 사람들의 출신지로 보인다.

> 이는 블레셋 사람을 유린하시며
> 두로와 시돈에 남아 있는바
> 도와줄 자를 다 끊어 버리시는 날이 올 것임이라
> 여호와께서 **갑돌섬**에 남아 있는
> **블레셋 사람**을 유린하시리라(렘 47:4; 참조. 창 10:14).

"기르"는 동부 지역에 위치하지만, 이 또한 정확한 위치는 알 수 없다. 이곳은 아람 사람들의 출신지로 보인다.[16]

> 내가 다메섹의 빗장을 꺾으며
> 아웬 골짜기에서 그 주민들을 끊으며
> 벧에덴에서 규 잡은 자를 끊으리니
> **아람 백성**이 사로잡혀 **기르**에 이르리라
> 여호와께서 말씀하셨느니라(암 1:5).

이스라엘 백성에게 출애굽 사건은 하나님과의 관계를 맺게 해 준, 초석이 되는 구원 사건이다. 출애굽 사건을 통하여 야웨는 이스라엘 백성의 하나님이 되시고, 이스라엘 백성은 야웨의 자녀라는 언약 관계가 성립된 것이다. 출애굽 사건은 이스라엘과 하나님의 끈끈한 관계를 맺어 준 획기적인 구원 사건이다. 그런데 이게 어찌 된 일인가? 우리 민족에게만 주신 은혜인 줄 알았는데, 그것도 우리와 원수 관계인 "블레셋 사람"과 "아람 사람"마저도 구원하여 주셨다니. 출애굽 경험은 이스라엘만의 배타적 경험이 아니고, 온 세상이 경험한 보편적 경험이라는 것이다. 선택과 특권에 사로잡힌 이스라엘은 아모스의 심판 선포에 집단 멘붕에 빠졌을 것이다.

이스라엘만이 야웨의 역사적인 개입에서 유일하게 은혜를 입은 백성은 아니다. 당시 이스라엘 백성은 하나님의 선택에 대한 잘못된 이해로 자신만이 선택받은 민족이라고 믿으며 민족적 우월감을 가지고 자만에 빠졌던 것 같다.

> 대접으로 포도주를 마시며
> 귀한 기름을 몸에 바르면서
> **요셉의 환난에 대하여는 근심하지 아니하는 자로다**(암 6:6).

7절의 말씀은 이스라엘의 오만불손한 사고방식과 태도를 무력화시키고 있다. 하나님은 이스라엘의 하나님 그 이상이다. 야웨 하나님은 한 국가에 종속되는 '민족 신'이 아니다. 온 '우주의 창조자'로서, 우주의 역사를 주관하시는 '역사의 주권자'이시다.

또한 7절에 언급된 네 나라들(에티오피아, 이스라엘, 블레셋, 아람)은 묘하게도 노아의 세 아들인 셈, 함, 야벳과 연관된다. 성경에 따르면 인류는 셈, 함, 야벳의 후손이다. 셈은 '아람'(창 10:22, "셈의 아들은 엘람과 앗수르와 아르박삿과 룻과 아람이요"), 그리고 '이스라엘'(창 11:10-26[셈의 족보])과 관련된다. 함은 '구스'와 연결된다(창 10:6, "함의 아들은 구스와 미스라임과 붓과 가나안이요"). 야벳은 '블레셋-해양 민족'과 연계된다(창 10:2-5). 이러한 연계성은 하나님의 구원 행동이 이스라엘뿐만 아니라 '온 민족'을 포괄한다는 것을 의미한다.[17]

하나님의 특별한 호의와 선택은 감사와 순종으로 응답되어야 함이 마땅하다. 그러나 이스라엘 백성은 이것을 '자랑스러운 훈장'으로, '자만의 배지'로 여긴 것이다. 이들은 자기중심적이고, 자기도취적인 사고방식을 갖고 산다. 다른 사람들을 우습게 여기고, 다른 민족은 영원히 하나님의 저주 아래 놓인 버려진 백성들이라고 여긴다. 하나님의 특별한 취급을 당연한 권리로 여긴 것이다.[18] 이러한 잘못된 특권 의식은 아모스의 심판 선포 한마디에 졸지에 와르르 무너진다.

7절은 하나님에게 이스라엘과 열방은 아무런 차이가 없다는 사실을 강조했다. 이어서 8절은 하나님이 행하시는 일반적인 원칙을 진술한다.

주 여호와의 눈은 범죄한 나라를 주목한다(8절).

여기서 "나라"는 이스라엘을 비롯한 모든 나라를 말한다. 하나님은 특히 죄를 저지른 나라를 주목하고 계신다. 아모스서는 1장 3절-2장 3절에서 유다와 이스라엘을 둘러싼 이방 나라들의 죄악을 보시고 심판하시는 하나님으로 시작된다. 그리고 아모스서는 마지막 부분에 이르러 하나님의 행하심을 '범죄한 나라를 주목하시는 하나님'으로 요약한다. 이스라엘이든 열방이든 이 점에서는 예외가 없다. 하나님은 그 어떤 나라든 범죄한 나라를 보시고 그들을 땅에서 멸하실 것이다.[19]

그러나 야웨 하나님은 이어서 야곱의 집이 완전히 멸망하지는 않을 것이라고 말씀하신다. "야곱의 집"은 북왕국 이스라엘 백성을 말한다(암 3:13). 이 구절은 이스라엘 백성에 대한 예외조치나 특별대우를 말하는 것은 아니다. 아마도 이 구절은 '정치적 실체(political existence)로서의 이스라엘'은 망하지만, '사회적 실체(social existence)로서의 이스라엘'은 남을 것이라는 사실을 전하는 것으로 보인다.[20] 즉, 국가가 망한다고 백성이 모두 사라지는 것은 아니다. 백성 가운데 생존자가 있을 것을 말한다.[21] 아모스는 '범죄한 나라'라는 정치적 실체와 "야곱의 집"이라는 백성을 구분한다.[22]

나라가 망하면 모든 것이 끝장날 것 같지만, 실제로 그 나라의 민초 같은 백성은 남는다. 국가는 없어져도 국민은 남는다. 그렇다고 이 구절이 아직 '남은 자의 구원'을 말하지는 않는다. '남은 자의 회복'을 약속하지도 않는다. 이스라엘이 죄악으로 심판을 받을 것이지만, 그래도 전멸은 아니고 어느 정도인지는 모르지만, 아무튼 살아남은 자가 존재할 것이라는 사실만을 진술한다. 야웨의 징계는 항상 '근절'이 아니라 '정결'의 성격을 띠고 있다.

> 이는 주께서 **심판**하는 영과 **소멸**하는 영으로
> 시온의 딸들의 **더러움을 씻기시며**
> 예루살렘의 피를 그 중에서 **청결하게** 하실 때가 됨이라(사 4:4).

이스라엘의 전 백성을 죽이는 것은 하나님의 뜻이 아니다.[23]

> 여호와의 말씀이니라 너희를 향한 나의 생각을 내가 아나니 **평안**이요 **재앙**이 아니니라 너희에게 **미래와 희망**을 주는 것이니라(렘 29:11).

9절에서는 체질이라는 새로운 이미지가 등장한다. 고대 이스라엘에서 곡식은 대개 '탈곡', '키질', '체질'의 세 단계를 거쳐서 수확되었다.

(1) **탈곡 단계**: 곡식 단을 바람이 잘 부는 높은 곳으로 가져가서, 평편하고 단단한 표면을 가진 바위나 다져진 흙바닥 위에 놓고, 치거나 훑어서 낟알을 분리해 낸다.
(2) **키질 단계**: 탈곡된 곡식을 키질하여 가벼운 겨나 먼지를 날려 보내고 무거운 곡식을 남기거나 땅에 떨어지게 한다.
(3) **체질 단계**: 비교적 큰 그물눈을 가진 체를 아래위 양옆으로 흔들어 남아 있는 불순물을 제거한다. 흔드는 중에 곡식알은 밑으로 떨어지고, 돌이나 지푸라기 등은 체 안에 그대로 남는다. 체 안에 남아 있는 것들은 버려진다.[24]

체질은 한 동작 안에 두 가지 기능을 한다. (1) 굵은 지푸라기나

흙덩이들 혹은 돌멩이 등을 걸러 낸다. (2) 벼나 보리알, 옥수수 알, 그리고 가느다란 모래알들은 체 밑으로 빠져 내려간다. 하나님이 이스라엘을 체질하시는 것은 이스라엘 백성을 열방이 보는 앞에서 심판하시는 것을 가리킨다. "그 한 알갱이(돌멩이)도 땅에 떨어지지 아니하리라"는 표현은 '심판의 철저성'을 드러낸다. 돌멩이로 표현된 악인 하나라도 하나님의 심판의 체질 가운데서 놓치지 않을 것이다. 즉, 하나님의 심판에서 피할 자가 없을 것이라는 말씀이다.[25] 이스라엘 백성 가운데 단 한 사람의 죄인도 징벌을 피할 수는 없다.

그런데 체질을 하는 것은 알곡과 쭉정이, 알곡과 거친 돌멩이나 흙덩이를 갈라내기 위함이다.[26] 체질에는 심판을 통하여 필요한 것을 골라내려는 의미도 내포한다. 하나님은 자신의 백성에게 정밀외과 수술을 감행하신다.[27] 이렇듯 하나님의 단죄가 이스라엘 전체에 무분별하게 내리지는 않는다. 이 체질의 이미지는 의인들을 악인들에게서 구분한다는 사실을 분명히 보여 준다.[28] 심판을 피할 수 있다고 기고만장하여 떠들어 대던 오만불손한 자들에게 철저한 단죄가 적용될 것이다. 그들의 정체는 이어 나오는 10절에서 밝혀진다.

10절에 따르면 아모스가 가리키고 있는 죄인의 정체가 폭로된다. "재앙이 우리에게 임하지 않을 것이다"라고 확신하는 자들이다. 이러한 뻔뻔한 이들은 예나 지금이나 독버섯처럼 여기저기 존재한다.

> 그들의 우두머리들은 뇌물을 위하여 재판하며
> 그들의 제사장은 삯을 위하여 교훈하며
> 그들의 선지자는 돈을 위하여 점을 치면서도
> 여호와를 의뢰하여 이르기를
> 여호와께서 우리 중에 계시지 아니하냐
> **재앙이 우리에게 임하지 아니하리라** 하는도다(미 3:11).

뻔뻔한 확신범들이 죄인들이다. 하나님의 말씀을 우습게 여기거나 가볍게 여기는 자들이다. 그들이 죄인들이다. 경솔한 낙관론에 사로잡혀 더 이상 심판의 위협을 당하지 않으리라고 착각하는 사람들에게 심판이 임한다.

■ 특혜만 누리고 의무는 외면한 자들

사실 체질의 이미지는 곡식을 추수하는 광경에서 비롯된 것이다. 농부는 추수한 곡식을 탈곡하고 키질한 이후 남은 곡식에서 불순물을 제거하기 위하여 체질을 한다. 이렇게 체질을 하면 곡식은 모두 빠져나가고, 조금이라도 큰 돌멩이 같은 불필요한 것들은 모두 체 안에 남는다. 죄인들은 단 한 명도 빠뜨리지 않고 체 안에 고스란히 남겨지고, 농부는 체 안의 돌멩이를 내버린다.[29] 체 안에 갇혀 버린 돌멩이들인 죄인들은 모두 버림을 받는다.

체질하시는 하나님은 체질을 통하여 그 체 안에 돌멩이를 걸러 내신다. 돌멩이를 거르기 위하여 하나님은 체질을 하신 것이다. 걸러져서 남겨진 바로 그 돌멩이가 하나님이 찾으시는 죄인들이다. 하나님은 체질을 통하여 죄인을 색출하신다. 그들은 누구인가? 이스라엘 백성 가운데 "화가 우리에게 미치지 아니하며 이르지 아니하리라"(10절)고 확신하고 있는 사람들이다.

그들은 자신의 잘못을 깨닫지 못한다. 자신이 죄인임을 전혀 인식하지 못하고 있다. 오히려 자신들은 이집트의 억압에서 구원받은, 선택받은 하나님의 자녀들이라고 신앙을 당당히 고백하며, 하나님께 정기적으로 예배하기도 하며 구원의 확신 속에서 살아간다. 그러나 정기적인 예배 이외에는 하나님의 자녀로서의 삶의 실천은 없다.

이들은 하나님께 선택받은 특권 의식에 사로잡힌 나머지 선택받은 자로서의 의무는 등한히 하는 자들이다. 아모스는 이 점을 이전에 분명히 지적한 바가 있다.

> 내가 땅의 모든 족속 가운데 **너희만을 알았나니**
> 그러므로 내가 **너희 모든 죄악을 너희에게 보응하리라** 하셨나니(암 3:2).

이들은 '특권'만 누릴 줄 알았지, 특권 받은 자로서의 '의무'는 외면하는 자들이다. 하나님의 선택은 '특권 부여'인 동시에 '책무 부여'이기도 하다. 하나님의 자녀로서 책무를 외면하면 특권은 취소

된다. 그리고 하나님의 심판대 앞에 서게 된다. 이들은 형식적인 예배 이외에는 아무것도 하지 않는다. 이것이 죄악이다.

체질하시는 하나님은 오늘도 아무것도 하지 않는 죄인들을 체질하며 색출하고 계실지 모른다. 이 땅에 '기도하는 사람'은 참으로 많다. 그러나 '기도 외에는 아무것도 하지 않는 사람' 또한 헤아릴 수 없을 만치 많다. 이 땅에 '신앙을 고백하는 신자들'이 800만이 넘는다. 그러나 '고백 외에는 아무것도 하지 않는 신자들' 역시 허다하다. 일주일에도 몇 번씩 강단에 올라가 목이 터져라 외쳐 대는 '설교자들'이 수만 명에 이른다. 그러나 '설교 외에는 아무것도 하지 않는 설교자들'이 어디 하나둘뿐일까?[30]

이 시대에 기도하는 사람, 신앙인들과 목회자들에게 죄가 있다면, 아마도 '기도' 외에는 아무것도 하지 않는 죄, '고백' 외에는 아무것도 하지 않는 죄, '설교' 외에는 아무것도 하지 않는 죄일 것이다.[31] 이 말을 하고 있는 나 자신도 부끄럽다. 독자 여러분은 어떤가?

사랑의 찬송을 부르면서,
이웃을 사랑하지 않는다면,
아무것도 하지 않는 것이다.

평화의 노래를 합창하면서,
서로 화목하지 않는다면,
아무것도 하지 않는 것이다.

용서의 기도를 드리면서,

형제를 용서하지 않는다면,
아무것도 하지 않는 것이다.

남을 **교만**하다고 정죄하면서,
스스로는 겸손할 줄 모른다면,
아무것도 하지 않는 것이다.

남을 **섬기라** 하면서,
스스로는 남을 섬기지 않는다면,
아무것도 하지 않는 것이다.

십일조를 꼬박꼬박 내면서도,
헐벗은 이웃을 돌아보지 않는다면,
아무것도 하지 않는 것이다.[32]

우리는 이렇게 인생을 낭비한 죄와 전혀 무관할까?

일제강점 시대에 수많은 애국지사들이 독립운동을 하다가 감옥에 갇혀 고초를 겪었다. 그 가운데 독립운동에 한 번도 참여한 일이 없는데도 잘못 잡혀 온 사람이 한 명 끼어 있었다. 그는 자신이 옥에 갇히게 된 것은 억울하다면서 "나는 아무 일도 하지 않았다"고 억울해하며 큰 소리로 외쳤다. 이때 독립운동가 한 사람이 그에게 조용히 말했다.

"당신이 아무것도 하지 않았다는 것, 바로 그것이 잘못이오. 당신이 아무 일도 안 했다는 것만으로도 당신은 벌받아 마땅합니다.

일제의 침략이 30년 이상 계속되는 동안, 수많은 동족이 무참하게 피를 흘렸고, 조국이 엄청난 굴욕 속에서 고통을 받고 있는데도, 당신은 어떻게 아무 일도 하지 않을 수 있었단 말입니까?"

억울함을 호소하던 사람은 아무 말도 못한 채 고개를 떨굴 수밖에 없었다고 한다.[33] 이 사람은 이제야 비로소 인생을 낭비한 죄를 깨달은 것이다.

아모스 시대에 체질하시는 하나님은 오늘도 아무것도 하지 않는 죄인들을 체질하며 색출하고 계신지도 모른다. 이제 우리는 "무슨 일을 해야 할 것인가?" 스스로 답해야 한다. 우리는 아무것도 하지 않는 죄, 인생을 낭비한 죄에서 자유로운가? 우리 하나님은 지금도 기도와 고백과 말씀을 듣는 것 이외에 아무것도 하지 않는 죄인들을 체질하며 골라내고 계신다.

12

늘 또 다른 길을
마련해 주시는 하나님

- 암 9:11-15

아모스 9장 11-15절은 아모스서 전체를 마무리하며, 이스라엘과 열방의 회복을 약속한다. 이 단락은 두 부분으로 나뉘며 '구원의 말씀'을 보여 준다. 11-12절은 다윗 왕국과 열방의 회복을 약속한다. 13-15절은 땅의 회복을 약속한다.

▮ 아모스 9장 11-15절의 구조

| 9:11-12 | 다윗 왕국과 열방의 회복 |
| 9:13-15 | 땅의 회복 |

▮ 다윗 왕국과 열방의 회복(암 9:11-12)

> ¹¹ 그 날에 내가 다윗의 무너진 장막을 일으키고
> 그것들의 틈을 막으며
> 그 허물어진 것을 일으켜서
> 옛적과 같이 세우고
> ¹² 그들이 에돔의 남은 자와
> 내 이름으로 일컫는 만국을 기업으로 얻게 하리라
> 이 일을 행하시는 여호와의 말씀이니라(암 9:11-12).

11절은 "그 날에"라는 단어로 시작한다. 이 날은 하나님이 임하시는 '미래의 어느 날'을 가리킨다. 아모스서에서 "그 날에"(בַּיּוֹם הַהוּא 바이욤 하후)는 대부분 심판의 날이었다.

> **그 날에**(בַּיּוֹם הַהוּא 바이욤 하후) 궁전의 노래가 애곡으로 변할 것이며
> 곳곳에 시체가 많아서 사람이 잠잠히 그 시체들을 내어 버리리라
> 주 여호와의 말씀이니라(암 8:3; 참조. 암 8:9, 13).

그러나 여기서의 "그 날"은 '구원의 날'이다. 11절에서는 '다윗 왕국의 회복'을 약속한다. "다윗의 장막"이라는 히브리어 표현 "수카트 다비드"(סֻכַּת דָּוִיד)는 구약성경에서 유일하게 이곳에서만 나오는 단어이다.[1] 이 표현은 아마도 다윗 시대의 통치를 가리키는 은유적 표현이다.[2] 따라서 "다윗의 무너진 장막"이란 다윗 왕국이 남북으로 갈라졌던 과거의 역사적 사실을 가리킬 것이다.[3] 이 단락은 여로보암 2세(주전 787-747년)가 통치하던 북왕국 이스라엘을 향하여 주신 말씀이다. 따라서 "무너진"이란 통일 왕국이 분열되어 깨진 사실을 암시한다.[4]

"그것들의 틈을 막으며"에서 "그것들"(3인칭, 여성, 복수)은 앞 절의 무너진 "장막"(3인칭, 여성, 단수)을 받는다. 대명사와 수(복수와 단수)가 불일치한다. 그러나 아모스가 말하는 다윗의 "장막"은 집단적 단체를 가리키는 은유적 표현으로 볼 수 있기 때문에, 여성 단수형 "장막"은 첫 번째 접미형 대명사(3인칭 여성 복수)가 보여 주듯이 집단적 복수형으로 표현될 수 있다.[5] "막으며"는 "수리하다"는 의미이다. 특정한 날이 이르면 하나님이 무너진 장막의 틈을 수리하실 것이다.

"그 허물어진 것을 일으켜서"에서 "그 허물어진 것"(3인칭, 남성, 단수)은 앞 절의 "다윗"(3인칭, 남성, 단수)을 받는다.[6] 특정한 날이 이르면 하나님이 다윗의 허물어진 것을 다시 일으켜 세워 주실 것이다. 다윗과 더불어 이스라엘이 튼튼하게 세워졌으나, 솔로몬의 계속된 공사와 우상 숭배 등을 거쳐 이스라엘은 르호보암 시대(주전 926-910년) 이래 남북으로 쪼개져 버렸다.[7]

"옛적과 같이 세우고"는 다윗 통치 시대의 옛 영광을 재현할 것이라는 뜻이다. 즉 황금시대인 다윗 시대로 회복되어 '통일 왕국'을 세울 것이다.[8] "틈을 막으며 그 허물어진 것을 일으켜서"라는 표현은 그렇게 분열된 남북왕국의 재결합을 가리키며, "옛적과 같이"는 그렇게 '하나였던 이스라엘'을 가리키는 표현으로 볼 수 있다.[9] 아모스는 통일된 이스라엘, 즉 옛적 다윗 시대처럼 하나의 국가로 존재하면서 번영과 축복을 누리는 청사진을 본다.

12절의 "내 이름으로 일컫는"이라는 표현은 '소유권'과 '통치권'을 표시하는 관용적 표현이다.[10] 이러한 표현은 요압이 암몬의 랍바 성을 점령한 이후 다윗에게 전령을 보내면서 한 말에서도 사용된다.

> 이제 왕은 그 백성의 남은 군사를 모아 그 성에 맞서 진 치고 이 성읍을 쳐서 점령하소서 내가 이 성읍을 점령하면 **이 성읍이 내 이름으로 일컬음을 받을까 두려워하나이다** 하니 (삼하 12:28; 참조. 사 4:1).

또한 그 어떤 희생을 치르더라도 혼인하지 못하고 자녀도 없다는 수치에서 벗어나려고 하던 여자들의 절박한 외침에서도 이러한 표현이 등장한다.

> 그 날에 일곱 여자가 한 남자를 붙잡고 말하기를
> 우리가 우리 떡을 먹으며
> 우리 옷을 입으리니

다만 **당신의 이름으로 우리를 부르게 하여**
우리가 수치를 면하게 하라 하리라(사 4:1).

따라서 "내 이름으로 일컫는 만국"은 열방의 궁극적인 소유자와 통치자가 하나님이심을 의미한다.

에돔과 만국에 대한 언급은 이스라엘의 가장 가까운 나라로부터 가장 먼 나라에 이르기까지 모든 사람과 민족을 통칭하는 '양극 대칭식 표현'(polar expression)이다.[11] 예를 들면, 말라기에서도 이 표현을 볼 수 있다.

> 만군의 여호와가 이르노라 **해 뜨는 곳에서부터 해 지는 곳까지**의 이방 민족 중에서 내 이름이 크게 될 것이라 각처에서 내 이름을 위하여 분향하며 깨끗한 제물을 드리리니 이는 내 이름이 이방 민족 중에서 크게 될 것임이니라(말 1:11).

이스라엘과 가까운 곳에 있고, 형제 국가인 "에돔"은 하나님 나라에 대해 대적하는 세상의 적대적 세력을 집약적으로 표현한 상징적 표현일 수 있다. "만국" 역시 하나님의 다스림에 반(反)하여 자신들의 세력과 힘으로 살아가는 집단들이었다. 그러나 "에돔의 남은 자와 만국"은 하나님의 소유로서 통일된 다윗 왕국의 우산 아래 모이게 될 것이다. 그들 역시 하나님의 축복을 향유할 수 있는 특권을 누리게 될 것이다.[12]

따라서 12절은 에돔과 만국에 대한 이스라엘의 정복을 말하는 것이 아니다. 오히려 이스라엘에게 주어질 놀라운 축복에 온 이방 민족들도 참여할 것이라는 사실을 말한다. 모든 이방 민족들은 야웨 하나님과의 관계 안으로 초대될 것이다.

결국 11절은 '남북이스라엘의 회복'을, 12절은 '온 열방의 회복'을 말한다. 아모스가 본 하나님의 구원 사건은 아모스 1장 3절-2장 3절에서 언급된 이방 민족들과 2장 4-16절에서 나오는 유다와 이스라엘의 온전한 회복을 모두 아우르고 있다. 아모스는 9장 11-12절에서 지금까지 선포했던 '심판 예언'을 '구원 예언'으로 전환시킨다. 심판이 구원으로 변한다.

땅의 회복(암 9:13-15)

> ¹³ 여호와의 말씀이니라
> 보라 날이 이를지라
> 그 때에 파종하는 자가 곡식 추수하는 자의 뒤를 이으며
> 포도를 밟는 자가 씨 뿌리는 자의 뒤를 이으며
> 산들은 단 포도주를 흘리며
> 작은 산들은 녹으리라
> ¹⁴ 내가 내 백성 이스라엘이 사로잡힌 것을 돌이키리니
> 그들이 황폐한 성읍을 건축하여 거주하며
> 포도원들을 가꾸고
> 그 포도주를 마시며
> 과원들을 만들고

> 그 열매를 먹으리라
> ¹⁵ 내가 그들을 그들의 땅에 심으리니
> 그들이 내가 준 땅에서 다시 뽑히지 아니하리라
> 네 하나님 여호와의 말씀이니라⁽암 9:13-15⁾.

아모스가 본 구원의 말씀은 이스라엘과 열방에만 국한되지 않는다. 이스라엘의 죄악으로 인하여 아무런 잘못도 없이 덩달아 심판을 받았던 자연도 회복된다.

13절은 "보라 날이 이를지라"로 시작한다. 아모스서에서 이 표현은 세 번 나온다. 다른 두 번은 '재앙의 날'(암 4:2)과 '기갈의 날'(암 8:11)로 언급된다.¹³

> 주 여호와께서 자기의 거룩함을 두고 맹세하시되
> **때가 너희에게 이를지라**
> **사람이 갈고리로 너희를 끌어가며**
> 낚시로 너희의 남은 자들도 그리하리라⁽암 4:2⁾.

> 주 여호와의 말씀이니라
> **보라 날이 이를지라**
> **내가 기근을 땅에 보내리니** 양식이 없어 주림이 아니며
> 물이 없어 갈함이 아니요
> 여호와의 말씀을 듣지 못한 기갈이라⁽암 8:11⁾.

그러나 13절에서 나오는 표현은 '회복의 날'을 가리킨다.

13절은 농경적인 축복을 보여 준다. "파종하는 자"는 '밭을 가는 자'라는 의미이다. 팔레스타인의 지형과 기후에서는 일 년 농사가 10월경부터 시작된다. 따라서 '밭을 기경하는 것'은 10월·11월에 시작된다. '씨를 뿌리는 것'은 11월·12월에 한다. '추수하는 때'는 이듬해 4월·5월이다. '포도를 밟는 것·으깨는 것·압착하는 것'은 9월경에 한다.[14]

'밭을 가는 자'(10월·11월)가 '곡식을 추수하는 자'(4월·5월)의 뒤를 잇게 된다. 밭을 가는 자가 10월·11월이 되어서 기경을 시작할 때가 되어서도 4월·5월에 시작된 추수가 다 끝나지 못할 정도이다. 이는 추수가 감당할 수 없을 정도로 차고 넘치는 상황을 말하고 있다.

또한 '포도를 밟는 자'(9월)가 '씨 뿌리는 자'(11·12월)의 뒤를 잇는다. 포도가 대풍년이라 9월부터 시작된 추수와 압착하는 것이 11·12월이 되어도 다 끝나지 못할 지경이다. 고대 이스라엘에서 포도는 중요한 곡물이었다. 이 포도들이 자라난 언덕에서 떨어지고 흘러내리고 모든 곳에서 포도즙이 넘친다는 이미지는 일종의 과장법으로, 새로운 시대가 가져올 부족함이 없는 풍성한 상황을 극적으로 보여 준다.[15]

14절은 이스라엘의 '운명의 반전'(reversal of fortune)을 말한다.[16] 14절은 "내가 내 백성 이스라엘이 사로잡힌 것을 돌이키리니"라는 문구로 시작한다. 여기서 "사로잡힌 것"으로 번역된 히브리어 "쉬부트"(שבות)는 '포로'라기보다는 '운명'(Geschick)을 의미한다.[17] 따라서 이 표현은 "이스라엘의 잘못된 운명을 돌이킨다"는 뜻이다.[18]

이스라엘 백성은 황폐한 성읍을 건축하여 거주하게 되며, 포도원들을 가꾸고 그 포도주를 마시게 되며, 과원들을 만들고 그 열매를 먹을 수 있게 될 것이다. 이는 이전에 하나님을 거역하여 힘없는 자를 짓밟았을 때 받았던 처벌인 '헛수고의 저주'가 풀린 것이다.

> 너희가 힘없는 자를 밟고
> 그에게서 밀의 부당한 세를 거두었은즉
> **너희가 비록 다듬은 돌로 집을 건축했으나**
> **거기 거주하지 못할 것이요**
> **아름다운 포도원을 가꾸었으나**
> **그 포도주를 마시지 못하리라**(암 5:11).

이제 하나님이 그들의 운명을 돌이켜서 헛수고의 저주가 풀렸고, 그들은 집을 짓고 그 집에서 살 수 있고, 포도원을 가꿔 그 포도주를 마실 수 있게 되었다. 이스라엘은 그들의 운명이 '저주에서 축복'으로, '운명의 반전'을 경험하게 될 것이다.

아모스 9장 11-15절의 거의 대부분은 하나님을 주어로 하는 문장이다. 하지만 14절에 있는 세 문장은 회복된 이스라엘이 주어로 나온다.

> 그들이 황폐한 성읍을 **건축하여 거주하며**
> 포도원들을 **가꾸고 그 포도주를 마시며**
> 과원들을 **만들고 그 열매를 먹으리라**(암 9:14).

이는 하나님이 회복하시고 다시 살게 하실 때 이스라엘이 살아가는 일상을 묘사한다. 여기서 주목할 것은 그들에게 필요한 것은 전부 '칼과 창'이라는 전쟁 무기가 아니라 '보습과 낫'이라는 농기구라는 사실이다. 11-15절에서는 '궁궐', '요새', '성전' 같은 단어들이 전혀 언급되지 않고, 그 대신 "성읍", "포도원", "과원" 같은 단어들이 쓰인다는 점을 놓쳐서는 안 된다. 이러한 점은 하나님이 이끄시는 새로운 세상은 힘과 부를 지닌 이들의 횡포와 전쟁과는 거리가 먼 '평화의 세상'이라는 것이다.[19] 이러한 세상은 이후에 이사야와 미가가 꿈꾸고 있는 평화의 왕국인 하나님 나라의 환상과 유사하다.

> 그가 열방 사이에 판단하시며
> 많은 백성을 판결하시리니
> 무리가 그들의 **칼을 쳐서 보습**을 만들고
> 그들의 **창을 쳐서 낫**을 만들 것이며
> 이 나라와 저 나라가
> 다시는 칼을 들고 서로 치지 아니하며
> 다시는 전쟁을 연습하지 아니하리라 (사 2:4).

> ³ 그가 많은 민족들 사이의 일을 심판하시며
> 먼 곳 강한 이방 사람을 판결하시리니
> 무리가 그 **칼을 쳐서 보습**을 만들고
> **창을 쳐서 낫**을 만들 것이며
> 이 나라와 저 나라가
> 다시는 칼을 들고 서로 치지 아니하며

> 다시는 전쟁을 연습하지 아니하고
> 4 각 사람이 **자기 포도나무** 아래와
> **자기 무화과나무** 아래에 앉을 것이라
> 그들을 두렵게 할 자가 없으니
> 이는 만군의 여호와의 입이 이같이 말씀하셨음이라(미 4:3-4).

15절은 하나님을 주어로 하면서 아모스서 전체를 마무리한다. 이스라엘 백성은 가나안 정착 이후와 같이 다시 한번 경작할 수 있는 땅을 상속받게 될 것이다.

> **내가 그들을 그들의 땅에 심으리니**
> 그들이 내가 준 땅에서 **다시**(עוֹד 오드) 뽑히지 아니하리라
> 네 하나님 여호와의 말씀이니라(암 9:15).

이 약속은 두 번째 포로로 잡혀가는 일이 다시는 일어나지 않을 것이라는 사실을 보증한다. 여기서 "다시"(עוֹד 오드)라는 단어는 아모스 7장 8절과 8장 2절의 "다시는"(עוֹד 오드)이라는 단어를 반영한다.[20]

> 여호와께서 내게 이르시되 아모스야 네가 무엇을 보느냐 내가 대답하되 다림줄이니이다 주께서 이르시되 내가 다림줄을 내 백성 이스라엘 가운데 두고 **다시는**(עוֹד 오드) 용서하지 아니하리니(암 7:8).

> 그가 말씀하시되 아모스야 네가 무엇을 보느냐 내가 이르되 여름 과일 한 광주리니이다 하매 여호와께서 내게 이르시되

내 백성 이스라엘의 끝이 이르렀은즉
내가 **다시는**(עוֹד 오드) 그를 용서하지 아니하리니(암 8:2).

"다시"는 용서하지 않겠다는 심판의 말씀이 이곳의 구원의 말씀에서는 완전히 뒤집어진다. "다시"는 뽑히지 아니할 것이다. '심판의 다시'가 '구원의 다시'로 바뀐다.

15절은 "네 하나님 여호와의 말씀이니라"로 끝난다. 아모스서는 하나님이 시온에서 말씀하심으로 시작된다. 아모스 1장 1절의 표제어는 최종적으로 편집될 때 붙인 구절이기 때문에 아모스서의 본래 시작은 2절이 된다.

그가 이르되
여호와께서 시온에서부터 부르짖으시며
예루살렘에서부터 소리를 내시리니
목자의 초장이 마르고
갈멜 산꼭대기가 마르리로다(암 1:2).

시온에서 들여오는 사자같이 부르짖는 하나님의 소리를 제일 먼저 들은 아모스는 두려움에 떨었다.

사자가 부르짖은즉
누가 두려워하지 아니하겠느냐
주 여호와께서 말씀하신즉
누가 예언하지 아니하겠느냐(암 3:8).

두렵고 떨리는 하나님의 말씀을 가감 없이 전달한 아모스. 그의 마지막 전언도 하나님의 말씀임을 명시한다. "네 하나님 여호와의 말씀이니라"는 마지막 표현에서 "네 하나님"은 '변화된 친밀한 관계'를 드러낸다.[21] 시작은 "두렵고 떨리는 하나님의 말씀"(암 1:2)이었지만, 마지막은 "평화롭고 친밀한 하나님의 말씀"(암 9:15)이다. 궁극적인 하나님의 마지막 말씀은 심판이 아니라 구원이다.[22]

정리하며

■ **아모스의 하나님은 우리의 하나님이다**

아모스 9장 11-12절은 이후 기독교 역사와 선교에 지대한 영향을 끼친다. 이 본문의 진술은 '다윗의 통일 국가 회복'과 '열방의 회복'에 대한 약속이다. 이러한 회복이 신약성경에서도 계승되고 새롭게 해석된다.

> [16] 이 후에 내가 돌아와서
> **다윗의 무너진 장막을 다시 지으며**
> **또 그 허물어진 것을 다시 지어 일으키리니**
> [17] **이는 그 남은 사람들과**
> **내 이름으로 일컬음을 받는 모든 이방인들로**
> **주를 찾게 하려 함이라 하셨으니**

¹⁸ 즉 예로부터 이것을 알게 하시는
주의 말씀이라 함과 같으니라(행 15:16-18).

신약성경의 사도행전 15장 16-18절은 아모스 9장 11-12절을 인용한 것이다. 신약의 저자는 히브리어 성경이 아니라 헬라어 성경을 인용한다. 눈에 띄는 차이는 세 가지이다.

(1) 아모스의 "그날에" ⇨ 사도행전의 "이후에"
(2) 아모스의 "에돔의 남은 자와 내 이름으로 일컫는 만국을 기업으로 얻게 하리라" ⇨ 사도행전의 "그 남은 사람들과 내 이름으로 일컬음을 받는 모든 이방인들로 주를 찾게 하려 함이라"(이방인이 강조되어 있다).
(3) 아모스에서는 없는 내용 ⇨ 사도행전의 추가 "예로부터 이것을 알게 하시는"[23]

이러한 차이점들은 신약성경 저자의 신학적이고 기독론적인 재해석에서 기인한 것이다. 히브리어 구약성경의 의미는 '이스라엘과 열방의 회복 메시지'였다. 이러한 맥락에 서서 신약성경은 이를 "야웨 신앙이 이방 나라에게도 개방되었다"는 뜻으로 해석한다.

이러한 야웨 신앙의 개방성은 사도행전에서 예수 복음이 이방인에게도 허용되도록 하는 중요한 역할을 한다. 사도행전의 야고보는 이방인의 사도 바울이 이방인들에게 선교할 수 있는 신학적 근거를 이 본문을 통하여 제시한다. 야보고는 아모스 9장 11-12절을 인용하기 전에 서두에서 이렇게 말한다.

> 13 말을 마치매 야고보가 대답하여 이르되 형제들아 내 말을 들으라 14 **하나님이 처음으로 이방인 중에서 자기 이름을 위할 백성을 취하시려고 그들을 돌보신 것을** 시므온이 말했으니 15 선지자들의 말씀이 이와 일치하도다 기록된 바(행 15:13-15).

여기서 야고보가 언급한 "시므온"은 사도행전 15장 7절의 베드로를 가리킨다. 시므온은 베드로의 아람어 이름이다.[24] 이방인에게도 복음이 개방되어야 함을 설교한 베드로의 주장에 야고보도 동의하며 하는 말이다. 야고보는 이어서 아모스 9장 11-12절을 인용한다. 따라서 이 본문은 기독교의 역사와 선교에 결정적인 영향을 준다.

아모스 9장 11-15절의 아모스의 마지막 설교인 이스라엘의 회복의 메시지는 아모스의 메시지가 심판으로 끝나지 않았음을 보여 준다. 이 구절은 하나님의 말씀이 아직 끝나지 않았음을 알려 준다 (the story is not over!). 이 구절은 신실하신 하나님과의 관계를 보여 준다. 이 구절은 미래는 더 좋아질 것이라는 희망을 제공한다. 하나님은 당신이 하신 과거의 약속을 포기하지 않으심을 역설한다. 아모스는 오직 하나님만이 당신 스스로 몰수하신 것을 되돌릴 수 있다고, 즉 회복시킬 수 있다고 말한다.[25] 이미 '치신 분'이 야웨 하나님이시라면, 앞으로 '싸매실 분'도 야웨 하나님이시다.

> 6 여호와는 **죽이기도** 하시고 **살리기도** 하시며
> **스올에 내리게도** 하시고 **거기에서 올리기도** 하시는도다

> 7 여호와는 **가난하게도** 하시고 **부하게도** 하시며
> **낮추기도** 하시고 **높이기도** 하시는도다(삼상 2:6-7).

'다윗의 무너진 장막'에서 이들 왕국을 통일 왕국으로 회복시킬 수 있는 분은 오직 하나님 한 분밖에 없다. '헛수고의 저주'에 묶인 사람들의 운명을 축복으로 반전시킬 수 있는 분은 오직 하나님 한 분밖에 없다. '전쟁으로 폐허'가 된 상태에서 도시를 다시 재건하실 수 있는 분은 오직 하나님 한 분밖에 없다.

아모스는 이스라엘 백성이 겪어야 할 고통과 고난과 절망을 생략하지 않는다. 아모스가 지금까지 줄기차게 외친 심판은 무효화되지 않는다. 이스라엘은 아모스가 말한 심판을 받아야 한다. 죄로 인한 죗값은 반드시 치러야 한다. 죄의 값을 지불한 후에야 비로소 은총이 주어진다. 심판의 날이 지난 후에야 비로소 '회복'의 때가 찾아온다. 죄의 인정과 고백이 없는 용서는 진정한 용서가 아니다. 징계 없이 주어지는 사죄는 진정한 은총이 될 수 없다. 값싼 은총에 지나지 않는다.

그러나 아모스는 고통과 고난과 절망이 '하나님 역사의 마지막'이 아님을 분명히 보여 준다. 이러한 고통과 고난과 절망이 '하나님과의 관계의 끝'이 아님을 보여 준다. 이러한 고통과 고난과 절망이 '하나님 백성의 마지막'이 아님을 보여 준다.

하나님의 마지막 말씀은 심판이 아니라 구원이다. 여기에 아모스 예언자의 본심이 담겨 있다. 아모스서 전체는 심판에서 회복을 향해 있다. 이것은 심판이 심판 그 자체를 위한 것이 아니라 회복

을 겨냥하고 있음을 보여 준다.[26] 이 점이 하나님의 심중을 꿰뚫고 있는 예언자의 통찰에서 우리가 배우는 바이다. 하나님의 마음은 심판이 아니라 구원이다. 이것이 우리에게 큰 은혜이다.

> 주께서 인생으로 **고생**하게 하시며
> **근심**하게 하심은 **본심**이 아니시로다(애 3:33).

> 여호와의 말씀이니라 너희를 향한 나의 생각을 내가 아나니 **평안**이요 **재앙**이 아니니라 너희에게 **미래**와 **희망**을 주는 것이니라(렘 29:11).

야웨 하나님은 불의를 미워하셔서 불의한 일을 행한 백성에게 심판을 명하셨다. 하지만 우리가 믿는 하나님은 그 가운데서도 사랑하는 당신의 백성을 위해 다른 길을 마련해 주시는 분이다. '우리의 패배'가 우리가 믿는 '하나님의 패배'는 아니다. 하나님의 로드맵은 실패와 심판에서 끝나지 않는다. 오직 하나님의 성품과 계획에 의해서 구원과 새로운 시작이 마련된다.[27]

우리 각 개인을 향한 하나님의 로드맵이 있다. 절망의 순간 나를 향한 하나님의 로드맵을 굳게 믿고, 그것을 마음에 담고 펼칠 수 있기를 바란다. 우리를 향한 하나님의 로드맵은 절대로 실패와 심판으로 끝나지 않는다. 아모스가 만난 하나님은 '늘' '또 다른 길'을 마련해 주시는 분이시다. 아모스가 만난 하나님은 우리의 하나님이시기도 하다. 우리 하나님은 '늘' '또 다른 길'을 마련해 주시는 분이시다.

주

___ 아모스서 바로 읽기

1 차준희,《구약 예언서 수업》(서울: 감은사, 2024), 361.
2 M. D. Carroll R., *The Book of Amos*, (The New International Commentary on the Old Testament; Grand Rapids, Michigan: Eerdmans Publishing, 2020), 15.
3 P. J. King·L. E. Stager, *Life in Biblical Israel*, LA Ⅰ (Louisville: Westminster John Knox, 2001), 363-372.
4 M. D. Carroll R., 15.
5 M. D. Carroll R., 26.
6 차준희, 363.
7 데이비드 펜찬스키·스테이시 데이비스·존 L. 맥로린·빅토르 주크 S. J.·클레어 매튜스 맥기니스,《소예언서(1): 호세아서·요엘서·마모스서·오바드야서·요나서》안소근 역 (서울: 성서와함께, 2024), 136.
8 M. D. Carroll R., 17.
9 데이비드 펜찬스키·스테이시 데이비스·존 L. 맥로린·빅토르 주크 S. J.·클레어 매튜스 맥기니스, 136-137.
10 J. Jeremias, "Amos/Amosbuch," *RGG* (4 Auflage) (1998), 417-419, 특히 417.
11 R. Kessler, *Amos* (Internationaler Exegetischer Kommentar zum Alten Testament; Stuttgart: Kohlhammer, 2021), 35.
12 M. D. Carroll R., 34.
13 M. D. Carroll R., 35.
14 J. Jeremias, 417-418.
15 차준희, 360-361.
16 차준희, 370.
17 차준희, 378.
18 차준희, 24.

1 ___ 으르렁거리시는 하나님

1 제임스 림버그, 《호세아-미가》 강성열 역 (현대성서주석; 서울: 한국장로교출판사, 2004), 144.
2 M. D. Carroll R., *The Book of Amos* (NICOT; Grand Rapids, Michigan: Eerdmanns Publishing Company, 2020), 118.
3 제임스 림버그, 141.
4 G. R. Hamborg, *Hosea, Joel, and Amos* (New Cambridge Bible Commentary; Cambridge: Cambridge University Press, 2023), 278.
5 제임스 림버그, 147.
6 제임스 림버그, 150.
7 A. 바이저·K. 엘리거, 《호세아, 요엘, 아모스, 즈가리야》 박영옥 역 (국제성서주석; 천안: 한국신학연구소, 1992), 226.
8 류호준·주현규, 《아모스서: 시온에서 사자가 부르짖을 때》(개정증보판) (서울: 새물결플러스, 2020), 123.
9 류호준·주현규, 124-125.
10 더글라스 스튜어트, 《호세아-요나》 김병하 역 (WBC 성경주석; 서울: 솔로몬, 2011), 563.
11 A. 바이저·K. 엘리거, 227.
12 더글라스 스튜어트, 563-564.
13 요륵 예레미아스, 《아모스》 채홍식 역 (성서와함께 총서; 서울: 성서와함께, 2006), 46.
14 G. R. Hamborg, 294.
15 더글라스 스튜어트, 564-565.
16 더글라스 스튜어트, 565.
17 류호준·주현규, 132.
18 서인석, 《하느님의 정의와 분노: 아모스》 (왜관: 분도출판사, 1975), 101.
19 류호준·주현규, 138.
20 A. 바이저·K. 엘리거, 230.
21 A. 바이저·K. 엘리거, 230.
22 류호준·주현규, 140.
23 류호준·주현규, 146.
24 A. 바이저·K. 엘리거, 230.
25 서인석, 106.

26 류호준·주현규, 130.
27 H. W. Wolff, *Joel und Amos* (BKAT; Neukirchen-Vluyn: Neukirchener Verlag, 1969, 21975), 209.
28 R. Kessler, *Amos* (IEKAT; Stuttgart: Kohlhammer, 2021), 89.

2 ___ 누르는 자를 누르시는 하나님

1   A. 바이저·K. 엘리거,《호세아, 요엘, 아모스, 즈가리야》박영옥 역 (국제성서주석; 천안: 한국신학연구소, 1992), 231.
2   A. 바이저·K. 엘리거, 233.
3   M. D. Carroll R., *The Book of Amos* (NICOT; Grand Rapids, Michigan: Eerdmanns Publishing Company, 2020), 182.
4   차준희, "아모스의 사회비판," in: 차준희,《구약신앙과의 만남》(서울: 대한기독교서회, 2002), 221-240, 특히 235.
5   요륵 예레미아스,《아모스》채홍식 역 (성서와함께 총서; 서울: 성서와함께, 2006), 57.
6   G. R. Hamborg, *Hosea, Joel, and Amos* (New Cambridge Bible Commentary; Cambridge: Cambridge University Press, 2023), 300.
7 《취리히성경해설 성경전서, 개역개정판》(서울: 대한성서공회, 2021), 1277.
8   류호준·주현규,《아모스서: 시온에서 사자가 부르짖을 때》(개정증보판) (서울: 새물결플러스, 2020), 165-166.
9   류호준·주현규, 166-167.
10 류호준·주현규, 168.
11 요륵 예레미아스, 58.
12 류호준·주현규, 172.
13 류호준·주현규, 172-173.
14 류호준·주현규, 173.
15 서인석,《하느님의 정의와 분노: 아모스》(왜관: 분도출판사, 1975), 112.
16 김태훈,《사자의 부르짖음: 예언자 아모스의 선포와 삶-설교를 위한 아모스서 연구》(서울: 한국성서학연구소, 2012), 72.
17 M. D. Carroll R., 190.
18 김태훈, 71-72.

19 류호준·주현규, 178.
20 류호준·주현규, 179.
21 M. D. Carroll R., 193.
22 자크 엘륄, 《부와 가난에 관하여》 홍종락·이지혜 역 (파주: 비아토르, 2017), 75.
23 류호준·주현규, 181-182.
24 더글라스 스튜어트, 《호세아-요나》 김병하 역 (WBC 성경주석; 서울: 솔로몬, 2011), 574.
25 H. W. Wolff, *Joel und Amos* (BKAT; Neukirchen-Vluyn: Neukirchener Verlag, 1969, 21815), 208.
26 김근주, 《소예언서 어떻게 읽을 것인가(1): 호세아, 요엘, 아모스, 오바댜》 (서울: 성서유니온, 2015), 432.
27 S. M. Paul, *Amos: A Commentary on the Book of Amos* (Hermeneia; Minneapolis: Fortress Press, 1991), 5.
28 M. D. Carroll R., 198.
29 서인석, 116.
30 A. 바이저·K. 엘리거, 235.
31 요륵 예레미아스, 65.
32 류호준·주현규, 105-106.
33 김근주, 《특강 이사야: 예언자가 본 평화의 나라 새 하늘과 새 땅》 (서울: IVP, 2017), 334.
34 제임스 림버그, 《호세아-미가》 강성열 역 (현대성서주석; 서울: 한국장로교출판사, 2004), 154.

3 ___ 많이 맡긴 자에게 많이 요구하시는 하나님

1 M. D. Carroll R., *The Book of Amos* (NICOT; Grand Rapids, Michigan: Eerdmanns Publishing Company, 2020), 209.
2 김태훈, 《사자의 부르짖음: 예언자 아모스의 선포와 삶-설교를 위한 아모스서 연구》 (서울: 한국성서학연구소, 2012), 91.
3 류호준·주현규, 《아모스서: 시온에서 사자가 부르짖을 때》(개정증보판) (서울: 새물결플러스, 2020), 201.
4 김태훈, 93.

5   요륵 예레미아스, 《아모스》 채홍식 역 (성서와함께 총서; 서울: 성서와함께, 2006), 75.

6   A. 바이저·K. 엘리거, 《호세아, 요엘, 아모스, 즈가리야》 박영옥 역 (국제성서주석; 천안: 한국신학연구소, 1992), 236-237.

7   김태훈, 92-93.

8   제임스 림버그, 《호세아-미가》 강성열 역 (현대성서주석; 서울: 한국장로교출판사, 2004), 160.

9   G. R. Hamborg, *Hosea, Joel, and Amos* (New Cambridge Bible Commentary; Cambridge: Cambridge University Press, 2023), 312.

10   A. 바이저·K. 엘리거, 238.

11   요륵 예레미아스, 84.

12   M. D. Carroll R., 230-231.

13   김태훈, 101.

14   김태훈, 101.

15   서인석, 《하느님의 정의와 분노: 아모스》 (왜관: 분도출판사, 1975), 128.

16   더글라스 스튜어트, 《호세아·요나》 김병하 역 (WBC 성경주석; 서울: 솔로몬, 2011), 593.

17   G. R. Hamborg, 315.

18   김태훈, 103.

19   요륵 예레미아스, 85.

20   서인석, 130.

21   김태훈, 106.

22   김태훈, 107.

23   김태훈, 108.

24   서인석, 132-133.

25   김태훈, 108.

26   김태훈, 109.

27   류호준·주현규, 241.

28   김태훈, 110.

29   류호준·주현규, 243.

30   류호준·주현규, 243.

31   류호준·주현규, 245.

32   류호준·주현규, 245-246.

33 김태훈, 110.

34 크리스토퍼 라이트, 《하나님 백성의 선교》 한화룡 역 (서울: IVP, 2012), 92.

4 ___ 약자를 외면하는 예배와 예배자를 조롱하시는 하나님

1 류호준·주현규, 《아모스서: 시온에서 사자가 부르짖을 때》(개정증보판) (서울: 새물결플러스, 2020), 251 각주 4번.

2 류호준·주현규, 252.

3 김태훈, 《사자의 부르짖음: 예언자 아모스의 선포와 삶-설교를 위한 아모스서 연구》 (서울: 한국성서학연구소, 2012), 120.

4 류호준·주현규, 254.

5 김태훈, 125.

6 요륵 예레미아스, 《아모스》 채홍식 역 (성서와함께 총서; 서울: 성서와함께, 2006), 96.

7 G. R. Hamborg, *Hosea, Joel, and Amos* (New Cambridge Bible Commentary; Cambridge: Cambridge University Press, 2023), 321.

8 김태훈, 128.

9 H. W. Wolff, *Joel und Amos* (BKAT; Neukirchen-Vluyn: Neukirchener Verlag, 1969, 21975), 260.

10 요륵 예레미아스, 《아모스》 채홍식 역 (성서와함께 총서; 서울: 성서와함께, 2006), 97-99.

11 R. Kessler, *Amos* (IEKAT; Stuttgart: Kohlhammer, 2021), 119.

12 M. D. Carroll R., *The Book of Amos* (NICOT; Grand Rapids, Michigan: Eerdmanns Publishing Company, 2020), 263.

13 김태훈, 136-137.

14 김근주, 《소예언서 어떻게 읽을 것인가(1): 호세아, 요엘, 아모스, 오바댜》 (서울: 성서유니온, 2015), 463.

15 김태훈, 138.

16 김태훈, 139.

17 김태훈, 139.

18 김근주, 457.

19 김근주, 458.

20 김근주, 459.

21 김근주, 460.

5 ___ 예배보다 일상을 더 주목하시는 하나님

1   요륵 예레미아스,《아모스》채홍식 역 (성서와함께 총서; 서울: 성서와함께, 2006), 121.
2   G. R. Hamborg, *Hosea, Joel, and Amos* (New Cambridge Bible Commentary; Cambridge: Cambridge University Press, 2023), 331.
3   류호준·주현규,《아모스서: 시온에서 사자가 부르짖을 때》(개정증보판) (서울: 새물결플러스, 2020), 300.
4   김태훈,《사자의 부르짖음: 예언자 아모스의 선포와 삶-설교를 위한 아모스서 연구》(서울: 한국성서학연구소, 2012), 151.
5   G. R. Hamborg, 332.
6   김근주,《소예언서 어떻게 읽을 것인가(1): 호세아, 요엘, 아모스, 오바댜》(서울: 성서유니온, 2015), 476.
7   김근주, 478.
8   요륵 예레미아스, 129.
9   M. D. Carroll R., *The Book of Amos* (NICOT; Grand Rapids, Michigan: Eerdmanns Publishing Company, 2020), 315-316.
10 요륵 예레미아스, 129.
11 류호준·주현규, 310-311.
12 서인석,《하느님의 정의와 분노: 아모스》(왜관: 분도출판사, 1975), 155.
13 김근주, 488.
14 요륵 예레미아스, 134.
15 류호준·주현규, 307.
16 G. R. Hamborg, 330.
17 서인석, 161.
18 김태훈, 162.
19 류호준·주현규, 304.
20 김태훈, 162-163.

6 ＿＿ 공동체 의식의 영성을 기뻐하시는 하나님

1. 김태훈, 《사자의 부르짖음: 예언자 아모스의 선포와 삶-설교를 위한 아모스서 연구》 (서울: 한국성서학연구소, 2012), 165, 각주 150.
2. G. R. Hamborg, *Hosea, Joel, and Amos* (New Cambridge Bible Commentary; Cambridge: Cambridge University Press, 2023), 337.
3. 요륵 예레미아스, 《아모스》 채홍식 역 (성서와함께 총서; 서울: 성서와함께, 2006), 138.
4. 김근주, 《소예언서 어떻게 읽을 것인가(1): 호세아, 요엘, 아모스, 오바댜》 (서울: 성서유니온, 2015), 494.
5. 김근주, 494-495.
6. 이 이후 부분은 나의 다음의 책에서 참조했음을 밝힌다. 차준희, 《열두 예언자의 영성: 우리가 잃어버린 정의, 긍휼, 신실에 대한 회복 메시지》 (서울: 새물결플러스, 2014), 54-67.
7. M. D. Carroll R., *The Book of Amos* (NICOT; Grand Rapids, Michigan: Eerdmanns Publishing Company, 2020), 340.
8. M. D. Carroll R., 339.
9. H. W. Wolff, *Dodekapropheton 2: Joel und Amos* (Biblischer Kommentar Altes Testament; Neukirchen-Vluyn: Neukirchener Verlag, 31985), 308.
10. 요륵 예레미아스, 143.
11. U. Dahmen·G. Fleischer, *Die Bücher Joel und Amos* (Neuer Stuttgarter Kommentar Altes Testament; Stuttgart: Verlag Katholisches Bibelwerk, 2001), 211.
12. 더글라스 스튜어트, 《호세아-요나》 김병하 역 (WBC 성경주석; 서울: 솔로몬, 2011), 633.
13. 류호준·주현규, 《아모스서: 시온에서 사자가 부르짖을 때》(개정증보판) (서울: 새물결플러스, 2020), 324.
14. 요륵 예레미아스, 145.
15. M. D. Carroll R., 345.
16. H. W. Wolff, 303, 310.
17. 박철우, 《아모스 오바댜》 (대한기독교서회 창립 100주년 기념; 서울: 대한기독교서회, 2001), 206.
18. M. D. Carroll R., 351-352.
19. 스테판 에셀, 《분노하라》, 임희근 역 (서울: 돌베개, 2011).

20 U. Dahmen·G. Fleischer, 212.

7 ___ 이웃의 상처와 아픔에 무관심한 자를 벌하시는 하나님

1   J. L. Mays, *Amos* (OTL; Philadelphia: The Westminster Press, 1969), 115.
2   류호준·주현규, 《아모스서: 시온에서 사자가 부르짖을 때》(개정증보판) (서울: 새물결플러스, 2020), 335.
3   R. Kessler, *Amos* (IEKAT; Stuttgart: Kohlhammer, 2021), 196.
4   김근주, 《소예언서 어떻게 읽을 것인가(1): 호세아, 요엘, 아모스, 오바댜》 (서울: 성서유니온, 2015), 509.
5   김근주, 510.
6   더글라스 스튜어트, 《호세아-요나》 김병하 역 (WBC 성경주석; 서울: 솔로몬, 2011), 641.
7   더글라스 스튜어트, 641.
8   김태훈, 《사자의 부르짖음: 예언자 아모스의 선포와 삶-설교를 위한 아모스서 연구》 (서울: 한국성서학연구소, 2012), 187-188.
9   김근주, 511.
10 G. R. Hamborg, *Hosea, Joel, and Amos* (New Cambridge Bible Commentary; Cambridge: Cambridge University Press, 2023), 347.
11 김태훈, 188.
12 더글라스 스튜어트, 641.
13 김근주, 513.
14 김근주, 513-514.
15 류호준·주현규, 342.
16 요륵 예레미아스, 《아모스》 채홍식 역 (성서와함께 총서; 서울: 성서와함께, 2006), 153-154.
17 R. B. Coot, *Amos among the Prophets: Composition and Theology* (Philadelphia: Fortress Press, 1981), 38.
18 김태훈, 194.
19 제임스 림버그, 《호세아-미가》 강성열 역 (현대성서주석; 서울: 한국장로교출판사, 2004), 181.
20 제임스 림버그, 181.

21 김태훈, 199.
22 김태훈, 197.
23 A. 바이저·K. 엘리거, 《호세아/요엘/아모스/즈가리야》 박영옥 역(국제성서주석; 서울: 한국신학연구소, 1992), 289-290.
24 김근주, 517.
25 김태훈, 201.
26 M. D. Carroll R., *The Book of Amos* (NICOT; Grand Rapids, Michigan: Eerdmanns Publishing Company, 2020), 386.
27 김근주, 519-520.
28 더글라스 스튜어트, 650.
29 류호준·주현규, 352-353.
30 김근주, 522.
31 김근주, 514.
32 김근주, 515.
33 제임스 림버그, 182-183.
34 김기석, 《아슬아슬한 희망》 (서울: 꽃자리, 2014), 242.

8 ___ 언약의 다림줄로 삶의 견고함을 측정하시는 하나님

1 J. L. Mays, *Amos* (OTL; Philadelphia: Westminsre Press, 1969), 124; S. M. Paul, *Amos: A Commentary on the Book of Amos* (Hermeneia; Minnapolis: Augsburg Fortress, 1991), 227.
2 김태훈, 《사자의 부르짖음: 예언자 아모스의 선포와 삶-설교를 위한 아모스서 연구》 (서울: 한국성서학연구소, 2012), 216.
3 요르그 예레미아스, 《아모스》 채홍식 역 (성서와함께 총서; 서울: 성서와함께, 2006), 173.
4 J. D. Nogalski, *The Book of the Twelve Hosea-Jonah* (Smyth & Helwys Bible Commentary; Macon, Georgia: Smyth & Helwys, 2011), 337.
5 류호준·주현규, 《아모스서: 시온에서 사자가 부르짖을 때》(개정증보판) (서울: 새물결플러스, 2020), 376.
6 김태훈, 216.
7 김태훈, 217.

8   류호준·주현규, 377.
9   J. L. Mays, 129.
10 류호준·주현규, 379.
11 제임스 림버그, 《호세아-미가》 강성열 역 (현대성서주석; 서울: 한국장로교출판사, 2004), 186.
12 J. D. Nogalski, 338.
13 J. D. Nogalski, 338.
14 요륵 예레미아스, 170.
15 J. D. Nogalski, 338.
16 S. M. Paul, 230.
17 G. R. Hamborg, *Hosea, Joel, and Amos* (New Cambridge Bible Commentary; Cambridge: Cambridge University Press, 2023), 353-354.
18 류호준·주현규, 385.
19 류호준·주현규, 394.
20 제임스 림버그, 185.
21 김태훈, 223.
22 류호준·주현규, 399.
23 H. W. Wolff, *Joel und Amos* (BKAT; Neukirchen-Vluyn: Neukirchener Verlag, 1969, ²1975), 346.

9 ___ 우리의 시선을 주목하시는 하나님

1   더글라스 스튜어트, 《호세아-요나》 김병하 역 (WBC 성경주석; 서울: 솔로몬, 2011), 666.
2   더글라스 스튜어트, 666-667.
3   H. W. Wolff, *Joel und Amos* (BKAT; Neukirchen-Vluyn: Neukirchener Verlag, 1969, ²1975), 357.
4   김태훈, 《사자의 부르짖음: 예언자 아모스의 선포와 삶-설교를 위한 아모스서 연구》 (서울: 한국성서학연구소, 2012), 231.
5   A. 바이저·K. 엘리거, 《호세아/요엘/아모스/즈가리야》 박영옥 역 (국제성서주석; 서울: 한국신학연구소, 1992), 306.
6   M. D. Carroll R., *The Book of Amos* (NICOT; Grand Rapids, Michigan: Eerdmanns Publishing Company, 2020), 423.

7   H. W. Wolff, 357.
8   H. W. Wolff, 358, 361; 서인석, 《하느님의 정의와 분노: 아모스》(왜관: 분도출판사, 1975), 196-197; 더글라스 스튜어트, 668.
9   M. D. Carroll R., 424.
10 제임스 림버그, 《호세아-미가》 강성열 역 (현대성서주석; 서울: 한국장로교출판사, 2004), 190-191.
11 M. D. Carroll R., 426.
12 서인석, 199.
13 M. D. Carroll R., 429.
14 제임스 림버그, 189.
15 요룩 예레미아스, 《아모스》 채홍식 역 (성서와함께 총서; 서울: 성서와함께, 2006), 189.
16 H. W. Wolff, 365.
17 더글라스 스튜어트, 676.
18 J. D. Nogalski, *The Book of the Twelve Hosea-Jonah* (Smyth & Helwys Bible Commentary; Macon, Georgia: Smyth & Helwys, 2011), 340.
19 김근주, 《소예언서 어떻게 읽을 것인가(1): 호세아, 요엘, 아모스, 오바댜》(서울: 성서유니온, 2015), 545.
20 김태훈, 235.
21 J. D. Nogalski, 342.
22 G. R. Hamborg, *Hosea, Joel, and Amos* (New Cambridge Bible Commentary; Cambridge: Cambridge University Press, 2023), 359.
23 류호준·주현규, 《아모스서: 시온에서 사자가 부르짖을 때》(개정증보판) (서울: 새물결플러스, 2020), 422.
24 제임스 림버그, 192.

10 ___ 믿는 자의 숨겨진 탐욕을 꿰뚫어보시는 하나님

1   서인석, 《하느님의 정의와 분노: 아모스》(왜관: 분도출판사, 1975), 202.
2   R. Smend, "Das Nein des Amos," *EvT* 23(1963); 404-423, 특히 415-416.
3   G. R. Hamborg, *Hosea, Joel, and Amos* (New Cambridge Bible Commentary; Cambridge:

Cambridge University Press, 2023), 362.
4   김근주,《소예언서 어떻게 읽을 것인가(1): 호세아, 요엘, 아모스, 오바댜》(서울: 성서유니온, 2015), 552.
5   M. D. Carroll R., *The Book of Amos* (NICOT; Grand Rapids, Michigan: Eerdmanns Publishing Company, 2020), 442.
6   김태훈,《사자의 부르짖음: 예언자 아모스의 선포와 삶-설교를 위한 아모스서 연구》(서울: 한국성서학연구소, 2012), 254.
7   서인석, 205.
8   김태훈, 253.
9   김태훈, 255.
10 김근주, 554.
11 김태훈, 247-258.
12 Ph. J. King, *Amos, Hosea, Micah: An Archaeological Commentary* (Philadelphia: Westminster, 1988), 114.
13 H. W. Wolff, *Joel und Amos* (BKAT: Neukirchen-Vluyn: Neukirchener Verlag, 1969, ²1975), 376.
14 요륵 예레미아스,《아모스》채홍식 역 (성서와함께 총서; 서울: 성서와함께, 2006), 197.
15 J. L. Mays, *Amos: A Commentary* (OTL; Philadelphia: Westminster, 1969), 145.
16 류호준·주현규,《아모스서: 시온에서 사자가 부르짖을 때》(개정증보판) (서울: 새물결플러스, 2020), 466.
17 M. D. Carroll R., 455.
18 G. R. Hamborg, 365.
19 김태훈, 261.
20 《관주 해설 성경전서, 개역개정판: 독일성서공회 해설》(서울: 대한성서공회, 2004), 1282.
21 M. D. Carroll R., 461.
22 김태훈, 263.
23 서인석, 210.
24 류호준·주현규, 482.
25 더글라스 스튜어트,《호세아-요나》김병하 역 (WBC 성경주석; 서울: 솔로몬, 2011), 685.
26 김근주, 562.
27 류호준·주현규, 462.

28 류호준·주현규, 460.
29 김근주, 568.

11 ___ 아무것도 하지 않는 죄인을 체질하며 골라내시는 하나님

1 M. D. Carroll R., *The Book of Amos* (NICOT; Grand Rapids, Michigan: Eerdmanns Publishing Company, 2020), 478-479.
2 G. R. Hamborg, *Hosea, Joel, and Amos* (New Cambridge Bible Commentary; Cambridge: Cambridge University Press, 2023), 369.
3 서인석,《하느님의 정의와 분노: 아모스》(왜관: 분도출판사, 1975), 215.
4 M. D. Carroll R., 480.
5 류호준·주현규,《아모스서: 시온에서 사자가 부르짖을 때》(개정증보판) (서울: 새물결플러스, 2020), 497.
6 김근주,《소예언서 어떻게 읽을 것인가(1): 호세아, 요엘, 아모스, 오바댜》(서울: 성서유니온, 2015), 572.
7 류호준·주현규, 500.
8 M. D. Carroll R., 483.
9 M. D. Carroll R., 484.
10 S. M. Paul, *Amos: A Commentary on the Book of Amos* (Hermeneia; Minneapolis: Augsburg Fortress, 1991), 279.
11 김태훈,《사자의 부르짖음: 예언자 아모스의 선포와 삶-설교를 위한 아모스서 연구》(서울: 한국성서학연구소, 2012), 281.
12 M. D. Carroll R., 489.
13 더글라스 스튜어트,《호세아-요나》김병하 역 (WBC 성경주석; 서울: 솔로몬, 2011), 696.
14 류호준·주현규, 512-513.
15 M. D. Carroll R., 496.
16 《관주 해설 성경전서, 개역개정판: 독일성서공회 해설》(서울: 대한성서공회, 2004), 1283.
17 B. A. Strawn, "What is Cush Doing in Amos 9:7?: The Poetics of Exodus in the Plural," *VT* 63 (2013), 99-123, 특히 123.

18 류호준·주현규, 510.

19 김근주, 578.

20 D. Hubbard, *Joel and Amos: An Introduction and Commentary* (TOTC; Downers Grove, IL: InterVarsity, 1989), 234.

21 S. M. Paul, 285; G. R. Hamborg, 373.

22 M. D. Carroll R., 500.

23 김태훈, 284.

24 Ph. J. King, *Amos, Hosea, Micah: An Archaeological Commentary* (Philadelphia: Westminster, 1988), 112.

25 J. L. Mays, *Amos: A Commentary* (OTL; Philadelphia: Westminster, 1969), 162-163.

26 류호준·주현규, 517.

27 김태훈, 286.

28 M. D. Carroll R., 502.

29 서인석, 222-223.

30 이우근, 《불신앙고백》 (서울: 오픈하우스, 2010), 297.

31 이우근, 298.

32 이우근, 298.

33 이우근, 294-295.

12 ___ 늘 또 다른 길을 마련해 주시는 하나님

1 류호준·주현규, 《아모스서: 시온에서 사자가 부르짖을 때》(개정증보판) (서울: 새물결플러스, 2020), 525.

2 J. L. Mays, *Amos: A Commentary* (OTL; Philadelphia: Westminster, 1969), 164.

3 S. M. Paul, *Amos: A Commentary on the Book of Amos* (Hermeneia; Minneapolis: Fortress Press, 1991), 290.

4 M. D. Carroll R., *The Book of Amos* (NICOT; Grand Rapids, Michigan: Eerdmanns Publishing Company, 2020), 511.

5 류호준·주현규, 529; M. D. Carroll R., *The Book of Amos*, 512.

6 J. D. Nogalski, *The Book of Hosea-Jonah* (Smyth & Hewleys Bible Commentary; Macon, Georgia:

Smyth & Hewleys Publishing), 356.

7 김근주, 《소예언서 어떻게 읽을 것인가(1): 호세아, 요엘, 아모스, 오바댜》 (서울: 성서유니온, 2015), 583.
8 김정준, 《정의의 예언자: 아모스 주석》 (서울: 한국신학연구소, 1991), 425.
9 S. M. Paul, 290-291.
10 M. D. Carroll R., *The Book of Amos*, 513.
11 류호준·주현규, 531-532.
12 류호준·주현규, 532.
13 김근주, 585.
14 H. W. Wolff, *Joel und Amos* (BKAT; Neukirchen-Vluyn: Neukirchener Verlag, 1969, ²1975), 407.
15 더글라스 스튜어트, 《호세아-요나》 김병하 역 (WBC 성경주석; 서울: 솔로몬, 2011), 705-706.
16 류호준·주현규, 537.
17 H. W. Wolff, 403.
18 S. M. Paul, 294.
19 M. D. Carroll R., "Amos," in: J. D. G. Dunn·J. W. Rogerson(eds.), *Eerdmans Commentary on the Bible* (Grand Rapids: Wm. B. Eerdmans Publishing, 2003), 695.
20 G. R. Hamborg, *Hosea, Joel, and Amos* (New Cambridge Bible Commentary; Cambridge: Cambridge University Press, 2023), 376.
21 M. D. Carroll R., *The Book of Amos*, 519.
22 M. D. Carroll R., *The Book of Amos*, 520.
23 J. D. Nogalski, 357.
24 조셉 피츠마이어, 《사도행전 주해》 박미경 역 (앵커 바이블 주석; 왜관: 분도출판사, 2015), 915.
25 J. D. Nogalski, 360.
26 김근주, 593.
27 김태훈, 《사자의 부르짖음: 예언자 아모스의 선포와 삶-설교를 위한 아모스서 연구》 (서울: 한국성서학연구소, 2012), 301.

참고문헌

1 ___ 성경

《관주 해설 성경전서, 개역개정판: 독일성서공회 해설》. 서울: 대한성서공회, 2004.
《취리히성경해설 성경전서, 개역개정판》. 서울: 대한성서공회, 2021.

2 ___ 주석류

Anderson, F. I. ·Freedmann, D. N. *Amos*. Anchor Bible; New York: Doubleday, 1989.
Birch, B. C. *Hosea, Joel, and Amos*. Westminster Bible Companion; Louisville: Westminster John Knox, 1997.
Carroll R. M. D. "Amos." *Eerdmans Commentary on the Bible: Joel, Amos, Obadiah*. Grand Rapids: Wm. B. Eerdmans Publishing, 2003, 690-695.
Carroll R., M. D. *The Book of Amos*. The New International Commentary on the Old Testament; Grand Rapids, Michigan: Eerdmans Publishing, 2020.
Coggins, R. J. *Joel and Amos*. The New Century Bible Commentary; Sheffield: Sheffield Academic Press, 2000.
Dahmen, U. ·Fleischer, G. *Die Bücher Joel und Amos*. Neuer Stuttgarter Kommentar Altes Testament; Stuttgart: Verlag Katholisches Bibelwerk, 2001.
Deissler, A. *Zwölf Prophten: Hosea, Joel, Amos*. Neue Echter Bibel; Würzburg: Echter Verlag, 1981.
Erickson, A. *Amos: A New Translation with Introduction and Commentary*. The Anchor Bible; New Haven: Yale University Press, 2017.
Gowan, D. E. "Amos." *The New Interpreter's Bible*. vol. VII. Nashville: Abingdon Press, 1996, 339-431.

Hamborg, G. R. *Hosea, Joel, and Amos*. New Cambridge Bible Commentary; Cambridge, United Kingdom: Cambridge University Press, 2023.

Hubbard, D. *Joel and Amos: An Introduction and Commentary*. TOTC; Downers Grove, IL: InterVarsity, 1989.

Jeremias, J. *Der Prophet Amos*. Das Alte Testament Deutsch; Göttingen: Vandenhoeck & Ruprecht, 1995[채홍식 역, 《아모스》, 서울: 성서와 함께, 2006].

Kessler, R. *Amos*. Internationaler Exegetischer Kommentar zum Alten Testament; Stuttgart: Kohlhammer, 2021.

King, P. J. *Amos, Hosea, Micah: An Archaeological Commentary*. Philadelphia: The Westminster Press, 1988.

Limburg, J. *Hosea-Micah*. Interpretation; Atlanta: John Knox, 1988.

Mays, J. L. *Amos*. Old Testament Library; London: SCM Press, 1969.

McLaughlin, J. L. "Amos," *The Jerome Bible Commentary for the Twenty-First Century*, 1061-1073.

Nogalski, J. D. *The Book of the Twelve: Hosea-Jonah*. Smyth & Helwys Bible Commentary; Macon, Georgia: Smyth & Helwys Publishing, 2011.

Paul, S. M. *Amos. A Commentary on the Book of Amos*. Hermeneia; Minneapolis: Fortress Press, 1991.

Rudolph, W. *Joel-Amos-Obadja-Jona*. Kommentar zum Alten Testament; Gütersloh: Gütersloher Verlagshaus, 1971.

Simundson, D. J. *Hosea, Joel, Amos, Obadiah, Jonah, Micah*. Abingdon Old Testament Commentaries; Nashville: Abingdon Press, 2005.

Smith, G. V. *Amos: A Commentary*. Library of Biblical Interpretation; Michigan: Grand Rapids, 1989.

Soggin, J. A. *The Prophet Amos*. Old Testament Library; London: SCM Press, 1987.

Stuart, D. *Hosea-Jonah*. Word Biblical Commentary; Texas: Word Books, 1987 (김병하 역, 《호세아-요나》, WBC 성경주석; 서울: 솔로몬, 2011).

Sweeny, M. A. *The Twelve Prophets*. Berit Olam; Collegeville, Minn: Liturgical Press, 2000.

Wolff, H. W. *Joel and Amos*. Hermeneia; Philadelphia: Fortress Press, 1977.

Wolff, H. W. *Joel und Amos*. Biblischer Kommentar Altes Testament; Neukirchen-Vluyn:

Neukirchener Verlag, 1969, ²1975.

김근주. 《소예언서 어떻게 읽을 것인가(1): 호세아, 요엘, 아모스, 오바댜》. 서울: 성서유니온, 2015.

김정준. 《정의의 예언자: 아모스 주석》. 서울: 한국신학연구소, 1991.

김태훈. 《사자의 부르짖음: 예언자 아모스의 선포와 삶-설교를 위한 아모스서 연구》. 서울: 한국성서학연구소, 2012.

류호준·주현규. 《아모스서: 시온에서 사자가 부르짖을 때》(개정증보판). 서울: 새물결플러스, 2020.

림버그, 제임스. 《호세아-미가》. 강성열 역. 현대성서주석; 서울: 한국장로교출판사, 2004.

바이저, A.·엘리거, K. 《호세아, 요엘, 아모스, 즈가리야》. 박영옥 역. 국제성서주석; 천안: 한국신학연구소, 1992.

박철우. 《아모스 오바댜》. 대한기독교서회 창립 100주년 기념; 서울: 대한기독교서회, 2001.

서인석. 《하느님의 정의와 분노: 아모스》. 왜관: 분도출판사, 1975.

예레미아스, 요륵. 《아모스》. 채홍식 옮김. 성서와함께 총서 구약 5; 서울: 성서와함께, 2006.

조휘. 《사자가 부르짖은즉 누가 두려워하지 않겠느냐: 아모스서 원전연구 및 주해》. 서울: 그리심, 2011.

피츠마이어, 조셉. 《사도행전 주해》. 박미경 역. 앵커 바이블 주석; 왜관: 분도출판사, 2015.

펜찬스키, 데이비드·데이비스, 스테이시·맥로린, 존 L.·주크 S. J. 빅토르·맥기니스, 클레어 매튜스. 《소예언서(1): 호세아서/요엘서/아모스서/오바드야서/요나서》. 안소근 역. 서울: 성서와함께, 2024.

3 ___ 단행본

Coot, R. B. *Amos among the Prophets: Composition and Theology*. Philadelphia: Fortress Press, 1981[우택주 역, 《아모스서의 형성과 신학》, 서울: 대한기독교서회, 2004].

King, P. J.·Stager, L. E. *Life in Biblical Israel*, LA Ⅰ. Louisville: Westminster John Knox,

2001.

김근주. 《특강 이사야: 예언자가 본 평화의 나라 새 하늘과 새 땅》. 서울: IVP, 2017.

김관성. 《낮은 데로 가라: 낮은 자에게 가는 하향성의 삶》. 서울: 규장, 2024.

김기석. 《아슬아슬한 희망》. 서울: 꽃자리, 2014.

라이트, 크리스토퍼. 《하나님 백성의 선교》. 한화룡 역. 서울: IVP, 2012.

에셀, 스테판. 《분노하라》. 임희근 옮김. 서울: 돌베개, 2011.

엘륄, 자크. 《부와 가난에 관하여》. 홍종락·이지혜 역. 파주: 비아토르, 2017.

이우근. 《불신앙고백》. 서울: 오픈하우스, 2010.

차준희. 《열두 예언자의 영성: 우리가 잃어버린 정의, 긍휼, 신실에 대한 회복 메시지》. 서울: 새물결플러스, 2014.

차준희. 《구약 예언서 수업》. 서울: 감은사, 2024.

4 ___ 사전 및 정기간행물

Jeremias, J. "Amos/Amosbuch." *RGG* (4 Auflage) (1998), 417-419.

Smend, R. "Das Nein des Amos." *EvT* 23 (1963), 404-423.

Strawn, B. A. "What is Cush Doing in Amos 9:7?: The Poetics of Exodus in the Plural." *VT* 63 (2013), 99-123.